LES CONTRATS

DE LA

LONDON CORN TRADE ASSOCIATION

(Vente CAF)

LES CONTRATS

DE LA

LONDON CORN TRADE ASSOCIATION

(Vente CAF)

PAR

Georges SCHWOB

DOCTEUR EN DROIT

———◆———

PARIS

LIBRAIRIE ARTHUR ROUSSEAU

ROUSSEAU ET Cie

ÉDITEURS

14, RUE SOUFFLOT ET RUE TOULLIER, 13

—

1928

LE CONTRAT

DE

LA LONDON CORN TRADE ASSOCIATION

INTRODUCTION

Nouveau venu dans le monde juridique, le contrat CAF n'en a pas moins connu une fortune rapide.

L'emploi même du mot « contrat » en est la preuve, puisqu'aussi bien à l'origine, la stipulation d'un prix « CAF » n'était qu'une simple clause de fixation du prix introduite dans la convention d'achat et vente. Ce prix forfaitaire devait comprendre trois éléments :

C. — Le coût de la marchandise.

A. — La prime d'assurance.

F. — Le fret payé pour le voyage maritime (1).

Comment cette clause, n'ayant tout d'abord trait qu'à l'un des éléments du contrat : le prix, est parvenue à dominer la convention tout entière, la colorer d'un caractère nouveau et entraîner des conséquences juridiques

____

(1) En anglais : C. I. F., initiales des mots « cost, insurance, freight ».

Schwob. L. C. T. A.

insoupçonnées de ses auteurs, d'autres et de mieux qualifiés l'ont déjà dit avant nous (1).

Constatons simplement le résultat : l'on ne parle plus aujourd'hui de la clause de « prix CAF », mais du *contrat CAF*, et à côté de cette clause du prix forfaitaire sont venues s'ajouter bien d'autres clauses spéciales qui donnent à ce contrat de vente maritime sa physionomie particulière.

Mais est-il seulement possible de parler d'un contrat CAF unique quand la simple lecture de deux contrats contenant tous deux la clause « prix CAF » fait apparaître, à côté de similitudes incontestables, des divergences au moins aussi importantes.

Le contrat du Havre est différent de celui de Marseille. Les importateurs de céréales ne traitent pas en caf aux mêmes condititions que les négociants de sucre ou de charbon.

Rédigé par des commerçants spécialisés, chaque contrat est adapté aux conditions spéciales des transactions dans une certaine branche du commerce maritime.

De plus, ces conditions variant dans le temps, chaque contrat est exposé à des modifications incessantes. Au fur et à mesure que des lacunes se sont présentées à l'usage ou que de nouveaux besoins se sont révélés, les vendeurs et les acheteurs se mettent d'accord pour biffer une ancienne clause ou en insérer une nouvelle.

Les contrats caf sont donc en perpétuel état de changement, de perfectionnement en principe. Mais cette situation, si elle prouve le caractère essentiellement vivant et moderne des contrats caf, n'est pas sans entraîner certains inconvénients.

____

(1) Lire en particulier Jean Renard, *La vente caf en droit français*, extrait des tomes 9 et 10 de la *Revue de droit maritime comparé*.

Les Tribunaux ont eu bien souvent à examiner des contrats contenant la clause « CAF ». La jurisprudence et la doctrine se sont donc efforcées de trouver au contrat CAF une interprétation rationnelle et tout spécialement de le classer dans une catégorie juridique bien définie. Les modifications incessantes apportées à ces contrats par la pratique n'ont pas été sans rendre cette tâche particulièrement ardue. Un mot introduit ou barré dans le texte, une ajoute anodine en apparence, peuvent parfois, si on analyse les choses de plus près, modifier radicalement la convention primitive ou, tout au moins, l'interprétation qu'on en donnait jusque-là.

Un certain flottement se manifeste donc dans les décisions jurisprudentielles. Aucun texte de loi ne peut être invoqué dans ce domaine. Les ventes maritimes en général, et la vente caf en particulier sont sorties de la pratique des affaires bien après la rédaction des codes. Toute cette matière n'est réglée que par les conventions des parties et par la jurisprudence qui n'est que l'interprétation des clauses obscures de ces accords.

La Doctrine de son côté s'est attachée à donner du contrat CAF une définition claire et en dégager tout au moins les principes généraux.

Il faut constater avec regret que ces diverses tentatives n'ont pu aboutir à des résultats bien nets. A peine une théorie est-elle formulée, que des décisions de jurisprudence contraires viennent la détruire ! Cette instabilité n'est pas sans gêner considérablement la sécurité des transactions commerciales et favoriser les calculs les moins recommandables.

Mais il ne suffit pas de déplorer cet état de choses : il faut lui chercher un remède. Toute la responsabilité de cette situation doit, croyons-nous, être cherchée dans l'attitude généralement adoptée vis-à-vis de ces principes généraux et soi-disant fondamentaux du caf.

Trop souvent on a perdu de vue que ces principes formulés après coup n'étaient, à bien les examiner, qu'une interprétation des contrats. Ils n'avaient pas présidé à leur confection et n'avaient sans doute jamais été envisagés au moment de leur rédaction. Comment s'étonner alors qu'une clause nouvellement introduite dans les contrats puisse paraître en opposition complète, en contradiction avec ces principes ?

Ces principes, simple interprétation d'un contrat ne contenant pas la clause nouvelle et litigieuse, ne peuvent évidemment pas se concilier avec cette dernière, dont le but est précisément d'introduire une modification dans le contrat primitif.

Ce contrat né de l'accord de deux volontés peut être modifié par la suite si cet accord se retrouve. Un acheteur et un vendeur peuvent convenir d'insérer dans leurs conventions des clauses nouvelles en contradiction avec des clauses précédentes ; c'est la dernière manifestation de leur volonté commune qui, seule, doit être prise en considération.

Il ne faut donc pas étudier un contrat caf donné par référence à un contrat CAF idéal, mais en le prenant comme un tout indépendant.

Le rôle des juges mis en présence d'un tel contrat sera donc simplement de l'interpréter, de rechercher dans ce but la « commune intention des parties ».

Les décisions récentes de la jurisprudence française adoptent du reste entièrement ce point de vue.

« Attendu, lisons-nous dans un arrêt de la Cour d'Aix « du 2 février 1920 (1), que la vente en coût, fret, assu-

(1) Cour d'appel d'Aix, 2 février 1920, D. P. 1921.2.97.

« rance, n'est réglée par aucun texte de loi, mais est sim-
« plement régie par des accords commerciaux, que quel-
« que constantes que soient la pratique de ce contrat et
« les règles de son application, on ne saurait méconnaître
« et refuser à des commerçants traitant une affaire le
« droit d'apposer dans ce contrat à leur gré et suivant
« les circonstances, en dehors du prix dont le fret et
« l'assurance peuvent n'être que l'accessoire, des déro-
« gations particulières et clauses diverses, lesquelles
« deviennent dès lors la véritable loi des parties et doi-
« vent être par elles exécutées de bonne foi suivant les
« prescriptions de l'article 1134 du Code civil. »

La Cour de Rouen (1) décide également que « les règles
« du contrat caf n'étant fixées que par l'usage, leur appli-
« cation à chaque opération repose uniquement sur une
« présomption de la volonté des contractants qui peuvent
« consentir une dérogation à la rigueur habituelle de ces
« règles ».

Des difficultés peuvent sans doute se présenter dans
l'interprétation des termes d'une convention, mais les
magistrats ont l'habitude de cet ordre de questions ; le
Code civil lui-même fournit les principes généraux de l'interprétation des contrats dans les articles 1156 à 1164.

D'une façon générale, il ne faut pas perdre de vue « la
« portée tout à fait secondaire des qualifications juridi-
« ques consignées par les parties dans l'acte instrumen-
« taire, la nature véritable de l'acte résultant de l'ensem-
« ble des clauses qui le constituent et pouvant être en
« opposition directe avec les dénominations adoptées par
« les parties pour grouper les dites clauses en un tout (2) ».

(1) Cour d'appel de Rouen, 16 juin 1926, *R. V. T.*, 1926, p. 351.
(2) Bonnecase, *Traité de droit commercial maritime*, n° 150 et « Les
transformations incessantes des divers types de vente et la sécurité

Chaque contrat de vente CAF doit donc être envisagé dans son ensemble et, en présence d'une clause nouvelle, il faut examiner si elle peut se concilier non pas avec une vente CAF idéale et inexistante mais avec le *reste du contrat*.

Cette façon de procéder se trouve grandement facilitée par la tendance moderne de traiter en caf suivant des formules de contrats-type (1).

Tout particulièrement dans le commerce d'importation des matières premières (céréales, riz, oléagineux, bois, sucre, coton), les négociants groupés en puissantes corporations se sont mis d'accord pour rédiger et adopter des formules de contrats-type. L'emploi de plus en plus généralisé de ces proformas tend à introduire l'uniformité dans les transactions commerciales, crée des usages appropriés à chaque branche de commerce et permet par cela même d'échapper aux risques des interprétations jurisprudentielles divergentes.

« Ces contrats sont mis constamment à jour, tiennent
« compte des particularités inhérentes à telle marchan-
« dise, à tel transport, à tel pays d'origine, des avan-
« tages obtenus par une corporation voisine, des lacunes
« apparues à l'usage, des interprétations favorables ou
« contraires des Tribunaux. Certains jouissent d'une
« réputation mondiale ; leur emploi déborde des fron-
« tières des pays où ils sont nés et ils constituent pour
« certaines denrées la *charte internationale des tracta-*
« *tions* (2).

des opérations sur marchandises », in *Revue des ventes et transports*, n° 1, janvier 1925.

(1) J. Renard, *op. cit.*, p. 36 et suiv. ; Godret, *Le contrat de vente, coût, assurance, fret*, p. 113 et suiv.

(2) J. Renard, *op. cit.*, 36 et 37.

Si un contrat-type mérite ce qualificatif, c'est bien certainement celui édité par la « London Corn Trade Association », c'est-à-dire l'Association de Londres pour le commerce des céréales. Employé d'une façon courante dans le commerce des céréales, il est généralement connu en France sous le nom abrégé de « *Contrat de Londres* ».

Il a fait son entrée dans les *Annales* de notre jurisprudence et on ne compte plus les décisions qui s'y réfèrent directement.

Signalons cependant l'arrêt de la Cour de Rennes du 4 juin 1926 qui constate « que les contrats-type de Lon-« dres, notamment ceux de la London Corn Trade Asso-« ciation (L. C. T. A.), se sont acquis dans le commerce « des grains une renommée considérable et sont devenus « d'un emploi généralisé en France » (1).

La plupart des ventes d'importation, c'est-à-dire celles dans lesquelles l'importateur chargeur des céréales joue le rôle de vendeur, sont traitées aux conditions du contrat de Londres.

Une grande partie des ventes successives sont du reste

______

(1) Quelques décisions récentes mentionnant expressément les contrats de Londres :

C. d'Aix, 2 février 1920, D. P. 1921.2.97 ; Com. Bordeaux, 6 mars 1924, *R. V. T.*, 1925, p. 55 ; Com. Bordeaux, 16 décembre 1925, *R. V. T.*, 1926, p. 187 ; Com. Seine, 7 janvier 1926, *Gaz. Pal.*, 23 mars 1926 ; Com. Marseille, 24 février 1926, *R. V. T.*, 1926, p. 228 ; Civ. Casablanca, 25 février 1926, *R. V. T.*, 1926, p. 197 ; Com. Marseille, 3 juin 1926, *Dor*, 1926, t. IV, p. 598 ; C. Caen, 10 juin 1926, *R. V. T.*, 1926, p. 258 ; C. Bourges, 14 juin 1926, *Revue du droit français*, 1926, p. 101 ; C. Rennes, 26 juillet 1926 *Gaz. Pal.*, 1927.1.59 ; C. Paris, 7 janvier 1927, S. 1927.2.37 ; C. Douai, 27 janvier 1927, *R. V. T.*, 1927, p. 46 ; C. Agen, 31 janvier 1927, S. 1927.2.54.

effectuées sur même base en raison de l'insertion habituelle de la mention : suite de contrat.

L'emploi de plus en plus étendu d'un contrat-type — d'origine étrangère et rédigé le plus souvent en langue anglaise — n'a pas été sans rencontrer quelques obstacles et soulever des critiques (1). La multiplication même des décisions de jurisprudence récentes semble destinée à attirer l'attention des contractants sur les dangers que peuvent présenter en temps de crise des clauses d'apparence anodine.

L'habitude émousse l'attention et bien souvent — se fiant à la simple mention « contrat de Londres » — des commerçants apposent leur signature au bas des formules sans se donner même la peine d'en lire attentivement toutes les clauses et d'en envisager toutes les conséquences.

Nous avons donc cru intéressant de reprendre l'examen complet d'un contrat-type de la London Corn Trade Association, d'en étudier la structure générale et l'interdépendance des diverses clauses. Les difficultés d'interprétation auxquelles nous nous heurterons en cours de route seront la meilleure preuve de l'utilité d'une telle étude.

Bien souvent, nous avons entendu dire que ce contrat d'origine anglaise devait être interprété suivant la loi anglaise. Nous verrons ce qu'il peut y avoir de vrai dans cette remarque et, pour simplifier notre tâche, nous nous efforcerons de nous rendre compte de la façon dont ce contrat doit être envisagé au point de vue du droit anglais avant d'examiner les décisions de la jurisprudence française.

(1) Godret, *op. cit.*, p. 130.

Mais, avant de considérer le contrat de Londres du point de vue juridique, il faut nous familiariser avec le texte même des « proformas », connaître les différentes clauses qui peuvent se rencontrer, nous rendre compte de leur fonctionnement dans la pratique des affaires.

Avant d'aborder ces différents points, nous croyons indispensable de donner quelques précisions sur la corporation de la « London Corn Trade Association », sous les auspices de laquelle ces contrats ont été rédigés.

CHAPITRE PREMIER

La London Corn Trade Association.
Les contrats-type.

PREMIÈRE PARTIE

La London Corn Trade Association.

La London Corn Trade Association (Association de
Londres pour le commerce des céréales) (1) est généralement désignée simplement par ses initiales : L. C. T. A.

A l'origine, ce fut une simple Association profession-
nelle composée de négociants en blé, importateurs, minotiers.

Mais l'Association sous sa forme actuelle « Incorpo-
rated » date de 1886.

Le mémorandum d'association et les articles d'asso-
tion, c'est-à-dire, à proprement parler, les statuts, sont
du 14 avril 1886.

L'incorporation accordée en conformité de la Section 23 du « Companies Act 1867 » est du 17 avril 1886.

Les règles actuelles de cette Association sont toujours les règles primitives, sauf quelques minimes modifications de détail, et sont contenues dans le mémorandum, les articles d'association et quelques règlements

---

(1) Paul Van Hissenvohen, *Le Commerce international des grains*,
p. 536 et suiv,

ultérieurs « bye-laws » qui n'ont trait qu'à des questions de fonctionnement interne.

Objet de l'Association.

Les actes de constitution définissent l'objet de l'Association :

a) Provoquer l'introduction dans le commerce des céréales de l'uniformité dans les transactions, favoriser l'adoption d'usages fondés sur des principes justes et équitables, et cela plus particulièrement pour les contrats, chartes-parties, connaissements et polices d'assurance.

Etablir, provoquer, encourager la diffusion et l'adoption de formules types pour les contrats, les autres documents précités et en général tous ceux dont fait usage le commerce des céréales ;

b) Encourager la solution, par voie d'arbitrage, des différends pouvant naître à l'occasion d'opérations commerciales sur céréales, — désigner les arbitres et tiers arbitres, — entendre et juger les appels des décisions de ces arbitres ou tiers arbitres ;

c) Réunir des échantillons des différentes espèces de céréales pour confectionner des types standard qui serviront dans les arbitrages et les contrats ;

d) Se procurer des locaux où seront conservés ces échantillons standard et toutes les informations statistiques se rapportant au commerce des grains, — ces locaux servant également à tenir les réunions et les arbitrages ;

e) Provoquer, soutenir ou combattre toute mesure législative ou autre, touchant aux intérêts de personnes engagées dans le commerce des céréales, et d'une façon générale, veiller aux intérêts du commerce des grains, en particulier dans l'étendue de la métropole ;

f) Se mettre en rapports avec les chambres de commerce et autres organisations commerciales ou publiques, — et coopérer avec elles et toutes autres institutions, associations, maisons de commerce, ou personnes, pour l'un des objets ci-dessus énoncés ;

g) Reprendre l'actif de l'Association « unincorporated » ayant le même nom et le même objet que la présente Association, — et faire face, autant que possible, à tous les engagements de cette Association ;

h) Faire toutes autres choses légales qui, incidemment, contribueraient à atteindre les objets ci-dessus,

Pourvu que l'Association ne soutienne pas de ses fonds ou n'impose pas à ses membres des règlements qui, s'ils étaient un objet de l'Association, en feraient un Trade-Union.

Nomination des membres.

Aux termes des articles 4, 5, 6.... des statuts, peuvent être membres, à condition qu'ils s'occupent d'affaires de céréales :

> Les chefs de firmes ;
> Les firmes et compagnies ;
> Les associés ou directeurs.

Pas de condition de nationalité.

Le nombre des membres est illimité.

Ils sont élus, sur présentation d'un membre, par le Comité exécutif, suivant le système du *ballot*: scrutin au moyen de boules blanches et noires. La majorité des 3/4 est nécessaire (Une boule noire sur quatre entraîne la non admission).

Le candidat refusé a le droit de se présenter une seconde fois si le membre qui l'a présenté fournit une pétition pour un second scrutin, signée de dix membres.

L'échec au second scrutin est sans voie de recours.

La cotisation annuelle des membres est de £ 5, 5/ (décision de 1920). Il est également perçu sur les nouveaux membres un droit d'entrée fixé par le Comité exécutif qui peut en dispenser certains membres.

Les droits et privilèges des membres sont personnels et intransférables.

Un membre peut démissionner en donnant préavis de six mois.

Enfin, le Comité exécutif peut, à la majorité des deux tiers, décider dans une réunion tenue spécialement à cet effet, l'expulsion de tout membre dont la conduite lui paraîtrait peu conforme au caractère d'un homme d'affaires (man of business), ou de nature à porter préjudice aux intérêts de l'Association.

L'expulsion n'est définitive que si elle est confirmée par une seconde résolution prise à la même majorité et dans les mêmes conditions.

D'office, cesse d'être membre, toute personne ou maison qui suspendrait ses paiements, serait déclarée en faillite ou obtiendrait un concordat préventif de faillite.

Mais elle peut être réélue lorsqu'elle aura payé un dividende de 50 0/0 ou que, en égard aux circonstances, le Comité exécutif croira pouvoir la dispenser de cette condition.

Organisation. — Direction. — Le Comité exécutif.

La direction de l'Association est confiée à un Comité exécutif qui, statutairement, ne doit pas comprendre plus de 24 membres, — plus un certain nombre de membres supplémentaires (six au maximum) choisis par le Comité exécutif parmi les représentants des associations provinciales du commerce des céréales.

Pour l'année 1926/1927, ces membres supplémentaires sont au nombre de 4, et représentent :

1° La « Bristol Channel and West of England Corn Trade Association » (Association du Canal de Bristol et de l'Ouest de l'Angleterre pour le commerce des céréales) ;

2° La « Liverpool Corn Trade Association Ltd » (Association de Liverpool pour le commerce des céréales) ;

3° La « National Association of British and Irish Millers » (Association Nationale des Minotiers britanniques et irlandais) ;

4° La « Irish Corn Trade Association Ltd » (Association Irlandaise pour le commerce des céréales).

Les membres ordinaires du Comité exécutif sont élus par l'assemblée générale annuelle de l'Association. Chaque année, le mandat de 4 membres sur 24 expire, en principe d'après l'ancienneté. Les membres sont donc, sauf exception, nommés pour six ans. Ils sont rééligibles, mais seulement après un intervalle d'une année.

Le Comité exécutif élit son président et deux vice-présidents, un trésorier non appointé et un secrétaire, appointé ou non. Quand il est appointé, comme c'est le cas actuellement, il n'est pas compris dans les 24 membres du Comité exécutif.

C'est le Comité exécutif qui représente l'Association et agit en son nom.

Il a le maniement des fonds de l'Association et les plus larges pouvoirs d'administration pour louer, acheter les locaux nécessaires au fonctionnement de l'Association, engager des employés, etc..

C'est le Comité qui met en circulation et vend les formules de contrat approuvées par l'Association, fournit les échantillons de blé et tout autre grain, nomme dans certains cas les arbitres.

Il a, de plus, la mission de rédiger des règlements (byelaws) pour les questions d'ordre interne et a, en particulier, réglementé la procédure des élections du Comité exécutif par l'assemblée générale ordinaire (Byelaws, n° 1 à 9, modifiés 31 mars 1925).

Son rôle est particulièrement important en matière d'arbitrage.

Le Comité exécutif se réunit au moins une fois par mois. Il peut former des *Sections* et nommer des membres à une ou plusieurs de ces sections (Sectional Committee).

Actuellement ces sections sont au nombre de 9 :

Section de finance et questions d'ordre général.
   «   Afrique du Nord.
   «   Afrique du Sud.
   «   Argentine.
   «   Europe et Mer Noire.
   «   Canada, Australie, United States of America.
   «   Chine et Mandchourie.
   «   Indes Orientales.
   «   Londres.

Les membres des sections peuvent s'adjoindre tout membre de l'Association, qu'il fasse ou non partie du Comité exécutif, jusqu'à concurrence de trois.

Le rôle des sections est de fournir au Comité exécutif

des rapports sur les questions de leur compétence spéciale : rôle uniquement consultatif, par conséquent.

Committee of Appeal (*Comité d'appel*).

Nous touchons ici aux questions d'arbitrage.

Pour le moment, nous n'envisagerons que la constitution même du Comité d'appel, et réservons pour plus tard l'analyse de la procédure d'arbitrage.

Le Comité d'appel est formé de quarante membres, répartis en cinq sections de huit membres. Les pouvoirs des membres d'une même section expirent la même année.

Les membres du Comité d'appel sont élus par le Comité exécutif, par le système du ballot, — soit en bloc chaque année pour remplacer les membres d'une section dont les pouvoirs touchent à leur fin, — soit au fur et à mesure des vacances individuelles.

Le Comité d'appel ne connaît pas lui-même des arbitrages d'appel. Il délègue, par élection, ses pouvoirs à cinq de ses membres qui, pour chaque cas, formeront une véritable *Cour d'appel* (*Court of Appeal*). La procédure de désignation de ces cinq membres de chaque Cour d'appel est assez compliquée et destinée à donner aux parties intéressées toutes les garanties d'impartialité désirables. Elle est minutieusement réglée par les articles 36 et suivants des statuts qui prévoient les délais de convocation des membres du Comité d'appel et jusqu'à la façon dont chacun de ces membres devra exprimer son suffrage en marquant d'une croix le nom de son ou de ses candidats (Le vote par correspondance est admis).

En cas d'égalité de voix un nouveau scrutin est nécessaire.

Schwob. L. C. T. A.

Les membres de chaque Cour d'appel ne sont, bien entendu, compétents, que pour la seule affaire pour laquelle ils ont été nommés.

Deux membres d'une même maison ou compagnie ne peuvent être nommés dans la même Cour d'appel.

Tous ceux qui, de près ou de loin, ont été intéressés à l'affaire en litige : les parties elles-mêmes, les courtiers, etc.., les arbitres qui ont rendu la sentence dont est appel, ne peuvent être élus membres de la Cour d'appel qui connaîtra de cette affaire, — ni même participer de leurs voix aux élections des membres de cette Cour d'appel.

Procédure devant la Cour d'appel. — Les parties peuvent comparaître en personne ou se faire représenter par un mandataire porteur d'une procuration écrite.

Elles peuvent présenter toutes observations verbales ou écrites.

La sentence arbitrale dont est appel sera confirmée à moins que quatre arbitres sur cinq ne soient d'avis de la modifier.

La sentence d'appel, qu'elle confirme ou modifie la sentence primitive, signée par le Président du Comité, est considérée comme une sentence du Comité lui-même ; elle est finale à tous les points de vue.

Réunion générale annuelle.

Une réunion générale annuelle de l'Association a lieu en mai. Elle vérifie en particulier les comptes fournis par le Comité exécutif et son rapport, et élit les membres du Comité exécutif en remplacement des membres sortants.

Des réunions générales extraordinaires peuvent avoir

lieu sur la demande de la majorité des membres du Comité exécutif — ou de 30 membres de l'Association. L'objet de ces réunions extraordinaires doit être précisé dans les convocations et aucune autre question ne pourra y être traitée.

Ces réunions générales, soit ordinaires, soit extraordinaires, peuvent modifier les statuts de l'Association.

Les décisions sont prises à main levée. En cas d'égalité de voix, le président de l'assemblée a voix prépondérante. Une demande de scrutin peut être déposée par cinq membres ; les modalités en sont fixées par le président de l'assemblée.

Les décisions une fois prises sont consignées dans un livre spécial.

Activité de la *London Corn Trade Association.*

Telle est l'organisation de la London Corn Trade Association, organisation très soigneusement réglée, et qui semble prévoir les moindres questions.

Fondée sur ces bases, la London Corn Trade Association a connu un développement rapide. La liste de ses membres pour l'année 1926-1927 comprend 473 noms d'importateurs de céréales, de minotiers tant anglais que ressortissants de nationalités différentes. Nous y relevons, en particulier, une vingtaine de noms de maisons françaises ou établies en France. Il n'est pas exagéré de dire qu'en fait : il n'est pas une maison européenne, tenant une certaine place dans le commerce d'importation des céréales, qui ne fasse partie de la London Corn Trade Association, que ce soit en France, en Angleterre, en Belgique, en Hollande, en Allemagne, en Italie, dans les pays Scandinaves.

Le rayonnement de la London Corn Trade Association
est donc considérable par le fait même de la répartition
de ses membres sur toute la carte d'Europe, et de leur
influence dans le commerce des céréales.

Le siège de Londres ne reste pas inactif.

L'Association publie, à la clôture de chaque marché,
des cotations C. I. F. du blé des Indes pour le règlement
des ramassis et différences de poids.

Mais ce n'est là qu'un détail de son activité, souvenir
de la prédilection marquée autrefois par les Anglais
pour le commerce avec leur grande colonie d'Asie.

Le rôle de la London Corn Trade Association s'est
bien élargi. Nous avons vu que les attributions du Comité exécutif sont nombreuses et vastes. Il s'occupe
d'arbitrages dont le chiffre annuel est de 5.000 environ.
Il s'attache à réunir des échantillons. Enfin, occupation
essentielle, et qui à elle seule peut-être a plus fait pour
contribuer au développement de la London Corn Trade
Association que toutes les autres, c'est lui qui se charge
de la diffusion et de la vente des formules de contrats.

Nous avons vu que dans ses statuts, la London Corn
Trade Association s'était assigné comme objet premier,
de provoquer l'introduction dans le commerce des céréales d'usages uniformes fondés sur des principes justes
et équitables. La réalisation de ce projet devait avoir
lieu par l'établissement de formules types de contrats,
chartes-parties, connaissements et polices d'assurance.

Pour les chartes-parties et les connaissements, ce
but se confond avec celui poursuivi depuis longtemps
par les armateurs et les chargeurs : tendre à l'uniformi-
sation des connaissements, en particulier. Il ne semble
p as que jusqu'à présent, les résultats pratiques soient
au niveau de la bonne volonté des intéressés.

Mais, en ce qui concerne les contrats de vente — et de vente c.i.f. en particulier — la London Corn Trade Association a atteint son but.

Les contrats qu'elle édite, bien que différents, — suivant les marchandises et le lieu d'origine, — sont connus sous le nom général de « Contrat de Londres », et la renommée du Contrat de Londres et universelle.

L'usage, fondé sur des principes justes et équitables, protecteur des droits des vendeurs et des acheteurs, semble s'être définitivement établi.

La London Corn Trade Association publie un recueil de ses différents contrats (1), recueil tenu au courant des modifications qui y sont apportées de temps en temps pour le mettre en harmonie avec les exigences de la pratique, magnifique source de droit vivant.

La dernière édition est de 1926, et comprend 75 rubriques, dont 66 contrats.

Le plus simple est de reproduire la table des matières :

Contrats en vigueur.

1. Indes Orientales, blé, s/s ou m/v. « Parcels » (2).
2. Indes Orientales, blé, s/s ou m/v. Cargaisons.
3. Indes Orientales, légumineux ou grains autres que le blé, s/s ou m/v. « Parcels ».
4. Chine et Mandchourie (excepté le blé), s/s ou m/v. « Parcels ».
5. Mandchourie, blé R. T., s/s ou m/v. Cargaisons.
6. Mandchourie, blé R. T., s/s ou m/v. « Parcels ».
7. Japon, s/s ou m/v. « Parcels ».

(1) Les formules de contrats peuvent être obtenues soit sous forme d'un livre contenant un exemplaire de chaque contrat, soit par séries d'un même contrat, pour l'usage commercial.

(2) Le mot anglais « Parcel » désigne les fractions de cargaison par opposition au mot « cargo » qui s'applique au chargement entier d'un navire.

8. Rangoon ou Burmah, s/s ou m/v. « Parcels ».
9. Golfe Persique, blé S. D., s/s ou m/v. « Parcels ».
10. Golfe Persique, fourragers T. Q., s/s ou m/v. « Parcels ».
11. Australie, blé, s/v. Cargaisons pour embarquer pour ordres.
12. Australie, blé, s/s ou m/v. Cargaisons pour embarquer et ou en route pour ordres.
13. Australie, blé, s/s ou m/v ou s/v. Cargaisons prompt arrivé ou expiré (clauses de paiement).
14. Australie, blé, s/s ou m/v ou s/v. « Parcels » port direct.
15. Californie, blé, s/s ou m/v. Cargaisons ou « Parcels ».
16. Californie, blé, s/v. Cargaison pour ordres.
17. Californie, orge, s/v ou m/v. Cargaison pour ordres.
18. Californie, orge, s/v. Cargaison pour ordres.
19. Californie, orge, s/s ou m/v. « Parcels » port direct.
20. Orégon et Washington, blé, s/s ou m/v. Cargaisons pour ordres.
21. Orégon et Washington, blé, s/v. Cargaisons pour ordres.
22. Orégon et Washington, blé, s/s ou m/v. « Parcels » port direct.
23. Chili, blé, s/s ou m/v. Cargaisons pour ordres.
24. Chili, blé, s/s ou m/v. « Parcels » port direct.
25. Chili grain autre que le blé.
26. Chili, grain autre que le blé, s/s ou m/v. « Parcels » port direct.
27. Canada et U. S. A., grain T. Q., s/s ou m/v. Cargaisons pour ordres.
28. Canada et U. S. A., blé T. Q., s/s ou m/v. « Parcels » port direct.
29. Canada et U. S. A., grain autre que le blé, s/s ou m/v. « Parcels » port direct.
30. Canada et U. S. A., grain T. Q., s/s ou m/v. « Parcels » port direct. Continent.
31. La Plata, grain T. Q,, s/s ou m/v. Cargaisons pour ordres.
32. La Plata, grain R. T., s/s ou m/v. Cargaisons pour ordres.
33. La Plata, grain T. Q., s/v. Cargaisons pour ordres.
34. La Plata, grain R. T., s/v. Cargaisons pour ordres.
35. La Plata, grain T. Q., s/s ou m/v. « Parcels » port direct.
36. La Plata, grain R. T., s/s ou m/v. « Parcels » port direct.
37. La Plata, maïs T. Q., s/s ou m/v. « Parcels » port direct.

38. La Plata, maïs R. T., s/s ou m/v. « Parcels » port direct.
3g. La Plata, avoines R. T., s/s ou m/v. « Parcels » port direct.
4o. La Plata, grain T. Q., s/s ou m/v. « Parcels » port direct. Continent.
41. La Plata, grain R. T., s/s ou m/v. « Parcels » port direct. Continent.
42. Amérique du Sud, issues T. Q., s/s ou m/v. « Parcels » port direct.
43. Amérique du Sud, issues R. T., s/s ou m/v. « Parcels » port direct.
44. Egypte, blé S. D. Cargaisons port direct.
45. Egypte, blé S. D. « Parcels » port direct.
46. Egypte, haricots, lentilles. Cargaisons port direct, non mutuel.
47. Egypte, orge. « Parcels » port direct, non mutuel.
48. Mer Noire et Danube, grain T. Q., s/s ou m/v. Cargaisons.
49. Mer Noire et Danube, grain R. T., s/s ou m/v. Cargaisons.
5o. Mer Noire et Danube, grain T. Q., s/s ou m/v. « Parcels » port direct.
51. Mer Noire et Danube, grain R. T., s/s ou m/v. « Parcels » port direct.
52. Mer Noire et Danube, grain R. T., s/s ou m/v. « Parcels » port direct. Continent.
53. Mer Noire et Danube, issues R. T., s/s ou m/v. « Parcels » port direct.
54. Baltique, grain T. Q., s/s ou m/v. Cargaisons ou « Parcels » port direct.
55. Russie du Nord, blé T. Q., s/s ou m/v ou s/v. Cargaisons.
56. Russie du Nord, blé S. D., s/s ou m/v ou s/v. Cargaisons.
57 Russie du Nord, blé T Q., s/s ou m/v ou s/v. « Parcels ».
58. Russie du Nord, blé S. D., s/s ou m/v ou s/v. « Parcels ».
5g. Afrique du Sud, grain T. Q., s/s ou m/v. Cargaisons pour ordres.
6o. Afrique du Sud, grain T. Q., s/s ou m/v. « Parcels » port direct.
61. Afrique du Nord et Maroc, T. Q., s/s ou m/v. Cargaisons pour ordres.
62. Afrique du Nord et Maroc, T. Q., s/s ou m/v. « Parcels » port direct.

63. Issues (produit du U. K.), s/s ou m/v. « Parcels » port direct.
64. F. O. B., s/s ou m/v ou s/v. « Parcels ».
65. Règles des bonifications pour impuretés, pour le grain vendu sur base du contrat N° 3 Indes Orientales.
66. Règles pour déterminer le poids naturel du blé et seigle de La Plata et les bonifications.
67. Règles pour déterminer le poids naturel du blé de provenance autre que La Plata et les bonifications.
68. Règles pour déterminer le poids naturel du seigle de provenance autre que La Plata et les bonifications.
69. Règles pour déterminer le poids naturel des avoines et les bonifications.
70. Règles pour déterminer le poids naturel des orges et les bonifications.
71. Règles pour la prise d'échantillons (excepté les contrats 1, 2 et 3).
72. Clauses d'Assurance.
73. Tables de correspondance des poids naturels en kilos par hectolitre, livres par bushel et pouds par chetwert.
74. Note de confirmation de contrat (emploi limité au Continent).
75. Contrat Madagascar T. Q. s/s ou m/v Parcelles.

Abréviations :

s/s	Steamship (vapeur)
m/v	Moteur vessel (vaisseau à moteur auxiliaire)
s/v	Sailing vessel (voilier)
R. T.	Rye Terms.
T. Q.	Tale Quale.
S. D.	Sea damaged for Seller's account : marchandise endommagée par eau de mer pour le compte du vendeur.

De ces 75 formules, 65 seules sont des contrats.

Les formules n°⁸ 65 à 73 ont néanmoins une grande importance. La London Corn Trade Association y a posé certaines règles qui peuvent s'appliquer à tous les contrats et concernent en particulier les modes de constatation des poids naturels, le calcul des bonifications.

Elles représentent une codification d'usages que les parties sont tenues d'observer par le seul fait qu'elles contractent suivant une formule de la L. C. T. A.

Ces règles sont intéressantes à connaître et nous en avons donné la traduction ou l'explication en annexe.

La règle *n° 73* est un simple tableau numérique de correspondance des poids naturels dans les différents systèmes d'unités employés. Elle donne immédiatement le poids naturel en kilos par hectolitre (système métrique), connaissant le poids naturel en livres anglaises par bushels (système anglais) ou pouds par chetwerts (système russe) (1). Et vice versa. Elle est d'un grand intérêt pour les ventes sur poids naturel.

La règle *n° 72* est d'une importance primordiale : elle supprime à l'avance toutes contestations sur le contenu de la police d'assurance que le vendeur C. A. F. doit fournir à l'acheteur, en imposant la présence, dans cette police, d'une clause type qui est appelée la clause F. P. A. de la London Corn Trade Association.

Nous reviendrons sur cette question en étudiant le rôle de la police d'assurance dans le contrat de la London Corn Trade Association.

---

(1) Bushel = 36 L. 35   Livre anglaise (lb) = o kilo 4.536.
Chetwert = 209 L. 902   Poud = 16 kilos 38.

DEUXIÈME PARTIE

Les différentes clauses des contrats.

Nous allons passer à l'examen des contrats proprement dits.

Contrat FOB : Contrat 64. — Le dernier, celui qui porte le n° 64, est désigné sous le nom de contrat fob (1). Il peut s'appliquer à toutes les marchandises, de toutes les provenances, sous réserve des modifications que les contrats précédents prévoient suivant les différents pays d'origine.

Cette formule est d'un emploi peu fréquent, tout au moins en Europe. L'opération commerciale qui se traite aux conditions fob suppose, en effet, que les deux contractants sont domiciliés au pays d'origine, ou tout au moins y ont un représentant pour s'occuper des différentes questions d'assurance, d'affrètement, d'embarquement, de surveillance.

Le contrat fob met en présence le producteur local ou une maison d'exportation locale sans représentant en Europe, et l'importateur européen représenté au pays de production. Le contrat sera bien plus vraisemblablement traité conformément aux usages du commerce national que suivant une formule de L. C. T. A.

Exceptionnellement, il est vrai, un contrat fob peut être traité en Europe. Une maison d'importation établie à la fois au pays d'origine et en Europe vendra fob si elle veut se débarrasser du soin de trouver un navire, de

---

(1) F. O. B., initiales des mots : « free on board », c'est-à-dire : franco bord.

soigner l'assurance. Le cas se présente assez fréquemment dans les contrats passés avec les services du ravitaillement d'un gouvernement disposant par ailleurs d'une flotte d'Etat.

Mais, hormis ces cas exceptionnels, la vente fob conclue en Europe entre deux commerçants, tous deux domiciliés en Europe, est une rareté.

Du reste, cet acheteur fob se transforme très fréquemment lui-même, par la suite, en vendeur caf sur le marché européen, dans ses relations avec les importateurs non établis à l'origine, les minotiers, ses clients habituels.

Le contrat fob de la London Corn Trade Association peut donc être laissé de côté, et nous nous limiterons aux autres contrats, qui, eux, sont des contrats caf.

Les contrats de Londres sont des contrats caf.

Cette qualité de contrat caf ne leur a pas été accordée sans difficultés en France, et nous reviendrons plus tard sur les différentes objections qu'on a élevées contre leur assimilation au prétendu contrat caf idéal et classique.

Mais cette qualité ne leur est plus sérieusement contestée. Une jurisprudence récente a dissipé toute équivoque à ce sujet (1).

« Considérant que le caractère de vente caf ne peut
« être sérieusement contesté aux marchés litigieux, que
« le prix stipulé comprend le coût du fret et de l'assu-
« rance ; que dans les deux formules du contrat de la
« London Corn Trade Association, la mention cif se ren-
« contre au moins une fois. »

Du reste, en Angleterre, il n'est jamais venu à l'idée

(1) Cour d'appel de Paris (1re Ch.). Arrêts du 7 janvier 1927, S. 1927.2.37.

de personne de refuser de considérer ce contrat comme
un contrat caf. Car pour un esprit anglais, l'expression
contrat cif n'est qu'une abréviation pour dire : contrat de
vente contenant la clause cif, et le sens de cette clause
est très clair : le vendeur s'engage à fournir, outre la
marchandise. le navire pour la conduire à destination,
et l'assurance qui doit la couvrir, le tout à un prix forfaitaire (1).

Dans tout contrat de la London Corn Trade Association, on rencontre cette clause cif à la rubrique
Contract Price (prix du contrat) dont la traduction est :
    « Au prix de . . . . . soit . . . . . par . . . . . kilos
« embarqués . . . . . directement ou indirectement
« sur . . . . . *fret et assurance compris.* »

D'autre part la clause quantité porte que si le vendeur
n'embarque pas la quantité exacte stipulée au contrat,
tout surplus ou manquant (au-dessus d'une marge de
2 0/0 plus ou moins) sera réglé sur base de la valeur
CAF à la date du connaissement.

Il est donc indubitable que les contrats de la London
Corn Trade Association se présentent sous la forme de
contrats traités à un prix caf.
Ces contrats sont au nombre de 64. Il ne peut être
question de les examiner chacun séparément. Nous
allons, tout au contraire, tâcher d'en dégager les par-

(1) Williston, *On Sales*, p. 408. « Dans les contrats anglais les
« lettres CIF ou CFI, mises pour coût, fret et assurance, sont d'un
« usage courant et veulent dire que le prix fixé ne couvre pas seu-
« lement le coût de la marchandise, mais que la dépense du fret et
« de l'assurance doit être faite par le vendeur. »

ties permanentes et essentielles dont la présence permet de dégager le type unique du Contrat de la London Corn Trade Association ou Contrat de Londres.

Les différences et les ressemblances des contrats caf de la L. C. T. A.

Un contrat de la London Corn Trade Association se présente sous la forme d'une grande feuille imprimée au recto et au verso.

Au recto se trouvent différents sous-titres : Qualité — Classification du navire — Date d'embarquement — Quantité — Prix du contrat — Destination — Paiement du fret — Polices ou certificats d'assurance — Déchargement — Prorata — Pesée — Manquant — Avaries — Prohibition — Courtage — une clause générale d'attribution de compétence aux tribunaux ou arbitres anglais — et l'élection de la loi anglaise comme loi gouvernant le contrat.

Au verso sous le titre général « Conditions et Règles » sont réunies différentes clauses également importantes et dont les sous-titres sont : Appropriation — Clause d'embarquement — Preuve de l'embarquement — Jours fériés — Levée des documents — Défaut — Echantillonnage — Demandes d'arbitrage — Règle de finalité — Règle environ — Clause de bonification pour arbitrage — Arbitrage — Appel.

Nous avons cru utile, pour permettre de saisir la physionomie d'ensemble d'un tel contrat, d'en donner un *in extenso* en annexe. Nous avons choisi le contrat 41, formule réglant les transactions portant sur le grain de La Plata, chargé sur vapeur ou vaisseau à moteur, à destination du Continent, transactions qui se traitent aux conditions Rye Terms.

Ce contrat est, en effet, l'un des plus employés, particulièrement en France, et de plus, il en existe une traduction officielle en français (1), — qui est celle que nous avons suivie.

Qualité. — Conditionnement. — Quantité.

Il est quelquefois assez délicat de séparer les clauses s'appliquant au poids, à la qualité, à l'état de la marchandise.

Une clause contient souvent emmêlées les dispositions qui règlent à la fois ces différents points.

Il est bien compréhensible, par exemple, que si le conditionnement est garanti à l'arrivée, le règlement se fera sur le poids constaté au débarquement.

Inversement, il est naturel que dans une vente sur certificat final à l'embarquement, ce certificat soit valable, à la fois pour la quantité et pour la qualité.

1° Qualité. — La qualité peut être déterminée de plusieurs façons :

a) Qualité moyenne des embarquements de la saison à l'époque de l'embarquement ;

b) A l'époque et au lieu d'embarquement, environ sui-

(1) Les contrats de la London Corn Trade Association sont rédigés en langue anglaise. Néanmoins, ils ont été souvent traduits en français, à l'occasion de différents procès.

Pour le contrat n° 41, nous avons pu nous procurer une formule même de contrat rédigée en langue française, formule que l'on emploie assez souvent pour les affaires traitées en France, aux lieu et place de la formule anglaise.

vant l'échantillon cacheté marqué. . . . . . en possession
de. . . . .

A côté de ces clauses, on trouve la référence à un
Standard.

Par exemple : les contrats d'Australie et Chili portent :
« Qualité moyenne au moment de l'embarquement, à
« peu près égale au type officiel de la chambre de com-
« merce de l'Etat d'où provient l'embarquement de la
« récolte. . . . . adopté par la London Corn Trade As-
« sociation » (1).

La formule est analogue pour les contrats de Californie,
Orégon et Washington : « qualité à peu près égale (ou
« supérieure) à l'échantillon type n° 1 de l'Association
« pour le commerce des grains de la chambre de com-
« merce de (San Francisco, Portland ou Seattle, suivant
« le cas) de la récolte 192. adopté par la London Corn
« Trade Association » (1).

Le certificat de qualité est prévu de la façon suivante :
« Certificat officiel d'Inspection de. . . . . (administration chargée de l'inspection final pour la qualité. »

Contrat n° 8 de Rangoon ou Burmah. Contrats des
Etats-Unis et Canada. Contrats n° 42 et 43 issues Amérique du Sud : [certificlat final pour qualité et conditionnement.]

Poids naturel. Il est souvent garanti dans les contrats
Plata et Danube, Mer Noire.

Soit en kilos par hectolitre, pour les contrats portant
le sous-titre : « à destination du Continent ».

Soit en livres anglaises par bushels pour les contrats

(1) Cf. p. 12, § C. La confection d'échantillons standards est l'un
des objets de la L. C. T. A. énumérés dans les statuts.

prévoyant le débarquement dans un port du United Kingdom [Royaume-Uni de Grande-Bretagne et d'Irlande] (1).

Vice caché. — Tous les contrats contiennent la clause suivante exonérant le vendeur du vice caché :

« Le grain n'est pas garanti exempt de défauts le
« rendant sans valeur marchande, qui ne seraient pas
« pas apparents après un examen raisonnable, nonobs
« tant tous règlement et loi à effets contraires. »

Différence de qualité.

Dans tous les contrats, on trouve la clause suivante :
« Une différence de qualité (2) ne confère pas à l'ache
« teur le droit de réjection à moins qu'il n'y soit auto
« risé par décision arbitrale et / ou du Comité d'appel,
« suivant le cas. »

Corps étrangers. — Parfois, des bonifications sont accordées à l'acheteur si la marchandise n'est pas sans mélanges. Ces bonifications sont différentes suivant qu'il s'agit de corps étrangers sans valeur, tels que pierres, poussière..... ou de grains différents (Par exemple : seigle, orge mélangé à du blé). Le montant des bonifications est fixé pour les contrats Indes dans la formule 65, et pour les blés russes dans le contrat lui-même. — Une certaine tolérance est accordée, mais à partir d'un certain pourcentage, la bonification augmente rapidement.

(1) En abréviation « U. K ».
(2) *Variantes* : Différence in quality and/or description (espèce), n°⁵ 1, 2, 3, 4, 5, 6, 7, n° 54.
Différence in quality (of grain and/or bags), n°⁵ 11 à 14.

Pour les autres contrats, la fixation des bonifications est laissée aux soins des arbitres appelés à donner une décision sur la qualité.

2° Conditionnement. — a) *A l'embarquement.* — « Embarquement en bonne condition. »

Cette clause se trouve dans toutes les formules.

Un grand nombre de formules (n°° 5 et 6, 9 et 10, 27 à 30, 31 à 63, 75) contiennent une clause dite :

Clause de chargement (shipment clause). — « Si le grain « n'arrivait pas en bonne condition, une bonification « sera consentie et basée sur l'époque de l'année où le « chargement a eu lieu. Le fait que le « parcel » arrive- « rait en tel état ne sera pas considéré comme preuve « suffisante d'un chargement en mauvais état. »

Cette clause paraît faire double emploi avec la précédente.

A notre avis elle a un double but :

1° Elle prévoit que l'arrivée en mauvais état n'est pas une preuve suffisante du chargement en mauvais état.

Si l'acheteur ne peut prouver ce dernier fait, seules jouent les règles qui s'appliquent au conditionnement à l'arrivée ;

2° Le contrat ne pourra pas être annulé pour cause de chargement en mauvais état ; l'acheteur n'aura droit qu'à une bonification.

b) *Au débarquement.* — Les stipulations du contrat sont assez différentes sur ce point.

Mais elles peuvent se ramener à deux types :

1° celles qui mettent les avaries en cours de route à la charge de l'acheteur, en ce sens que l'acheteur doit accepter les marchandises, même endommagées, sans aucune bonification.

2° celles qui les laissent à la charge du vendeur :

a) soit que l'acheteur puisse refuser les livraisons en mauvais état ;

b) soit qu'il ne les reçoive que moyennant bonification.

Les rédactions de ces clauses sont assez variables, mais peuvent être classées suivant la distinction ci-dessus.

Un certain nombre de contrats (n°s 11 à 26 : Australie, Californie, Orégon, Chili) ne prévoient rien quant au conditionnement à l'arrivée.

La marchandise doit alors, soit être comparée à un échantillon (standard ou spécial), soit être acceptée telle quelle.

I

Avaries à la charge de l'acheteur.

Tale quale : Tel quel :

« Embarquement en bonne condition, mais « tale quale » quant au conditionnement à l'arrivée. »

Contrats Amérique du Nord ; quelques contrats Plata ; contrats Afrique du Sud.

« Marchandise endommagée par eau de mer ou autrement doit être prise comme saine.

Les balayures et parties endommagées par eau de mer ou autrement seront prises comme saines, une bonification de 10 0/0 étant faite sur la portion endommagée par eau de mer », n°s 54, 55, 57 (1).

(1) Cf. page suivante, al. *b*, § 3.

II

Avaries à la charge du vendeur.

a) « Les balayures et parties endommagées par eau de mer ou eau de condensation seront refusées », n°s 1, 3, 9.

« Les dommages par eau de mer s'il y en a seront pour le compte du vendeur », n°s 44, 45, 56, 58.

b) « Les balayures et parties endommagées par eau de mer ou eau de condensation seront prises par l'acheteur moyennant une bonification. »

Cette bonification peut être :

1° fixée par arbitrage, n° 2 ;

2° fixée d'accord entre les parties ou à défaut par arbitrage, n°s 4, 7, 8 ;

3° fixée d'avance dans le contrat à 10 0/0, n°s 54, 55, 57.

Mais dans ce dernier cas, le contrat se rapproche bien plus d'un contrat tale quale, puisque la bonification est arbitraire, sans aucune relation avec l'importance de l'avarie.

c) Une des rédactions les plus courantes et les plus complètes est la clause Rye Terms.

Rye Terms (Terme de seigle) (Cette formule fut employée pour la première fois dans les contrats : Seigles Danube).

« Le conditionnement est garanti à l'arrivée (sujet à
« l'avarie de terre dans la qualité moyenne de la récolte
« de la saison). On ne pourra reprocher un léger
« échauffement sec n'endommageant pas le grain, mais
« le dommage par eau de mer ou autrement sera sup-
« porté par l'acheteur avec une bonification pour dété-
« rioration (excepté pour l'avarie de terre comme dit
« ci-dessus) qui sera calculée sur un pourcentage basé

« sur le prix du contrat et qui sera fixé par arbitrage à
« Londres, conformément aux règles d'arbitrage au dos
« de ce contrat. Les échantillons seront pris et cachetés
« au port de déchargement conjointement par les agents
« des chargeurs et du porteur du connaissement ou de
« l'ordre de livraison. »

Mandchourie, nᵒˢ 5-6, La Plata, 32, 34, 36, 38, 39, 41, 43.
Mer Moire et Danube, nᵒˢ 49, 51, 52, 53.

3ᵉ Quantité. — La quantité s'exprime en *poids*.

Les unités employées sont différentes suivant les destinations et les provenances.

Les contrats « continent » seront le plus souvent conclus en tonnes de 1.000 kilos [ou en quintaux métriques].

Les contrats « U. K. » en unités anglaises : tonnes anglaises de 2.240 livres anglaises [1.016 kilos] ou quarters [de 480 livres anglaises pour les blés, 400 lbs pour les orges, 320 lbs pour les avoines américaines).

Les provenances « Russie » peuvent se traiter en unités françaises, anglaises ou russes. La conversion se fait sur la base de 1.016 kilos = 2.240 livres anglaises = 62 1/2 pouds.

Le paiement définitif s'effectue sur poids d'embarquement, ou poids débarqué suivant les cas, et dans ce dernier cas en particulier, on applique une série de règles que nous étudierons sous le nom de « Clauses réglant les différences de poids au débarquement » et qui, dans les contrats, sont connues sous le titre de « Manquant » (Deficiency), manquant qui s'établira par comparaison entre le poids débarqué et le poids embarqué.

Pour le moment, nous n'examinerons que les règles du poids à l'embarquement, c'est-à-dire du poids porté sur les connaissements.

a) *Embarquement : Règles : Poids à l'embarquement ou Poids des connaissements.* — En principe, le poids embarqué devrait correspondre exactement au poids vendu. A 1.000 tonnes vendues devraient correspondre 1.000 tonnes embarquées.

Une telle exigence ne pourrait que gêner considérablement les chargeurs sans servir en quoi que ce soit à l'acheteur qui ne se verrait jamais en pratique livrer la quantité exacte embarquée. Il faut tenir compte, en effet, du coulage habituel (freinte de route), des pertes par manipulation, des différences de poids qui interviennent forcément, au cours d'un long voyage (1), soit par dessiccation, soit par absorption d'humidité.

Il sera donc laissé au chargeur une certaine latitude. Mais cette tolérance accordée au vendeur doit être rigoureusement limitée, et en fonction des nécessités qui ont amené son introduction.

Il serait injuste que le chargeur abusant de cette faveur dont le seul but est de remédier à l'impossibilité matérielle où il se trouve de charger exactement la quantité vendue, puisse s'en servir comme d'un moyen commode de spéculer au détriment de son acheteur.

La tentation serait bien trop grande de charger de gros excédents et de les appliquer à un contrat conclu à un prix avantageux en cas de baisse de la marchandise, ou, au contraire en cas de hausse, de n'embarquer que des quantités insuffisantes.

La clause adoptée par la London Corn Trade Association ménage les intérêts des uns et des autres.

(1) Le fret étant payé : chargé ou non chargé (dead weight), il serait également sans intérêt que le chargeur soit obligé de perdre une partie de son affrètement pour rester dans les limites strictes de son contrat de vente.

Pour le contrat n° 41 elle est la suivante :

« Quantité. . . . . soit. . . . . 2 0/0 plus ou moins.

« Le vendeur a le droit d'embarquer d'autres 3 0/0
« plus ou moins de la quantité énoncée au contrat, tout
« surplus ou manquant au-dessus des susdits 2 0/0 devra
« être réglé sur la valeur caf à la date du connaissement
« et sur la quantité de celui-ci ; la valeur sera fixée par
« arbitrage à moins d'arrangement à l'amiable. »

La facture (1) pourra donc quelquefois comporter deux
prix différents.

Les différences dans la limite de 2 0/0 étant facturées
au prix du contrat. Les différences dépassant ces 2 0/0
et jusqu'à 5 0/0 de la quantité du contrat facturées au
prix cif le jour de l'embarquement.

Ce prix cif sera fixé par un arbitrage à défaut d'entente
amiable.

Si la différence totale dépasse 5 0/0, le contrat reste
muet. La question s'est du reste présentée devant les tribunaux anglais. Nous y reviendrons par la suite.

Nous avons donné la clause qui se trouve dans le contrat « 41 », soit 2 0/0 et 3 0/0. C'est la clause usuelle
pour les « *parcels* » (2). Nous la retrouvons dans les con-

______

(1) La facture provisoire qui est remise en même temps que les
documents et dont le montant est recouvré par la traite documentaire. Pour la différence entre facture provisoire et facture finale,
voir p. 64, *infrà*.

(2) *Latitude en cas d'exécution par plusieurs vapeurs* (M. Van Hissenhoven, p. 538).

« La Haute Cour de Justice à Londres a jugé que la latitude d'un
« contrat doit être calculée sur la quantité totale vendue et non sur
« la dernière application seulement. On a donc le droit d'approprier
« avec le solde du contrat la marge sur la quantité totale traitée.
« Les premières appropriations sont simplement « à valoir » et les
« clauses du contrat restent dans leur intégralité. »

trats : 4, 6, 7, 8, 14, 15, 19, 22, 24, 26, 28, 29, 30, 35, 36, 37, 38, 39, 40, 41, 45, 47, 50, 51, 52, 54, 57, 58, 60, 62.

Pour les *chargements entiers*, la latitude est un peu plus grande et s'explique par la nécessité de tenir compte de la plus grande difficulté pour le chargeur d'évaluer la quantité exacte qu'il pourra embarquer sur un navire affrété en entier.

Les tolérances seront 2 0/0 et 8 0/0 pour les contrats n°s 2, 5, 12, 31, 32, 33, 34, 44, 46, 48, 49, 54, 55, 56, 59.

Elles seront de 5 0/0 et 5 0/0 pour les contrats n°s 11, 13, 15, 16, 17, 18, 20, 21, 23, 24, 25, 27, 61.

Exceptionnellement, quelques contrats ne prévoient qu'un chiffre (1). Dans ce cas, ce chiffre représente la tolérance réglée au prix du contrat. Il n'existe pas de tolérance supplémentaire à régler au cours cif du jour de l'embarquement.

Ce chiffre unique est 2 0/0 pour les contrats n°s 1 et 3, et 5 0/0 pour les contrats : 9, 10, 42, 43, 53, 63, 75.

Cette anomalie ne peut guère s'expliquer.

B) *Débarquement. Règlement final.* — Quelques contrats (n°s 1, 2 et 3) portent que le paiement s'effectuera sur la base de la quantité *délivrée*.

Mais la plupart stipulent le prix par quantité *chargée*.

Faut-il en conclure que le poids du connaissement est final et que toutes les différences dans la quantité restent pour compte de l'acheteur ?

Telle est la solution donnée par le contrat n° 63 (issues Royaume-Uni) :

---

(1) Les contrats Amérique du Nord et Australie portent au recto, après la quantité, le mot « environ », sans fixer autrement la tolérance. Mais au verso, la clause n° 7 donne les chiffres qu'il faut entendre par la clause « environ ».

« Le poids du connaissement est final ».

Mais, pour tous les autres contrats, des clauses, dont la rédaction varie avec les formules, prévoient au contraire un règlement à l'arrivée du navire.

Clause du manquant (Deficiency clause).

I

« Tout manquant sur le poids du connaissement doit
« être payé par le vendeur et tout surplus sur le poids
« du connaissement doit être payé par l'acheteur au prix
« du contrat. Le chargement entier doit être pesé.

Contrat Rye Terms, nᵒˢ 5, 6, 32, 34, 36, *38*, *39*, 41, 43, 49, 51, 53.

Contrats marchandises endommagées pour le compte du vendeur ou prises moyennant bonification, nᵒˢ 4, 7, 8, 44, 45, 56, 58.

Pour les contrats 38 et 39, le règlement des différences se fait au prix caf pratiqué le jour de l'arrivée du navire en douane (En Angleterre).

Le contrat 9 (blé Golfe Persique) qui est un contrat « marchandises endommagées par eau de mer refusées » contient une stipulation supplémentaire (1) :

« Un manquant ou un surplus sur le poids de la facture
« provisoire ne donnera pas à l'acheteur le droit de refu-
« ser la livraison, mais un surplus dépassant 5 0/0 de la
« quantité moyenne du contrat reste au compte du ven-
« deur, et pour un manquant dépassant 5 0/0 de cette
« même quantité, l'acheteur touchera éventuellement la
« différence entre le prix du contrat et le prix pratiqué

(1) Ces clauses constituent une garantie analogue à celles prévues pour les latitudes quantitatives à l'embarquement.

« au jour de l'arrivée du navire si ce dernier est plus
« élevé ».

Une clause semblable se trouve dans le contrat 52
(Rye Terms Danube) :

« Tout manquant ou surplus doit être réglé au prix du
« contrat dans les 14 jours de la remise de la facture
« finale. Mais si la quantité débarquée diffère de plus de
« 5 0/0 de la quantité du contrat, l'acheteur a le droit de
« régler à son choix tout surplus ou manquant sur la
« quantité moyenne du contrat, soit au prix du contrat,
« soit au prix caf pratiqué au port de débarquement, le
« dernier jour du déchargement « (Ce prix sera fixé par
« arbitrage à défaut d'accord amiable »).

II

Pour les contrats « Tale quale » et ceux qui mettent
l'acheteur dans l'obligation de prendre livraison des
marchandises endommagées, la clause « Manquant » est
différente et prévoit trois cas distincts :

1° différence de poids en général ;

2° augmentation de poids occasionnée par l'eau ;

3° accident de mer.

Les différences dans la rédaction portent surtout sur
la clause 2 : augmentation de poids par eau, ce qui nous
permet de classer ces clauses en deux catégories.

1° *Aucun payement ne doit être fait pour l'augmentation de poids occasionnée par l'eau durant le voyage.*

« Tout manquant sur le poids du connaissement doit
« être payé par le vendeur et tout surplus sur le poids
« du connaissement doit être payé par l'acheteur au prix
« du contrat. Le chargement entier doit être pesé.

« En cas d'accident de mer (sauf dans le cas du pom-

« page du grain) (1) causant un manquant sur le poids
« de la facture, la quantité de la facture provisoire sera
« finale.

« Sauf lorsque ce manquant ne peut pas être attribué
« à l'accident en raison de sa nature et ne peut pas être
« recouvré sur les assureurs.

Contrats n°ˢ 11 à 26, 31, 33, 35, *37*, 40.

Contrat n° 37 : le règlement des différences se fait au
prix caf pratiqué au jour de l'arrivée du navire (En
Angleterre).

1ʳ° *variante* : la quantité de la facture provisoire est
réduite de 1 0/0 ; contrats n°ˢ 28, 29, 30. Tale quale 42,
54, 59, 60.

2ᵉ *variante* : le manquant doit dépasser 1 0/0 (Excepté
dans le cas d'accident de mer) ; contrat n° 27. Tale quale.

2° *L'augmentation de poids occasionnée par l'eau doit
être payée.*

« Tout manquant sur le poids du connaissement doit
« être payé par le vendeur, et tout surplus sur le poids
« du connaissement doit être payé par l'acheteur au
« prix du contrat. Le chargement entier doit être
« pesé.

« En cas d'accident de mer (sauf dans le cas de pom-
« page du grain) causant un manquant sur le poids de
« la facture, la quantité de la facture provisoire sera
« finale quant à la mesure, mais le poids sera ajusté
« d'après le poids moyen du grain délivré sain. Mais
« quand l'embarquement est fait au poids, la facture

---

(1) Pompage du grain. Quand les cales ont embarqué trop d'eau
de mer, on pompe l'eau en excès. Au cours de cette opération il est
fréquent que les pompes aspirent en même temps que l'eau une
certaine quantité de grain. Mais une telle éventualité, risque courant de la navigation, ne peut être assimilée à une avarie de mer.

« provisoire sera finale, sauf toutefois lorsque le man-
« quant ne peut être attribué à l'accident en raison de
« sa nature et ne peut pas être recouvré des assureurs. »

Cette formule se trouve dans les contrats : « Marchandises endommagées par eau de mer ou autrement
à recevoir comme saines. » Nᵒˢ 46, 47, 48, 50, 61, 62, 75.

Le contrat nᵒ 10 (fourragères Golfe Persique) prévoit
de plus : « qu'une différence dans le poids débarqué ne
« peut donner à l'acheteur le droit de refuser la livrai-
« son, mais le surplus dépassant de 5 0/0 la quantité
« moyenne du contrat reste au compte du vendeur, et
« pour un manquant dépassant 5 0/0 de cette même
« quantité, l'acheteur touchera éventuellement la diffé-
« rence entre le prix du contrat et le prix pratiqué au
« jour de l'arrivée du navire si ce dernier est plus
« élevé. »

3ᵒ *Contrats 55 et 57.*— Le contrat ne prévoit rien pour
les marchandises mouillées ayant augmenté de poids.
Nous croyons que par analogie avec le contrat 54 et les
contrats Tale quale, il doit s'interpréter dans le sens du
non paiement pour augmentation de poids.

Difficultés d'interprétation.

Dans l'ensemble, il faut le reconnaître, ces différentes
clauses ne sont pas très claires. Elles ont, du reste,
donné lieu à des interprétations nettement divergentes
en particulier sur la portée de la clause de manquant.

La question s'est posée à l'occasion des contrats
nᵒˢ 38 et 39 Rye Terms de La Plata qui, par une exception assez peu compréhensible du reste, portent que les
règlements pour manquants s'effectuent au prix caf pratiqué le jour de l'arrivée du navire et non pas comme

pour tous les autres contrats, au prix caf du contrat.

La différence entre ces deux prix peut être très importante, aussi bien en faveur du vendeur, si le marché a baissé, qu'à son détriment s'il a haussé.

D'un autre côté, la clause d'avarie du Contrat Rye Terms porte, comme nous le verrons par la suite, que « toutes les avaries sont pour le compte du vendeur » et qu'il est unanimement admis que le règlement des avaries s'effectue sur base du prix du contrat.

Il est donc indispensable de savoir si un manquant résultant d'une avarie de mer doit être payé par le vendeur en vertu de la clause du manquant, ou en vertu de la clause d'avarie.

La question n'a aucun intérêt pratique dans tous les contrats Rye Terms autres que les nᵒˢ 38 et 39, puisque, en général, la clause manquant prévoit un règlement sur base du prix du contrat. Il est donc indifférent de savoir si c'est la clause manquant ou la clause « Avarie » qui joue. Mais dans les contrats nᵒˢ 38 et 39, cette distinction est des plus importantes.

Les interprétations sont contradictoires :

Pour les uns, la clause « Manquant » ne trouve son application qu'en dehors de toute hypothèse d'accident de mer. Elle doit protéger l'acheteur contre la freinte de route normale et contre les indications exagérées du connaissement quant aux poids, indications émanant du seul vendeur sans aucune garantie d'exactitude puisque le capitaine n'a pas vérifié le poids à l'embarquement, les connaissements portant tous en pratique les clauses : « quantité et poids inconnus », ou « que dit être ».

Au contraire, la clause « Avaries » s'applique à toutes les avaries et parmi celles-ci il faut ranger la disparition de la marchandise par suite d'accident de mer.

Pour les autres, au contraire, et ils s'appuient sur le texte même de la clause : « tout manquant sur le poids du connaissement » ; cette clause s'applique chaque fois que le poids délivré ne correspond pas au poids embarqué tel que l'indiquent les connaissements et cela sans distinguer entre les circonstances diverses qui peuvent entraîner cette différence : déchet de route normal, inexactitude du poids des connaissements, accident de mer.

La clause d'avarie, combinée avec la clause Rye Terms, ne jouerait que pour les avaries consistant en un endommagement de la cargaison, ou une délivrance en mauvaise condition.

La question tout entière est donc de savoir quel est le sens exact du mot « Avarie » aux termes du contrat caf de la London Corn Trade Association. Pour notre part, nous croyons qu'une perte de la marchandise dans un accident de mer constitue une avarie (1) au même titre que son arrivée en mauvais état.

La clause de manquant ne peut donc, à notre avis, s'appliquer qu'à des manquants tels que : freinte de route, coulage . . . . ., qui se produisent en dehors de toute hypothèse d'accident de navigation.

La question n'est pas encore résolue et fait actuellement l'objet d'un arbitrage à Londres. La sentence d'arbitrage d'appel rendue en la forme d'un « Special case » donne à la clause de « manquant » la portée que nous avons cru pouvoir lui assigner. Il reste à connaître l'avis des magistrats.

(1) Il n'y a pas à faire de distinction à ce point de vue entre avarie commune et avarie particulière.

De même, cette question doit être résolue en dehors de toute notion d'assurance.

4° Avaries. — Trois clauses différentes suivant les contrats :

I

« *Toutes avaries seront au compte du vendeur* ;
« L'acheteur doit fournir au vendeur, lors du règlement
« de la facture finale les documents habituels requis par
« les dispacheurs pour établir le règlement de l'avarie et
« remettre au vendeur la police ou les polices reçues de
« lui, en même temps que toutes les polices ultérieures
« s'il y en a de faites pour couvrir toute augmentation
« de la valeur caf, et donner une lettre certifiant qu'à sa
« connaissance il n'y a pas eu d'autres assurances effec-
« tuées, faute de quoi, l'acheteur devra payer telle con-
« tribution à l'avarie que le vendeur ne serait pas en
« mesure de récupérer en conséquence.

« Si le règlement d'avarie est établi sur le continent,
« le manquant ou le surplus doit être établi aussitôt que
« le rendement est connu et le vendeur doit payer à
« l'acheteur le montant dû au navire s'il y a lieu pour
« avarie générale suivant règlement lorsque l'acheteur
« lui remettra la police ou les polices d'assurances et les
« autres documents ci-dessus en même temps que le
« règlement d'avarie. »

Clause des contrats n°ˢ 1 à 9 : 32, 34, 36, 37, 38, 39,
41, 43, 44, 45, 49, 51, 52, 53, 56, 58, c'est-à-dire les contrats Rye Terms et les contrats « Marchandises endommagées restent au compte du vendeur » ou « sont prises
moyennant bonification.

II

« Toute avarie commune antérieure à la date du contrat
« sera pour compte du vendeur.

« L'acheteur, dans ce cas, doit fournir au vendeur, au
« moment du règlement de la facture finale, les docu-
« ments habituels requis par les dispacheurs pour établir
« le règlement de l'avarie et lui remettre la police ou les
« polices reçues de lui, en même temps que toutes les
« polices ultérieures éventuellement faites pour couvrir
« toute augmentation de la valeur caf, et donner une lettre
« certifiant qu'à sa connaissance, il n'y a pas eu d'autres
« assurances effectuées. »

Clause des contrats n°s 10, 12, 13, 15 à 27, 33, 35, 36,
40, 42, 46, 47, 48, 50, 55, 57, 59, 60, 61, 62, 63, 75, c'est-
à-dire les contrats Tale quale, les contrats marchandises
endommagées prises comme saines.

III

Contrats ne contenant pas de clauses « Avarie » :
n°s 11, 14, 27 à 30, *54*.

Ce sont également des contrats Tale quale.

5e Prix. — La clause du prix est rédigée dans tous
les contrats d'une façon similaire :

« au prix de . . . . . soit . . . . . par . . . . . *embar-*
« *qués* en vrac et ou en sacs, les sacs comme . . . . .
« directement ou indirectement sur . . . . . fret et assu-
« rance compris. »

Sacs. — Sauf stipulation contraire [et les contrats 1
et 2], les sacs comptent dans le poids comme marchandise (brut pour net).

Exceptions. — Quelques contrats portent : « prix par . . . . . lbs (livres anglaises) *délivrées*..

6° Clauses de navigation. — Sous ce titre nous réunissons diverses clauses réparties à des places différentes dans des formules, mais qui, toutes, peuvent se ramener aux conditions du transport maritime et de l'affrètement.

1° *Navire.* — En général, l'embarquement doit se faire par vapeur ou bateau à moteur (1).

Certains contrats peuvent s'exécuter également par voiliers, nᵒˢ 13, 14, 55, 56, 57, 58.

Certaines formules ne s'appliquent qu'au cas de transport par voiliers, nᵒˢ 11, 16, 18, 21, 33, 34.

Classification. — Le navire doit offrir à première vue des garanties d'un bon état de navigabilité.

Ces garanties on les trouve dans la classification qu'il a obtenue dans un des registres spéciaux publiés en France, en Angleterre et dans les principaux pays maritimes (2).

Aux termes du contrat : sont acceptés les vapeurs de classification au moins égale à 90 A. I du Lloyd's — B. S. de la Corporation Britannique ou d'une clause équivalente s'il faut se référer aux registres américains, français, italien, norvégien, etc...

Les voiliers doivent avoir la classification A. I dans le Lloyd's. 5/6 I, I, dans le Véritas française ou classe équivalente dans un registre similaire.

(1) Il n'est pas nécessaire que tout le contrat soit exécuté par même navire excepté pour les cargaisons entières ; tous les contrats « parcels » portent donc : vapeurs et ou vapeurs, bateau à moteur et ou bateau à moteur, etc...

(2) Cf. Ripert, *Droit maritime*, I, *323* et suivants et Lloyd's Calendar § 219 pour tous renseignements sur les registres de classification : Lloyds, Veritas français, Veritas norvégien, etc...

A noter que sont toujours exclus les voiliers grecs ou turcs, quelle que soit leur classification.

2° *Embarquement : Epoque de l'embarquement.* — L'embarquement à l'époque fixée est de rigueur.

Par exception les contrats nᵒˢ 27 à 30 (Canada et Etats-Unis d'Amérique) contiennent la clause « Prolongement de la période d'embarquement ».

« La période ci-dessus indiquée, pendant laquelle les connaissements doivent être datés, pourra comprendre une période additionnelle de huit jours au plus, quand le chargeur le demande, à condition qu'il fasse connaître à son acheteur son intention de demander des jours supplémentaires par un câble envoyé au plus tard l'avant-dernier jour de la période prévue à l'origine pour l'embarquement ; les vendeurs subséquents devront respectivement transmettre cet avis dans un temps raisonnable après l'avoir eux-mêmes reçu. Il n'est pas nécessaire que cet avis précise le nombre de jours supplémentaires demandés par le vendeur qui aura le droit d'embarquer à tout moment pendant huit jours de plus. Néanmoins, le vendeur devra tenir compte à l'acheteur, dans la facture finale, d'une bonification calculée sur le prix du contrat et dépendant du nombre de jours en excès sur la période stipulée à l'origine, à savoir, pour :

1, 2 ou 3 jours de plus   1 0/0 du prix caf brut.
4, 5 ou 6   »   »   2 0/0   »   »
7 ou 8   »   »   3 0/0   »   »

Toutefois, si le vendeur après avoir donné à son acheteur l'avis ci-dessus ne procède pas à l'embarquement dans les huit jours, le contrat sera considéré comme ayant été conclu pour un embarquement pendant la période fixée à l'origine, augmentée de huit jours, au prix du contrat, moins 3 0/0, et tout règlement pour défaut d'exécution sera calculé sur cette base (1).

Date des connaissements. — « Les connaissements doivent être datés quand les marchandises sont à bord » (2).

Le connaissement doit donc être un connaissement « embarqué » et non pas un connaissement « reçu pour être embarqué ».

Une seule exception : les contrats nᵒˢ 27, 28, 29, 30, — (Canada et Etats-Unis) ne contiennent pas cette clause. Il semble donc que le connaissement reçu pour être embarqué soit autorisé dans ces contrats.

Nous verrons par la suite (3) la raison de cette différence.

« Le connaissement est considéré comme preuve de la date du chargement, en l'absence de preuve contraire. »

Connaissement direct. — Le connaissement doit être délivré par le navire de mer qui effectuera le voyage jusqu'à destination.

Par exception, les contrats 9 et 10 (Golfe Persique)

(1) La différence à la charge du vendeur s'en trouve augmentée d'autant.

(2) Les contrats nᵒˢ 48 à 53 (Mer Noire et Danube) autorisent par exception que les connaissements soient signés avant la mise à bord du navire de mer, mais dans des circonstances bien définies :

« Quand le grain est embarqué à un ou des ports de la Mer d'Azov, le vendeur pourra valablement présenter un connaissement signé au moment où les allèges et ou autres embarcations contenant le grain sont bord à bord avec le navire et sous le contrôle du capitaine, à une date qui permettra l'embarquement du grain dans des conditions normales, dans les limites de l'époque fixée par le contrat et quand le navire transporte effectivement le grain dans ce voyage.

(3) Cf. p. 161.

admettent que le vendeur pourra charger sur allèges à vapeur ou à moteur pour transbordement sur le navire de mer, mais à condition que le navire de mer soit, dans son voyage de retour, dans les délais fixés au contrat pour l'embarquement et qu'il transporte effectivement le grain.

Nº 54 Baltic Oats Contract autorise le chargement sur allège pour transbordement en dehors du port de Libau.

3º *Voyage maritime : Destination.* — Pour les « parcels », cette clause est en général très simple.

La marchandise est vendue caf Le Havre, Bordeaux ou Liverpool (1) directement ou indirectement.

Le transbordement est rarement mentionné dans les formules. Quelques-unes l'autorisent cependant d'une façon expresse, nᵒˢ 42, 43, 62, 63, 75.

Quelques contrats s'en rapportent pour les conditions du voyage au connaissement nᵒˢ 45 et 47.

Pour les chargements entiers, les formules deviennent d'une complication extrême : différentes suivant la destination [« U. K. » ou Continent], elles s'attachent à prévoir les plus petites difficultés.

L'insertion de la clause « Ports d'ordres » (2) ajoute encore à la confusion.

(1) Les formules employées pour les destinations « U. K. » sont différentes de celles pour les destinations « Continent ».

A les regarder de près, les différences portent uniquement sur des points de détail : la rédaction de la clause paiement par exemple.

(2) *Port d'ordres* : « l'acheteur d'un chargement entier sera lui-même, en général, un négociant qui n'achète que pour revendre en parcelles. Suivant les conditions du marché, il préférera envoyer le navire sur tel ou tel port qu'il ne pourra pas indiquer dès le moment de l'embarquement. Souvent aussi une vente d'un chargement entier a lieu pour de la marchandise flottante : c'est-à-dire que le

Dans la pratique, ces clauses trop minutieuses sont supprimées pour la plupart et remplacées par les mots : « Suivant charte-partie et ou connaissement ».

Les parties se mettent d'accord sur la portée exacte de ces clauses modifiées.

Déchargement. — D'une façon générale, le déchargement s'effectuera suivant la coutume du port de destination.

Les contrats n⁰ˢ 2, 12, 13, 31 et 32 fixent dans une clause spéciale quelles sont les coutumes pour différents ports anglais : Liverpool, Birkenhead, Londres, Bristol, les ports irlandais et les ports hollandais.

Certains contrats prévoient que pour les ports anglais, le déchargement s'effectuera conformément aux usages, tandis que pour les ports du Continent, il faudra se reporter à la charte-partie ou au connaissement.

Les contrats n⁰ˢ 14, 28, 29 exigent que le déchargement se fasse suivant les usages des ports et rendent les vendeurs responsables de tous frais supplémentaires qui seraient encourus par les acheteurs, au cas où les documents ne seraient pas conformes à cette stipulation.

On le voit, la même diversité règne ici, que pour toutes les autres clauses se rapportant à la navigation.

Déchargement en allèges. — A première vue, il semble qu'il n'y ait aucune raison de prévoir d'une façon

navire a déjà quitté le port d'embarquement et se trouve en mer au moment de la signature du contrat de vente.

Le chargeur, dans ces différentes hypothèses, n'indiquera pas au capitaine du navire comme destination un port de débarquement, mais un port d'ordres. Le navire arrivé à ce port recevra par télégramme ou par lettre sa destination finale.

tellement rigoureuse les conditions du débarquement dans un contrat caf, étant donné que les frais et les opérations de déchargement ne concernent que l'acheteur réceptionnaire.

Aussi bien, n'est-ce pas de cette façon qu'il faut considérer les dispositions qui règlent le déchargement dans le contrat de la London Corn Trade Association.

Ces règles minutieuses ne sont là que pour éviter que le chargeur n'accepte des connaissements dans lesquels le transporteur se réserverait des libertés excessives. Leur présence permettra à l'acheteur de se retourner contre son vendeur dans tous les cas où le contrat de transport ne correspondrait pas aux stipulations du contrat de vente.

Cette tendance se retrouve bien dans la façon dont est envisagé le déchargement en allèges.

Certains contrats ne le mentionnent pas et contiennent la vague formule suivante :

« Le navire doit décharger à flot. » Contrats n°s 15 à 26 et 54 à 56.

Mais certains sont plus explicites (en particulier le contrat 41 : « parcels » Plata à destination du continent) et se réfèrent aux « *Clauses d'allègement et de grève dans les chartes-parties de la Mer Noire, de la Mer d'Azoff et du Danube 1890* ».

Ces clauses, qui sont réputées faire partie intégrante du contrat, sont les suivantes :

« Si le vapeur avait ordre de décharger dans un lieu
« où il y aurait insuffisance d'eau pour lui permettre de
« rentrer à la première marée sans l'aide d'allèges et tou-
« jours à flot, les jours de planche compteraient à partir
« de 48 heures après l'arrivée à un mouillage sûr pour
« navires similaires à destination de tel lieu, et tous frais

« encourus pour atteindre le lieu de déchargement seront
« aux frais et risques du receveur de la cargaison nonobs-
« tant toute coutume contraire du port ou du lieu, mais
« le temps occupé pour aller de ce mouillage au port de
« déchargement ne sera pas compté. »

Cargaisons. — Cette clause figure telle quelle dans les contrats : N°ˢ 31 à 34, 44, 46, 48, 49, 59, 61, contrats qui, remarquons-le, s'appliquent tous à des cargaisons entières. Les frais d'allègement seront donc supportés par l'acheteur, solution logique, surtout si l'on tient compte de l'usage de charger à destination d'un port d'ordres et du fait que la destination finale sera presque toujours fixée par l'acheteur lui-même qui devait, en donnant l'ordre, prévoir, d'après la jauge du navire et son tirant d'eau, s'il pouvait ou non pénétrer dans le port choisi par lui.

« *Parcels* ». — Les contrats « parcels » n°ˢ 9 à 13 — 35 à 43 — 45, 47, 50 à 53 — 60, 62, 63, — comprennent également la clause d'allègement ci-dessus. Mais il est ajouté :

« Tous frais d'allèges réclamés par le navire en se ba-
« sant sur la clause correspondante des chartes-parties
« de la Mer Noire, Mer d'Azoff et Danube 1890, — de-
« vront être payés par les receveurs au prorata suivant
« les quantités respectives de leurs connaissements.
« *Ces frais devront être remboursés par les vendeurs aux*
« *acheteurs dans la facture finale*, et tous les vendeurs
« et acheteurs avec un contrat contenant cette clause
« seront considérés comme se trouvant sous engagement
« réciproque entre eux aux effets ci-dessus, et seront
« d'accord pour soumettre à l'arbitrage toutes questions

« relatives à ce prorata, le règlement devant avoir lieu
« de la manière prévue par ce contrat pour l'arbitrage
« des différends. Si les documents fournis ne contenaient
« pas les conditions de déchargement prévues ci-dessus,
« ou contenaient des stipulations contraires, le vendeur
« serait responsable envers l'acheteur pour tous les frais
« supplémentaires qui en résulteraient ».

L'acheteur d'une parcelle ne peut rien, en effet, sur le
choix du navire qui exécute son contrat. Si des frais
supplémentaires sont encourus par suite d'allègement,
il ne peut être tenu responsable du mauvais choix d'un
navire auquel ses dimensions interdisaient l'entrée du
port de destination. Le vendeur originaire, le chargeur,
supportera donc finalement ces charges, dans le règlement de la facture finale. Mais l'acheteur recevant la
marchandise a néanmoins une obligation : faire l'avance
des sommes nécessaires au vendeur en réglant les frais
d'allèges directement au navire, proportionnellement
d'après la quantité dont il demande livraison.

Cette obligation pèse sur tous les réceptionnaires quels
qu'ils soient, sans distinguer entre ceux qui recevront
la marchandise déchargée en allèges et ceux qui se ver-
ront attribuer la cargaison restée à bord après la mise
en allèges. Ces lots ne seront pas, en général, déjà spécialisés, au cas de chargement en grenier tout particulièrement. Il est indispensable de sauvegarder l'égalité
absolue entre les différents acheteurs. C'est du reste également l'objet de la clause prorata que nous verrons
plus loin.

4° *Paiement du fret.* — D'une façon générale, l'acheteur devra payer à l'arrivée, pour prendre réception de
la marchandise, le fret encore dû.

« Le fret sera payable au déchargement, sous déduc-
« tion des avances consenties au navire au port de char-
« gement. »

Quelquefois le vendeur stipule que le fret sera payable
directement par lui au navire. Il en est ainsi tout particulièrement, dans les cas très fréquents où le vendeur
est obligé d'émettre des Delivery-Orders. Il serait très
incommode que chaque porteur de delivery-order paye
au capitaine la quote-part de fret due au navire pour sa
parcelle. Le chargeur, porteur du connaissement, se
chargera de payer le fret et se fera rembourser par les
acheteurs porteurs de delivery-orders. Mais ce règlement
entre vendeur et chargeur n'aura lieu qu'à l'arrivée du
navire. Cette modalité de paiement du fret ne change en
rien la facture provisoire, du montant de laquelle est
toujours déduit le fret à payer à l'arrivée du navire.

Changement dans le montant du fret. — L'escompte
sur fret (s'il y a lieu) et la commission d'adresse seront
pour le compte du vendeur. Nᵒˢ 11, 12, 13, 14, 15, 16, 17,
18, 20, 21, 23, 25.

Cette clause est des plus logiques, puisque le montant
du fret est compris dans le prix caf forfaitaire.

7° Appropriation (*Extrait du contrat nº 41*).

« Avis d'application avec nom du vapeur, date du ou
« des connaissements et quantité approximative chargée,
« sera donné (1) par le chargeur du grain appliqué sur

(1) Espèce : Compagnie continentale d'Importation c. Handelsver-
tretung der Union der S. S. R. in Deutschland. High Court of Justice K. B. division, 25 octobre 1927. *Le Times*, 26 octobre 1927. —
Le juge Wright estima que le mot « donné » signifiait non pas
seulement « envoyé par le vendeur » mais « reçu par l'acheteur ».Cette

« ce contrat, directement ou par l'entremise de sa
« maison, ou représentant ou agent en Europe, à son
« acheteur, endéans les quatorze jours de la date des
« connaissements et par chaque autre vendeur endéans
« les quatorze jours ou en temps voulu s'il a reçu l'avis
« après cette période ; si pour des causes ne dépendant
« pas de sa volonté l'avis du chargeur se trouvait
« retardé au delà des 14 jours, l'avis serait donné dans
« les 24 heures de l'arrivée des documents en Europe et
« communiqué par chaque autre vendeur à son acheteur,
« en temps voulu après la réception. Sur la demande de
« l'acheteur le vendeur devra fournir copie des détails
« contenus dans l'avis d'application reçu de son vendeur
« et l'acheteur devra, sur demande, donner au vendeur
« un reçu écrit de l'avis d'application. Un avis d'appli-
« cation valide ne pourra être retiré une fois donné.

« Une facture provisoire basée sur le poids des con-
« naissements sera envoyée de la maison du chargeur ou
« de son représentant en Europe à son acheteur endéans
« les sept jours après l'arrivée des documents en Europe
« et par les autres vendeurs à leurs acheteurs respectifs
« en temps voulu après réception. Un avis d'application
« au courtier ou agent de l'acheteur sera considéré
« comme un avis d'application sur ce contrat.

« Toute application ou facture reçue après 5 heures
« du soir ou après midi et demi le samedi seront consi-
« dérées comme ayant été reçues le jour ouvrable suivant.
« Si les documents maritimes n'ont pas été reçus à
« l'époque d'arrivée du navire au port de déchargement,
« les frais de mise à terre s'il en est seront supportés
« par le vendeur et bonifiés dans la facture finale, à moins

décision curieuse aura sans doute pour effet d'entraîner une modification de la clause d'appropriation, en faveur du vendeur,

« que l'acheteur n'ait refusé de payer contre documents,
« comme il est prévu dans la clause de paiement de ce
« contrat. »

Cette clause, limitant les délais accordés au vendeur
originaire et aux vendeurs subséquents pour faire connaître à leurs acheteurs respectifs de quelle façon ils
entendent donner effet au contrat, se retrouve dans toutes les formules.

Seuls les délais varient suivant les provenances, en
raison de la distance plus ou moins grande.

Plata

« Parcels ».	14 jours
Chargements entiers.	10 »

Amérique du Nord Canada et U. S. A.

« Parcels » et chargements . . . .   7 »

Californie, Orégon, Washington. . . . . . .   10 »

Australie. . . . .   21 »

Danube, Mer Noire

« Parcels » . . . .   10 »
Chargements entiers. . . . .   7 »

Afrique du Nord et Maroc . . . .   10 »

Afrique du Sud. . . . .   10 »

Egypte . . . .   7 »

Amérique du Sud

Issues, 42-43 . . . .   14 »

Madagascar . . . .   28 »

Pour les cargaisons entières le délai est fréquemment
plus court que pour les « parcels ». Cette différence peut
s'expliquer très simplement. Le vendeur d'un charge-

ment entier saura en général, dès l'embarquement, quel est le navire qu'il affectera à l'exécution de son contrat. Peut-être même n'a-t-il affrété un certain navire que dans cette idée. Le cas est identique, s'il a vendu une cargaison flottante.

Bien au contraire, quand il s'agit de parcelles, le chargeur doit se livrer à un vrai jeu de patience.

Il doit parvenir à faire cadrer aussi exactement que possible les ventes et les connaissements, de telle façon qu'il puisse fournir à chacun de ses acheteurs un connaissement, sans avoir recours au procédé des delivery-orders.

Si le délai prévu au contrat est dépassé, le vendeur a néanmoins le droit de procéder à l'application, à la condition, toutefois, que le retard provienne de causes indépendantes de sa volonté : il devra transmettre l'avis d'appropriation dans les vingt-quatre heures de l'arrivée des documents d'embarquement en Europe.

Vendeurs subséquents. — Les vendeurs subséquents — (acheteurs originaires) — une fois qu'ils ont reçu l'avis d'appropriation de leur vendeur : le chargeur, n'ont plus qu'à le transmettre à leurs sous-acheteurs.

Un délai très bref leur est imparti : tantôt il est de vingt-quatre heures, tantôt il n'est pas fixé à l'avance, et leur seule obligation est de transmettre leur avis d'application à leur acheteur dans le même laps de temps qui est accordé au vendeur originaire. Contrats de la Plata.

Quand le chargeur n'a pas reçu les documents en temps utile, et par suite n'a pu donner avis d'appropriation dans le délai fixé à l'avance, nous savons qu'il doit le faire dans les vingt-quatre heures de l'arrivée des documents en Europe.

Les vendeurs subséquents doivent à leur tour transmettre tous renseignements à leurs acheteurs en temps voulu après réception.

Variantes : *Formules* nᵒˢ 12 et 14 (Australian Wheat).
Si le nom du navire figure dans le contrat, aucune appropriation ne sera considérée comme étant nécessaire.

Formule nᵒ 1 (East Indian Wheat et 3, 4, 6).
L'on ne pourra faire plus de deux appropriations sur chaque quantité de 100 tonnes.

8ᵒ Clause de prorata. — « Au cas où la quantité ci-
« dessus formerait partie d'une quantité plus impor-
« tante de la même époque d'embarquement ou d'une
« époque différente, de sacs de la même marque ou de
« qualité similaire soit en sacs ou en vrac, aucune sépara-
« tion ou distinction ne seront nécessaires. Toute quan-
« tité détachée, endommagée, balayures, tout surplus
« ou manquant dans la quantité délivrée, seront par-
« tagés au prorata parmi les différents receveurs ache-
« tant sous le contrat contenant cette clause ; celui
« d'entre eux recevant plus ou moins que sa part du pro-
« rata ou quantité appropriée devra régler avec l'autre
« ou les autres receveurs, comptant au prix du marché
« pratiqué le jour de l'arrivée du vapeur (Ce prix doit
« être fixé par arbitrage, s'il ne peut être établi à l'amia-
« ble). Vendeurs et acheteurs de toute partie d'une
« quantité supérieure comme ci-dessus et suivant contrat
« contenant cette clause seront censés avoir conclu des
« accords réciproques ensemble à l'effet ci-dessus et
« avoir accepté de soumettre à l'arbitrage toutes ques-
« tions et revendications s'élevant entre eux ou à l'égard

« de l'un d'entre eux au sujet de ce prorata ou de ce
« règlement conformément aux règles arbitrales énon-
« cées au dos de ce contrat.

« Vendeurs et acheteurs devront donner toute aide
« raisonnable pour déterminer ce prorata.

« Tous les vendeurs seront responsables envers leurs
« acheteurs respectifs pour le règlement du prorata
« dans un temps raisonnable. »

Cette clause se retrouve dans toutes les formules
« Parcels ».

Elle n'a évidemment aucune raison d'être dans les
contrats pour chargements entiers.

La rédaction que nous avons reproduite est la plus
complète. C'est celle qui figure dans les formules n°s 4,
6, 10, 14, 15, 19, 22, 24, 26, 28 à 30, 35 à 43, 45, 47, 50
à 53, 54, 57, 58, 60, 62.

Dans les formules n°s 1, 2, 3, cette clause n'est reproduite que partiellement sous la forme suivante :

« Au cas où une des quantités mentionnées ci-dessus
« formerait partie d'une quantité plus grande de sacs de
« la même marque ou de qualité similaire en vrac, aucune
« séparation ou distinction ne sera considérée comme
« étant nécessaire. Toute quantité détachée endommagée,
« balayures, tout surplus ou manquant, seront partagés
« au prorata par les différents « parcels ».

Mais il est bien certain que les autres dispositions
s'appliquent également.

Remarque. — La clause de prorata s'applique à
tous les acheteurs d'un même chargement, et non pas
seulement aux acheteurs porteurs de delivery-orders
émis pour le même connaissement.

Il est en effet stipulé dans les formules de la London

Corn Trade Association que : « Chaque connaissement
ne sera pas considéré comme chargement séparé, sauf
pour la date à laquelle l'application pourra avoir lieu. »

9° Assurance. — « Le vendeur fournira toutes polices
« et ou certificat d'assurance (pour le montant original
« et pour la valeur additionnelle s'il y a lieu) sur la par-
« celle, le tout dûment timbré et pour au moins 2 0/0 au-
« dessus du montant facturé, tout montant au-dessus de
« ces 2 0/0 étant pour le compte du vendeur, en cas de
« perte totale seulement ; et s'il en est requis, et lorsqu'il
« en sera requis, en raison de réclamations envers les
« assureurs, le vendeur devra fournir une lettre certifiant
« qu'il n'existe aucune autre assurance effectuée pour
« son compte ou pour celui d'autres détenteurs qui l'ont
« précédé. L'assurance aux conditions du Lloyds com-
« prenant la clause des risques de guerre (ou clauses
« équivalentes à celle-ci) de la London Corn Trade As-
« sociation, ainsi que la clause « franc d'avaries particu-
« lières » de la London Corn Trade Association (1) sera
« effectuée (au choix du vendeur) avec des assureurs
« britanniques approuvés et ou des Compagnons et ou
« des assureurs du Continent approuvés et ou des Com-
« pagnies domiciliées et payant les pertes en Europe sur
« la base de l'or, mais pour la solvabilité desquelles le
« vendeur n'est toutefois pas responsable. Toute dépense
« pour couvrir le risque de guerre de la London Corn
« Trade Association dépassant un demi pour cent sera
« pour le compte de l'acheteur. »

Variantes : 1° Le contrat ne prévoyant que la police

(1) Ces clauses sont rassemblées dans la formule n° 72 du *Recueil*
de la London Corn Trade Association.

d'assurance et non le certificat, n°s 1 à 8, 44 à 51, 53, 55,
à 58, 61, 62 ;

2° « Polices d'assurance et ou certificats approuvés
basés sur police flottante existante », n°s 9, 10 ;

3° « Certificats doivent être échangés dans les quatorze jours contre les polices », n°s 11 à 14 ;

4° Polices et ou certificats d'assurance . . . . soit
souscrits par le vendeur, soit reçus par lui, n°s 15 à 30.

5° Risques de guerre exclus, n°s 27 et 30 [édition 1926].

Harter Act, 1893. — *Acte canadien*, 1910.
Acte australien, 1924.

Les formules 15 à 22 et 27 à 31 (Californie, Orégon,
Washington, Etats-Unis et Canada) contiennent en plus :

« Les polices et ou certificats d'assurance doivent cou-
« vrir les risques selon le « Harter Act » et ou Acte cana-
« dien de transport des marchandises par eau 1910 » (1).

Harter Act Clause. — « L'assuré est couvert contre le
« dommage ou la perte résultant de fautes ou erreurs
« dans la navigation ou dans la conduite du dit navire
« pour lesquelles le navire, son propriétaire ou ses pro-
« priétaires, son agent ou ses affréteurs sont dégagés de
« toute responsabilité en vertu de la section 3 de l'Acte
« du Congrès des Etats-Unis, approuvé le 13 février 1893,
« et ou en vertu de la section 6 de l'Acte canadien de
« transport de marchandises par eau, de 1910. Mais rien
« dans la présente clause ne limitera ou affectera les
« droits que les assureurs peuvent avoir par subrogation

(1) Cf. ci-dessous pour les renseignements sur le Harter Act, l'Acte
canadien de 1910 et l'Acte australien de 1924. La clause d'assurance
couvrant les risques selon ces Actes est reproduite dans la formule 72 du *Recueil* de la London Corn Trade Association.

« ou autrement contre le propriétaire du dit navire » (1).

Remarque. — Le contrat n° 75 : contrat de Madagascar, exige, si l'assurance est souscrite auprès d'un assureur ou d'une Compagnie du continent, que les polices et ou certificats contiennent la clause « W. P. A. » (« with particular average » : avec avarie particulière).

Cette disposition exceptionnelle ne se retrouve dans aucune autre formule.

10° Payement. — Nous avons vu dans la clause « Appropriation » qu'un certain délai après l'arrivée des documents en Europe est accordé au vendeur pour faire parvenir à l'acheteur sa facture provisoire (Délai de sept jours, par exemple, pour le contrat n° 41).

La facture est dite provisoire (2) parce qu'elle est établie sur base du poids embarqué : c'est-à-dire du poids porté au connaissement ou au delivery-order remis à l'acheteur. Une facture rectifiée ou finale suivra après le débarquement.

Le prix est le prix caf du contrat. De la somme ainsi obtenue le vendeur déduit le montant du fret payable à destination.

Le solde constitue la somme à payer.

Les modalités de payement : époque, comptant ou traite échue, sont différentes pour presque chaque contrat, suivant les provenances et les destinations (U. K. ou continent), suivant qu'il s'agit d'une cargaison entière ou d'une parcelle.

Epoque. — 1° Dans les *sept* jours au plus tard de la

(1) Les formules 11 à 14 (Australie) prévoient également que l'assurance doit couvrir les risques selon l'Acte australien de 1924.
(2) Voir ci-après modèle de facture provisoire.

réception de la facture provisoire. Formules : 1, 2, 3, 9, 10, 44 à 51, 53, 55 à 60 ;

2° *Trois jours*. Formule 54 ;

3° *Quatorze* jours. Formules 31, 32, 39 ;

4° Cinq jours de l'arrivée du navire au port d'ordres, ou à l'arrivée au port de destination s'il a été indiqué au départ. Formules 33, 34 ;

5° Avant ou à l'arrivée du navire au dernier port d'escale ou au port de destination si l'embarquement se fait sans escale. Formules 11 à 30, 35 à 38, 40 à 43, 52 à 63.

6° A l'arrivée du navire ou dans les trois mois de la date des derniers connaissements, ou quand le navire a été signalé comme perdu corps et biens (1). Formules 4 à 8, 61 et 62, 75.

Moyen de paiement. — U. K. Soit comptant, soit par acceptation de traite. Si le paiement se fait comptant, l'acheteur de l'U. K. a droit à une ristourne d'intérêts calculée à 1/2 0/0 au-dessus du taux pratiqué par les principales banques de Londres pour les dépôts à court terme, pour un terme non échu à compter de l'arrivée des documents en Europe (90 jours pour les « parcels » Plata, 63 jours contrats Australie, etc.).

Le vendeur à destination U. K. peut, s'il le préfère, faire accepter une traite de 90 jours ou 60 jours, ou tout autre terme de la date de l'arrivée des documents en Europe.

Continent. — En général, paiement comptant sans escompte.

(1) Cette formule est très intéressante, car l'on voit bien qu'elle ne fait pas de l'arrivée du navire une des conditions du paiement. L'élément de la bonne arrivée du navire n'est introduit que pour fixer une date.

Il est bien évident que toutes ces conditions ne sont données qu'à titre d'indication ; aussi bien dans presque chaque marché effectivement traité, les deux parties adopteront-elles d'accord une forme ou une autre de paiement.

Remise des documents. — Le paiement, soit comptant, soit par acceptation de traites, s'effectue toujours contre remise des documents. Ces documents sont :

1° Connaissement ou delivery-order.

2° Police ou certificat d'assurance.

Quelquefois, suivant les contrats et les accords intervenus entre les parties, on ajoute :

3° Certificat de qualité et d'embarquement.

Il est assez courant également que le vendeur fournisse une lettre de garantie de fret (1) dans laquelle il garantit à l'acheteur que le fret qu'il devra payer à destination sera bien du même montant que la somme qu'il a déduite à la facture provisoire. L'acheteur, en effet, ne peut pas connaître le taux du fret : les connaissements ne le mentionnant pas en général.

Cette garantie supplémentaire fait double emploi avec celle qui résulte naturellement à la charge du vendeur de son contrat : l'acheteur ne pourra jamais être obligé de payer une somme supérieure au prix caf.

Son rôle est bien plutôt de fournir à l'acheteur une sécurité morale, de telle sorte qu'il ne craigne pas, en acceptant les documents, de courir les risques d'une acceptation sans réserves.

Mais ces risques sont inexistants ; le taux du fret ne peut influer sur le prix caf puisque, par essence, c'est un prix forfaitaire.

---

(1) Cf. Van Hissenhoven, *op. cit.*, p. 404.

Arrivée tardive des documents. — « Si les documents
« maritimes d'embarquement n'ont pas été présentés à
« l'époque de l'arrivée du navire au port de débarquement,
« le vendeur devra fournir des documents permettant à
« l'acheteur d'obtenir livraison du grain et le paiement
« sera effectué en échange de ces documents ; un tel paie-
« ment demeure sans préjudice des droits de l'acheteur
« d'après ce contrat. »

Cette formule se retrouve dans presque tous les contrats.

Landing charges. — Si les documents maritimes
n'ont pas été reçus à l'époque d'arrivée du navire au
port de déchargement, les frais de mise à terre, s'il en
est, seront supportés par le vendeur et bonifiés dans
la facture finale, à moins que l'acheteur n'ait refusé de
payer contre les documents présentés, comme il est
prévu dans la clause de paiement de ce contrat.

11° Clauses spéciales. — 1° *Harter Acte Clauses.* —
Cf. p. 63. « Les Clauses d'assurance ».

2° *Clauses de grève :* a) *Embarquement.* — Si dans les
derniers vingt-huit jours de la période garantie pour
l'embarquement (ou à n'importe quel moment, si l'embarquement est garanti dans une période de moins de
28 jours) se produisent, dans le port ou les ports de
chargement, ou en tout autre lieu, mais ayant pour effet
d'empêcher l'arrivée de la marchandise dans ces ports,
des émeutes, grèves, ou lock-out, empêchant le chargement, le délai d'embarquement cesse de courir pour ne
reprendre qu'après la fin de ces événements (Dans certains cas, il est même allongé après la fin de la grève,
formules 11 à 30).

Pour les contrats Mer Noire, Danube, Egypte, Perse, Mandchourie, Chine, Japon, Rangoon, seuls comptent les troubles aux ports, les grèves de chemins de fer, par exemple, ne sont pas couvertes par cette clause.

Pour pouvoir profiter de ces dispositions, le vendeur doit informer de son intention son acheteur, par câble, au plus tard deux jours après le dernier jour de l'époque d'embarquement garantie dans le contrat. Il doit nommer le ou les ports desquels il voulait faire l'expédition. Après la fin des troubles, l'embarquement ne pourra avoir lieu que dans ces ports.

Pour éviter les fraudes, le vendeur devra également demander à une organisation officieuse du pays d'origine (Chambre de commerce, Bourse de commerce) de câbler à la London Corn Trade Association les dates du commencement et de la fin de la période troublée.

Un certificat des mêmes établissements devra accompagner les documents d'embarquement.

Prolongation de la période d'embarquement. — Le contrat de Madagascar (n° 75) contient à côté de cette clause de grève à l'embarquement une clause originale dite de « prolongation de la période d'embarquement » en vertu de laquelle, le vendeur qu'un cas de force majeure (différent d'une grève) mettrait dans l'impossibilité de charger en temps voulu, pourrait obtenir une prolongation proportionnelle au retard (mais de 28 jours au maximum) à condition toutefois de donner avis à son acheteur de son intention de demander cette prolongation au plus tard un jour après le dernier jour du délai primitivement fixé.

Les documents maritimes devront être, dans ce cas, accompagnés d'une pièce dans laquelle une autorité impartiale certifiera le retard causé à l'embarquement.

Il serait inexact de rapprocher cette clause de la clause

qui porte le même titre dans les contrats Canada et Etats-Unis d'Amérique (nº 27 à 30).

Dans le contrat 75, l'événement empêchant l'embarquement doit constituer un cas de force majeure pour le vendeur. Rien de tel dans les contrats 27 à 30, où le chargeur n'a à justifier d'aucun fait de cette sorte. Aussi n'obtiendra-t-il une prolongation que moyennant bonification, tandis que la prolongation du contrat Madagascar ne donne bien entendu, à l'acheteur, aucun droit à une indemnité.

b) *Débarquement.* — Nous avons signalé (1) plus haut qu'un grand nombre de contrats contiennent une référence à la clause d'allégement, de grève et de glace, dans les chartes-parties de la Mer Noire, de la Mer d'Azoff et du Danube 1890, et nous avons vu de quelle façon il fallait comprendre cette clause au point de vue du déchargement en allèges.

C'est dans le même sens qu'il faut interpréter cette clause quand elle prévoit les grèves des ouvriers du port de débarquement : le chargeur n'aura satisfait à ses obligations contractuelles que si le contrat de transport présenté à l'acheteur contient cette clause. Au cas contraire, l'acheteur pourrait se prévaloir de cette inexécution de ses engagements par le vendeur, soit pour refuser les documents, soit pour les accepter, mais en se réservant le droit de demander des dommages-intérêts.

Le contrat de transport souscrit par le chargeur doit donc prévoir que :

« Si la cargaison ne peut être déchargée par suite
« d'une grève ou d'un lock-out de toute catégorie d'ou-

____

(1) Clauses de navigation, p. 53 et suiv.

« vriers indispensables pour le déchargement, le délai
« prévu pour le déchargement ne court pas durant cette
« grève ou ce lock-out. Une grève des seuls ouvriers du
« réceptionnaire ne l'exonérera pas des surestaries dont il
« pourrait être redevable aux termes de cette charte-par-
« tie, si sa diligence raisonnable lui aurait permis de se
« procurer une autre main-d'œuvre convenable, et au
« cas d'un retard en raison des causes susdites, aucune
« réclamation pour indemnité ne pourra être faite par les
« réceptionnaires de la marchandise, les propriétaires du
« navire ou tout autre intéressé dans la charte-partie. »

3° *Clauses de glace.* — La clause de glace des chartes-parties Mer Noire, Mer d'Azoff et Danube 1890
fait partie [toujours avec la même signification] des
contrats n°⁵ 31 à 34 (Cargo Plata) et des contrats
n°⁵ 48 et 49 (Cargo Mer Noire et Danube).

« Si le port de destination est bloqué par les glaces, le
« capitaine a le droit, soit d'attendre que le port soit de
« nouveau libre, soit de se rendre dans le port libre le
« plus proche pour y attendre des ordres lui donnant
« une nouvelle destination », ordres qui doivent lui arriver dans les vingt-quatre heures de son arrivée à ce
port, sinon les jours de planche commenceront à courir.

Les contrats 35 à 41 (« parcels » Plata) et 42 et 43
(« parcels » d'issues d'Amérique du Sud) contiennent
la clause suivante: sous la dénomination « Clause de
glace » : « Si le port de destination est rendu inaccessible par les glaces, tous frais d'allège et ou frais supplémentaires seront pour le compte de l'acheteur. »

A côté de cette clause de glace au débarquement,
figure dans les contrats 31 à 34 et 48-49 la clause de
glace à l'embarquement :

« Excepté au printemps, on ne pourra ordonner au navire de se rendre pour charger à un port bloqué par les glaces. »

Il ne faut pas la confondre avec la clause « Prohibition » des contrats 54 à 58 (Baltique, Russie du Nord). « Si l'exécution du contrat est rendue impossible par la glace . . . . . le contrat sera annulé entièrement ou pour la partie non exécutée seulement. »

4° *Jours fériés.* — Tous les contrats contiennent une clause où sont énumérés les jours fériés, dont la connaissance est importante, en particulier pour le paiement, les délais d'appropriation, etc...

5° *Clause de prohibition.* — « Si l'exécution de ce con- « trat était rendue impossible, par prohibition d'expor- «tation, blocus ou hostilités, ce contrat sera annulé « entièrement ou pour la partie non exécutée. »

Cette clause se trouve dans toutes les formules.

Les formules 54 à 58 (Baltique et Russie du Nord) comprennent en outre, comme cas de force majeure empêchant l'exécution du contrat : la glace, comme nous l'avons vu sous la rubrique : Clauses de glace.

12° Clause de défaut. — « Le fait que l'une des parties « contractantes ferait *défaut* dans l'exécution de ce con- « trat donnerait à l'autre le droit de revendre ou de rache- « ter suivant le cas, ceci après en avoir donné avis par « télégramme ou lettre à la partie qui aura fait défaut, et « cette dernière devra indemniser l'autre pour toute perte « subie dans la revente ou le rachat s'il y en a, et ceci « immédiatement sur demande.

« Au cas où l'une des parties aurait suspendu ses paie-

« ments, convoqué une assemblée de créanciers, déposé
« son bilan, ou (s'il s'agit d'une Compagnie) demande-
« rait au Tribunal ou aux actionnaires la nomination
« d'un syndic, convoquerait une assemblée en vue d'une
« liquidation volontaire ou autre, elle sera considérée
« comme ayant fait défaut et l'autre partie, après notifi-
« cation par lettre ou télégramme à la partie défaillante
« et nonobstant faillite ou liquidation, aura immédiate-
« ment le droit de revendre ou de racheter suivant le cas,
« de recevoir paiement et d'être admise à la faillite, liqui-
« dation ou autre, pour toute perte, s'il en est, ou devra
« rendre compte de tout profit s'il en est, résultant de
« telle revente ou rachat. »

Cette clause se retrouve dans tous les contrats ; elle
règle les positions respectives de l'acheteur et du vendeur en cas d'inexécution de ses obligations par l'une
des parties.

Il faut la rapprocher d'une autre clause que nous
avons déjà rencontrée et qui est la suivante (1) :

« Une différence de qualité ne confère pas à l'acheteur le
« droit de réjection à moins qu'il n'y soit autorisé par
« décision arbitrale et ou du Comité d'appel, suivant le
« cas. »

Réunies, elles forment ce que, en Angleterre, on désigne du nom de « Remedies » de l'acheteur ou du vendeur.

Etant donné son importance, nous reviendrons sur
cette question par la suite.

13° Arbitrage (2). — 1° La clause suivante se retrouve
dans tous les contrats :

(1) Cf. plus haut, p. 32.
(2) Cf. Van Hissenhoven, *op. cit.*, p. 558 et suiv.

« Le vendeur et l'acheteur conviennent que, en vue de
« la procédure soit légale, soit arbitrale, ce contrat sera
« censé avoir été fait en Angleterre et exécuté dans ce
« pays, nonobstant toute correspondance se référant à
« l'offre, à l'acceptation, au lieu de paiement, ou à telle
« autre question, et les tribunaux anglais ou les arbitres
« nommés en Angleterre, selon le cas, auront (sauf lors-
« qu'il faudra rendre exécutoire une sentence arbitrale
« rendue en conformité de la clause d'arbitrage de ce
« contrat) juridiction exclusive pour tout différend qui
« pourrait s'élever à l'occasion de ce contrat.

« Ces différends seront résolus conformément à la loi
« anglaise, quel que soit ou que puisse devenir le domi-
« cile, la résidence ou le siège commercial des parties
« au contrat. »

« Toute partie au contrat résidant ou traitant affaires
« ailleurs qu'en Angleterre ou au Pays de Galles sera
« considérée, en prévision des procédures judiciaires ou
« arbitrales, comme résidant d'ordinaire ou traitant
« affaires aux Bureaux de la London Corn Trade Asso-
« ciation, et si elle réside en Ecosse, elle sera considérée
« comme ayant prorogé juridiction contre elle-même aux
« Tribunaux anglais, et si c'est en Irlande, comme s'étant
« soumise à la juridiction des tribunaux anglais et comme
« se considérant liée par leur décision.

« Toute signification faite à l'une des parties, en lais-
« sant copie aux bureaux de la London Corn Trade Asso-
« ciation, en même temps qu'une copie sera adressée
« par la poste au domicile de cette partie à l'étranger,
« ou en Ecosse, ou en Irlande, sera considérée comme
« une signification valable, nonobstant toute règle de loi
« ou d'équité (1) contraire. »

(1) *Equité*, au sens du terme en droit anglais.

Cette clause contient à la fois :

1° Attribution de compétence exclusive aux juridictions anglaises (judiciaires et arbitrales);

2° Choix de la loi anglaise pour l'interprétation des termes du contrat, et la solution de toutes les difficultés qui peuvent se présenter à son occasion;

3° Election de domicile, par tout contractant ne résidant pas dans le U. K., à Londres, aux bureaux de la London Corn Trade Association, avec toutes les conséquences qui en découlent au point de vue de la procédure et des significations en particulier.

Arbitrage. — La clause précédente attribue compétence aux tribunaux anglais, soit à des arbitres anglais.

Les parties n'ont pas le droit d'exercer une option et de faire appel suivant leur préférence à un tribunal régulier ou à l'arbitrage.

Nous avons vu (1), en effet, que l'un des buts principaux de la London Corn Trade Association est d'encourager le « règlement par voie d'arbitrage des différends « naissant à l'occasion d'opérations commerciales sur « les céréales, de désigner des arbitres et tiers arbitres « pour le règlement de tous les différends », d'entendre et décider les appels des décisions « de ces arbitres « et tiers arbitres ».

Pour répondre à ces vues, chaque contrat contient donc :

1° Une clause compromissoire;

2° Une réglementation très minutieuse de la procédure d'arbitrage.

2° *Clause compromissoire*. — « Tous les différends qui

(1) Cf. plus haut, p. 12.

« surgiraient de temps à autre de ce contrat, y compris
« toutes questions de droit soulevées dans la procédure,
« soit entre les parties, soit entre l'une des parties et le
« syndic de faillite de l'autre partie, seront soumis à l'arbi-
« trage, conformément aux règles d'arbitrage ci-contre.....
« Ni l'acheteur, ni le vendeur, ni le syndic de faillite, ni
« aucune autre personne en leur nom, ne pourra inten-
« ter une action contre l'une des parties contractantes au
« sujet d'un tel différend, avant que ce dernier n'ait été
« réglé par des arbitres ou par le Comité d'appel selon le
« cas, et il est expressément convenu qu'avant d'avoir le
« droit d'intenter une action contre l'une des parties con-
« tractantes, au sujet d'une réclamation dérivant de ce
« contrat, la partie devra auparavant obtenir une sentence
« arbitrale ou d'appel, suivant le cas (1). »

Cette clause compromissoire exige donc d'une façon
absolue : le recours à l'arbitrage, en appel aussi bien
qu'en première instance.

Les parties ne pourront se pourvoir devant les tribunaux que pour obtenir l'exequatur de la sentence aux
fins d'exécution, réserve faite, toutefois, pour l'incident
de procédure que constitue le « Special case » : le cas
spécial.

3° *Procédure d'arbitrage* (2). — Les règles de procédure sont reproduites au dos de chaque formule de contrat. Quelques-unes se trouvent dans les Statuts de la
London Corn Trade Association.

(1) Le texte anglais porte que l'obtention d'une sentence arbitrale
est une « condition precedent », condition suspensive du droit d'agir
devant un tribunal.

(2) L'arbitrage est prévu et légalement réglementé en Angleterre
par l' « Arbitration Act » de 1872, révisé en 1889, et qui a pris le
nom de « Arbitration Act 1889 ».

a) *Lieu de l'arbitrage.* — L'arbitrage aura toujours lieu à Londres.

b) *Délai d'introduction de la demande d'arbitrage.* — La partie demandant l'arbitrage doit présenter (1) sa réclamation, dans laquelle elle donne le nom de son arbitre, au plus tard douze mois après expiration du terme d'embarquement du contrat, ou six mois après déchargement final du navire, suivant celle des deux périodes qui expirerait la dernière.

Ce délai ne s'applique qu'aux arbitrages pour questions autres que la qualité et ou le conditionnement. Pour ces derniers, le délai d'introduction de la demande est beaucoup plus court, il varie suivant les contrats, mais est toujours de quelques jours (7-10 jours.....) après déchargement final.

Pour les arbitrages pour qualité, intervient également une règle connue sous le nom de « *Finality Rule* », qui établit une véritable péremption d'instance ; l'arbitrage doit avoir lieu dans les 28 jours du déchargement final en cas de vente sur échantillon, ou dans les 28 jours de la date de l'annonce dans les Trade Lists (journaux commerciaux, mercuriales) qu'il a été établi un standard, ou qu'il n'en sera pas fait, en cas de vente sur qualité moyenne.

A l'expiration de ces délais, les réclamations d'arbitrage seront nulles, à moins que les arbitres n'estiment ce retard justifié.

Il en est de même, depuis octobre 1926 pour les demandes de bonification pour poids naturel du blé, qui

(1) La demande d'arbitrage s'adresse par écrit à la partie adverse sans aucune formalité et sans intervention de la L. C. T. A.

doivent être faites (avec échantillon à l'appui) dans les six semaines du déchargement final.

Contrats 31 à 36, 39 à 41, 48 à 52.

c) *Nomination des arbitres*. — Chaque partie désigne librement ses arbitres.

Ils doivent être choisis parmi les négociants, meuniers, agents, courtiers, directeurs de firmes traitant des affaires de céréales, et faire partie à titre de membres (soit eux-mêmes personnellement, soit la firme dont ils sont directeurs) du London Corn Exchange, du Baltic, ou de la London Corn Trade Association (1). Ils doivent résider dans le Royaume-Uni et ne pas avoir d'intérêt dans le différend qui leur est soumis.

Mais si la partie adverse laissait passer une nomination irrégulière sans protester, avant l'ouverture de tout débat, la sentence rendue par la suite ne pourrait être invalidée de ce chef.

Des difficultés peuvent se produire à l'occasion des nominations d'arbitres. L'une des parties peut refuser de désigner le sien, tarder trop à le faire (délai de sept jours après la demande d'arbitrage), les arbitres choisis peuvent mourir, refuser d'arbitrer ou trop tarder à rendre leur sentence . . . . . etc. . . . . .

Dans tous ces cas, le Comité exécutif de la London Corn Trade Association (2), sur la demande de l'une ou l'autre des parties, désignera deux arbitres.

Tiers arbitres. — Si les deux arbitres désignés par

---

(1) Le London Corn Exchange et le Baltic Mercantile and Shipping Exchange sont les deux Bourses de commerce de Londres où se traitent les affaires de céréales.

(2) Cf. plus haut, p. 14, la composition et les attributions du Comité exécutif de la L. C. T. A.

les parties ou par le Comité exécutif ne peuvent se mettre d'accord, ils doivent désigner un tiers arbitre pour les départager. Le Comité exécutif procéderait à cette nomination, sur la demande d'une partie, si les arbitres ne le faisaient pas d'eux-mêmes.

d) *Sentence*. — Les arbitres jugent, en fait et en droit. Ils n'ont pas les pouvoirs d'amiables compositeurs.

Forme de la sentence : rédigée sur formule officielle fournie par la London Corn Trade Association.

Les arbitres peuvent, s'ils le jugent nécessaire, ne rendre qu'une sentence partielle, et réserver pour une sentence ultérieure une ou plusieurs questions.

En même temps que leur jugement sur le fond de l'affaire, les arbitres rendent une décision sur les dépens.

e) *Appel*. — Toute sentence est susceptible d'appel, à condition qu'elle soit rendue par écrit, sur la formule officielle. Par exception, ne sont pas susceptibles d'appel les sentences rendues pour conditionnement dans les ventes sur base Rye Terms.

Délai d'appel. — Sept jours de la date de la sentence ou de la notification de la sentence faite aux parties par le Secrétaire de la London Corn Trade Association (sentence rendue par les arbitres désignés par le Comité exécutif), plus délais de distance pour les personnes ne résidant pas dans le Royaume-Uni (sept jours en général).

L'appel doit être fait auprès du Secrétaire de la London Corn Trade Association.

Comité d'appel et Cour d'appel (1). — La sentence

(1) Cf. p. 17, les conditions dans lesquelles sont nommés les membres du Comité d'appel et de la Cour d'appel.

d'appel est rendue par une Cour d'appel composée de cinq membres spécialement délégués par le Comité d'appel pour chaque affaire.

Pour réformer une sentence de première instance, il faut que quatre membres sur cinq se prononcent contre elle.

La sentence d'appel signée par le Chairman du Comité d'appel est définitive et sans aucun recours possible, excepté pour « misconduct » c'est-à-dire : « mauvaise foi, partialité des arbitres.

Frais. — La demande faite par une partie du Comité exécutif de nommer un arbitre ou un tiers arbitre coûte £ 3.3./ —

Les frais d'appel sont de :

£ 26.5. — pour les membres de la London Corn Trade Association.

£ 31.10. — pour les non membres.

De plus, les arbitres, en rendant une sentence, fixent les frais à leur discrétion. La sentence mentionne toujours la partie qui doit supporter les dépens.

f) *Procédure du recours aux juges de droit commun.* — Les différends naissant à l'occasion des contrats soulèvent très souvent des questions de droit.

Les parties peuvent se fier aux décisions des arbitres, ou si elles le préfèrent, demander que la question de droit soit soumise aux autorités judiciaires (aussi bien en première instance qu'en appel de sentence arbitrale).

La procédure est légalement réglée par l'Arbitration Act de 1889, sections 7 et 19 (1).

(1) Cette question a été spécialement étudiée par Pierre Gide dans le *Clunet*, 1926, p. 874, sous le titre : « Les articles 7 et 19 de l'Arbitration Act 1889 et leur application pratique ».

Section 7. — Une des parties déclare à l'arbitre, sans autre formalité que la remise d'une note, avant que la sentence n'ait été rendue, qu'elle désire que cette sentence soit rendue « dans la forme d'un cas spécial pour l'opinion de la Cour » (In the form of a special case for the opinion of the Court).

Les arbitres étudient les points de fait et précisent le point de droit en litige. Ils rendent un « award alternatif », c'est-à-dire avec deux solutions, suivant l'avis que le tribunal donnera sur la question de droit. Sa forme est la suivante :

« Je trouve et décide sujet à l'opinion de la Cour sur
« toute question de droit..... que..... et ma décision est
« donc....... Si la Cour était par contre d'avis que..... la
décision est..... »

Le différend est ensuite porté devant les juridictions de droit commun : King's Bench Division — Court of Appeal — House of Lords.

Section 19. — Une des parties demande aux arbitres que telle ou telle question de droit soit soumise à la Cour avant que la sentence ne soit rendue.

La Cour compétente est la Divisional Court composée de trois juges. Son jugement n'est pas susceptible d'appel.

L'affaire revient devant les arbitres qui sont obligés de se conformer à l'opinion de la Cour sur le point de droit, obligation dépourvue du reste de toute sanction, car ils peuvent rendre leur sentence uniquement en fait.

Frais. — Les frais de la procédure judiciaire sont supportés par la partie qui a demandé l'opinion du juge, à moins de dispositions contraires dans la sentence.

CHAPITRE II

Droit anglais.

Il nous reste, maintenant que nous avons vu la façon dont se présentait le contrat de la London Corn Trade Association, à nous préoccuper de sa construction juridique en fonction du droit écrit et de la jurisprudence anglaise.

Nous ne prétendons pas faire une étude détaillée de la vente en droit anglais, mais simplement examiner quels sont les principes communs qui forment pour ainsi dire le squelette de la vente caf et plus particulièrement de la vente caf conclue aux conditions et suivant les formules de la·L.C.T.A.

La situation respective du vendeur et de l'acheteur étant bien établie dans ses grandes lignes, nous serons mieux à même de comprendre les solutions données en Angleterre aux difficultés principales qui peuvent se rencontrer dans l'exécution du contrat.

Ces difficultés, remarquons-le tout de suite, sont les mêmes que celles qui ont pu solliciter l'examen de la doctrine et de la jurisprudence en France. La comparaison des solutions données dans les deux pays en sera d'autant plus intéressante et profitable.

PREMIÈRE PARTIE

Obligations du vendeur (1).

Les obligations de tout vendeur caf sont les suivantes :

1° Embarquer, au port d'embarquement, à l'époque prévue au contrat, des marchandises de la nature et de la qualité contractuelles ;

2° Procurer un contrat d'affrètement en vertu duquel les marchandises seront délivrées à la destination prévue au contrat ;

3° Assurer les marchandises aux conditions courantes et fournir à l'acheteur un contrat d'assurance dont il pourra profiter ;

4° Facturer les marchandises ;

5° Présenter à l'acheteur les documents, à savoir :

Le connaissement ;

La police d'assurance ;

La facture.

Preuve de l'exécution de ces obligations. — Comment l'acheteur se rendra-t-il compte de la régularité de l'exécution par le vendeur de ses obligations ?

1° par l'examen des documents, preuves de l'embarquement, du contrat d'affrètement, du contrat d'assurance ;

2° par l'examen de la marchandise qui doit être de la nature et de la qualité prévues au contrat.

Nous devrons donc examiner successivement les conditions que doivent remplir les documents (connaisse-

____

(1) Goitein, *The law as to CIF contracts,* p. 12 et suiv.

ment, police d'assurance) et les stipulations relatives à la marchandise elle-même.

Mais une double question doit être examinée auparavant : « A quel moment s'opère le transfert de propriété ? A qui incombent les risques du voyage maritime ? »

Les règles de la vente des meubles corporels ont été en Angleterre l'objet d'une codification. Une loi : le Sale of Goods Act 1893 (1), a rassemblé les diverses dispotions coutumières.

Mais les dispositions de cette loi pour la plupart ne sont pas impératives, et la volonté des parties clairement indiquée doit l'emporter sur les règles légales simplement interprétatives.

SECTION I

TRANSFERT DE LA PROPRIÉTÉ.

L'article 1ᵉʳ du S. G. A. 1893 est le suivant :

« Paragraphe 1ᵉʳ : Le contrat de vente de meubles est « un contrat par lequel le vendeur transfère ou convient « de transférer la propriété de meubles à l'acheteur « moyennant une somme d'argent appelée le prix (for a « money consideration) (2).

---

(1) « An act for codifying the law relating to the Sale of Goods », promulguée le 20 février 1894. Désignée sous le titre de Sale of Goods Act 1893 (v. art. 64 de la loi). La rédaction de cette loi est l'œuvre de Mᵉ D. Chalmers, juge de comté à Birmingham, qui en a publié un commentaire sous le titre « Chalmers : The Sale of Goods Act 1893 ». Le texte que nous suivons est la traduction du S. of G. A. donnée par M. Lévy-Ullmann dans l'*Annuaire de Législation étrangère*, 1895, p. 13.

(2) Le mot anglais « consideration » exprime l'idée de cause juridique. Note de M. Lévy-Ullmann, *op. cit.*

L'article 27 de son côté porte que :

« Le vendeur est tenu de délivrer les meubles, l'ache-
« teur de les accepter et d'en payer le prix, conformé-
« ment aux stipulations du contrat de vente. »

Et l'article 28 ajoute :

« Sauf convention contraire, la délivrance des meubles
« et le paiement du prix sont des conditions concomi-
« tantes... »

Ces dispositions, à première vue, rappellent absolument les textes réglant cette question en droit français,
les articles du Code civil 1582-1651 et la différence essentielle entre propriété et possession.

Nous laissons de côté pour le moment la question de
délivrance — ou transfert de la possession — pour nous
occuper uniquement du transfert de la propriété.

A quel moment dans une vente caf aux conditions de
la L. C. T. A. la marchandise cesse-t-elle d'être la propriété du vendeur pour devenir celle de l'acheteur ?

I. — *Intérêt de la question.*

L'intérêt de la question au point de vue pratique est
multiple et parmi les principales conséquences du transfert de propriété il nous faut ranger :

1° la question des risques ;

2° en cas de guerre, la question du droit de prises, le
critérium observé par les belligérants étant la nationalité du propriétaire de la cargaison (1) ;

3° le droit de revente du vendeur ou de l'acheteur dans

(1) Cf. Fauchille et Basdevant et Léopold, *Jurisprudence britannique
en matière de prises maritimes*, Paris, 1922, et notamment n° 12,
p. 159, s/s *Miramichi*, décision de la Haute Cour de Justice, Division d'Amirauté (en matières de prises), du 23 novembre 1924.

l'intervalle entre la conclusion du contrat et son exécution, et les droits du sous-acheteur ;

4º les recours du vendeur ou de l'acheteur contre son co-contractant en cas d'inexécution du contrat, les recours et les garanties étant différents suivant que l'un ou l'autre est propriétaire (1).

II. — *Critérium du transfert de la propriété.* *Indépendance de la propriété et des risques.*

L'intérêt pratique considérable qui s'attache à la connaissance du moment précis où s'opère le transfert de la propriété exige donc que l'on puisse établir ce moment d'une façon certaine et en découvrir un critérium absolu.

Ce critérium, on a cru le trouver dans la charge des risques et c'est une proposition courante de déclarer : « Le propriétaire est celui qui supporte les risques, celui qui souffrira de la perte ou de la détérioration de la marchandise ».

C'est envisager la question à rebours : Toute modification dans l'incidence du risque est certainement un indice très fort pour conclure à un changement dans la propriété, et ce aux termes mêmes de la loi anglaise (S.G.A., art. 20). Mais la question des risques est subordonnée à la question de la propriété.

En général, sans doute, le propriétaire supporte les risques, mais peut-on en conclure par un raisonnement réciproque que celui qui a la charge des risques est propriétaire ?

Du reste, remarquons-le, l'article 20 du S.G.A. n'est pas sans réserves et ce n'est que « sauf convention contraire » que le transfert de propriété entraîne le transfert des risques.

(1) Cf. Sale of Goods Act 1893, article 39, § 1 et § 2 et suiv.

Les auteurs anglais insistent tout spécialement sur cette possibilité de séparer risques et propriété et sur les articles du S.G.A. qui prévoient cet état de choses (S.G.A., art. 20 *in fine* ; art. 32, art. 33) (1).

Ils citent volontiers sur cette question l'opinion du juge Blackburn dans deux espèces célèbres.

1° *Calcutta et Burmahs Steam Navigation Co c. de Mattéos (1863).*

Il s'agissait d'un contrat de vente pour 1.000 tonnes de charbon, paiement moitié contre documents, moitié à livraison de la marchandise. Le navire se perdit.

Le vendeur introduisit une action pour solde du prix.

L'acheteur de son côté réclamait le remboursement de la somme déjà payée.

Le juge Blackburn était d'avis que la propriété ayant passé à l'embarquement, l'acheteur devenu propriétaire n'avait pas le droit de demander le remboursement, mais que le vendeur ne pouvait pas plus réclamer le solde du prix. La Cour adopta cette opinion qui s'exprimait dans les termes suivants :

« Il n'y a pas de règle légale pour empêcher les parties
« dans des espèces comme celle-ci d'adopter toute mo-
« dalité qui puisse leur plaire. . . elles peuvent convenir
« que la propriété passera à l'acheteur dès l'embarque-
« ment des marchandises, qu'elles seront alors et vendues
« et délivrées, et cependant que le prix (en totalité ou en
« partie) ne sera payable qu'à la condition que les mar-
« chandises arriveront. »

Le juge Blackburn insiste sur cette idée qu'il complète et précise dans une espèce suivante :

(1) Chalmers, *op. cit.*, p. 51 et suiv. ; Williston, *op. cit.*, § 302 spécialement, p. 456, note 8 ; Gibb, *Sale of Goods on CIF and FOB terms*, p. 33 ; Kennedy, *Contracts of Sale CIF*, p. 137, 138 et suiv.

2° *Martineau c. Kitching (1872)*.

« D'une façon générale, la vieille maxime de droit civil
« *Res perit domino* est la règle de notre droit ; et quand
« on peut prouver qu'il y a eu transfert de propriété, le
« risque de perte est *prima facie* pour la personne qui a
« la propriété. Si, d'un autre côté, l'on va plus loin, et
« l'on prouve que le risque est supporté par une personne
« ou par une autre, c'est là un très fort argument à l'ap-
« pui de la thèse qui prétend montrer que c'est en cette
« personne que doit se trouver la propriété. Mais ces
« deux choses ne sont pas inséparables. Il se peut fort
« bien que la propriété soit à l'un et le risque sur un
« autre. »

Il faut donc arriver à cette conclusion qui est du reste
formulée dans l'article 20 du S. G. A. :

« On peut présumer que risques et propriété sont asso-
« ciés, mais cette présomption n'est pas absolue.

« L'acheteur peut supporter les risques sans être déjà
« propriétaire, comme le vendeur peut continuer à les
« supporter bien qu'il n'ait plus la propriété » (1).

Du reste, ces propositions ne sont pas particulières
au droit anglais et dans le Code civil nous pouvons trouver des exemples du même genre, aux articles 1138 et
1302 en particulier (2).

Il ne semble donc pas possible de s'attacher d'abord à
déterminer l'incidence du risque, puis en déduire lequel
des cocontractants se trouve propriétaire à un moment
donné.

---

(1) Williston, § 302.

(2) Les dispositions de la loi néerlandaise donnent la même solution à cette question : « Il n'existe pas de lien indissoluble entre la
transmission de la propriété et celle du risque ». Circulaire n° 43,
Chambre commerce internationale, p. 90.

III. — *Les dispositions du Sale of Goods Act 1893.*

Le critérium que nous cherchons doit se trouver ailleurs.

La loi anglaise s'efforce de le dégager dans trois articles essentiels qui portent les numéros 16, 17, 18, 19 du S. of G. Act.

Article 16. — « Dans la vente de meubles indétermi-« nés, nulle propriété n'est transférée à l'acheteur jus-« qu'à la détermination. »

Article 17. — *Paragraphe 1ᵉʳ*. — « Au cas de vente por-« tant sur les meubles spécifiés ou déterminés, la pro-« priété n'en est transférée à l'acheteur qu'à l'époque où « les parties contractantes ont entendu qu'il devrait en « être ainsi. »

Paragraphe 2. — « Pour déterminer l'intention des « contractants on prendra en considération les termes « du contrat, la conduite des parties et les circonstances « de l'espèce. »

Les articles qui suivent donnent des règles d'interprétation légale de certains cas particuliers (à moins que n'apparaisse une intention contraire chez les parties).

Les contrats de la L. C. T. A. sont employés presque toujours pour des meubles indéterminés (*in genere*)... C'est donc l'article 16 qui s'applique.

A. — *Transfert de la propriété des meubles indéterminés.*

Il n'y a pas de transfert de propriété possible jusqu'au moment de la détermination (1).

---

(1) Les mots détermination, spécialisation, application, appropriation doivent être considérés à peu de chose près comme synonymes.

Par cela même se trouve éliminé tout l'intervalle de temps compris entre la conclusion du contrat et le moment où des marchandises déterminées sont appliquées à ce contrat. Ce moment constitue la limite antérieure au transfert de propriété.

Mais dès l'instant où les marchandises seront déterminées, le transfert de propriété aura-t-il lieu ?

La loi anglaise répond à cette question dans l'article 18 § 5 du S. G. A. La propriété ne sera transférée que si l'appropriation est *inconditionnelle* ; et le sens de cette expression est expliqué par la suite du texte. Nous pouvons donc, en résumant ces dispositions législatives, constater dès à présent que l'appropriation transforme des meubles *in genere* en meubles certains, mais n'entraîne transfert du droit de propriété qu'autant que la propriété serait transférée si la vente portait sur des meubles certains, dès la conclusion du contrat.

Le juge Cotton soutient cette opinion dans l'espèce célèbre Mirabita c. Imperial Ottoman Bank (1).

« Dans un contrat de vente de « chattels » (2) non « déterminés, la propriété n'est pas transférée à l'acheteur, à moins qu'il ne soit fait par la suite une appropriation des chattels déterminés qui doivent faire « aliment au contrat (c'est-à-dire à moins que les deux « parties ne se soient mises d'accord sur les chattels déter-

(1) Mirabita c. Imperial Ottoman Bank (1878). 3 Ex. D. 164 est une espèce d'une importance considérable dans cette matière, car le rédacteur de la loi s'est très nettement inspiré de cette décision dans les articles 18 et 19 du Sale of Goods Act. Cf. note sous article 19 dans Chalmers, *op. cit.*

(2) Chattel signifie dans ce cas effets mobiliers, des objets matériels tels que mobilier, bijoux, animaux, par exemple. Cette notion s'oppose à celle des « choses in action » (actions mobilières) et des meubles incorporels. Définition donnée par Sweet dans son *Dictionary of English Law*, Londres, 1882.

« minés dont la propriété doit être transférée), et *que*
« *rien ne reste à faire à l'effet de la transférer.* »

L'appropriation est donc une condition nécessaire du
transfert de la propriété, mais n'en est pas une condition
suffisante. Elle n'a qu'un résultat : transformer des marchandises indéterminées *in genere* en marchandises
déterminées.

Appropriation. — La loi anglaise n'exige aucune
forme spéciale pour cette appropriation. Le vendeur doit
la faire avec l'assentiment de l'acheteur. Si c'est l'acheteur qui y procède — (et le cas nous paraît tout théorique) — il doit obtenir l'accord du vendeur. Cet accord
du vendeur ou de l'acheteur peut du reste être exprès ou
tacite. Il peut être antérieur ou postérieur à l'appropriation (S. G. A., art. 18, § 5, alin. 1).

Dans son alinéa 2, l'article 18 du S. G. A. § 5 nous
donne comme exemple d'appropriation la remise des
marchandises à l'acheteur ou à un transporteur ou tout
autre détenteur pour compte (désigné ou non par l'acheteur).

La L. C. T. A. paraît avoir suivi cette règle dans la
rédaction du paragraphe de ses contrats qui porte le
nom d'appropriation (1). Mais elle exige de plus que la
remise au transporteur soit notifiée à l'acheteur qui
pourra ainsi donner son accord conformément à l'alinéa 1er du S. G. A. 18, § 5.

Dans un certain délai à partir de l'embarquement, le
vendeur doit faire connaître à son acheteur le nom du
navire transporteur, la date des connaissements, la
quantité chargée. Ceci constitue l'avis d'application dont

(1) Cf. plus haut, p. 56.

il peut exiger un reçu (1), précaution que les chargeurs négligent rarement.

A partir de ce moment, le contrat prend corps. Conclu à l'origine pour 100 tonnes de blé — embarquement tel mois — il est devenu 100 tonnes de blé sur tel navire, sans qu'aucun changement ne puisse plus intervenir, car l'application une fois faite est définitive (Texte de la L. C. T. A.).

Sans doute la marchandise aliment du contrat n'est pas encore parfaitement individualisée. Si un navire transporte 5.000 tonnes de blé, la déclaration faite par le vendeur que sur cette quantité 100 tonnes sont affectées au contrat spécial de l'acheteur et voyagent pour son compte peut paraître insuffisante pour donner à ce contrat un caractère de fixité et de certitude.

Mais une impossibilité d'ordre pratique s'oppose à une désignation plus complète de l'objet vendu.

Il est d'usage dans le commerce des céréales de charger les marchandises en grenier sans aucune séparation.

Il est donc impossible pour le vendeur de désigner plus explicitement le lot qu'il destine à un acheteur particulier.

La difficulté paraît moindre pour les chargements en sacs. Il suffirait sans doute de numéroter les sacs et le vendeur pourrait prévenir tel acheteur qu'en exécution de son contrat il recevra les sacs 1 à 1.000 ou 1.001 à 2.000.

Malheureusement, les usages commerciaux ne permettent pas cette façon de procéder, car aux pays d'origine les sacs sont très rarement numérotés (en Australie par exemple, ils ne le sont jamais). Un chargement en gre-

---

(1) Cf. fac-similé d'avis d'application et de récépissé, p. 392.

nier ou un chargement en sacs non numérotés présentent des difficultés identiques au point de vue de la spécialisation.

Le problème se présente donc de la façon suivante :

1° impossibilité pour le vendeur de spécialiser plus explicitement que par la désignation du navire ;

2° insuffisance de cette simple indication pour déterminer complètement l'objet du contrat.

Clause de prorata. — La L. C. T. A., pour parer à cette difficulté, a donc inséré dans ses contrats « parcels » la clause de prorata (1).

En vertu de cette disposition, les différents réceptionnaires d'une marchandise chargée sans séparation sur un même navire se voient attribuer une part aliquote du chargement. Si les connaissements portent qu'il a été embarqué 5.000 tonnes de blé, l'acheteur de 100 tonnes recevra les 100/5.000 de la quantité débarquée.

La présence simultanée de la clause de prorata et de la clause d'appropriation permet donc une spécialisation suffisante du lot affecté à l'exécution du contrat de chaque acheteur.

L'avis d'application donné par le vendeur, ou plus exactement, la réception sans protestation de cet avis d'application par l'acheteur (S. of G. A. 18, § 5, al. 1ᵉʳ) fixent donc le moment où les marchandises faisant l'objet du contrat sont suffisamment déterminées pour changer de caractère et devenir de choses *in genere*, des choses certaines.

(1) Cf. p. 6o.

B. — *Transfert de la propriété des choses certaines.*

Il nous reste donc maintenant à examiner dans quelles conditions s'opère le transfert de propriété des choses certaines.

En principe, la propriété passe à la conclusion du contrat, sans tenir compte de l'époque du paiement et de la livraison (S. of G. A., art. 18, § 1).

Exceptions à cette règle. — 1° Les marchandises ne sont pas en état livrable au moment du contrat (S. G. A., art. 18, § 2) ;

2° le prix ne peut être déterminé qu'après pesage, mesure ou examen des marchandises (S. G. A., art. 18, § 3) ;

3° le vendeur s'est réservé dans le contrat ou dans l'appropriation le droit de disposer des biens jusqu'à l'accomplissement de certaines conditions (S. G. A., art. 18, § 5 ; art. 19, §§ 1 et 2).

1° *Etat livrable.*

Les auteurs anglais (1) estiment que dans un contrat caf la marchandise n'est pas dans un état livrable (2) tant qu'elle n'est pas à bord d'un navire. La propriété ne peut donc être transmise avant l'embarquement.

Remarquons du reste que dans le contrat de la L. C. T. A. cette condition se trouve implicitement reproduite, puisque l'avis d'appropriation doit donner le nom du navire et se trouve donc être toujours postérieur à l'embarquement.

(1) Kennedy, *op. cit.,* p. 141.
(2) Définition de l'état livrable. S. G. A., article 62, l'état dans lequel l'acheteur est obligé d'accepter la marchandise.

2° *Détermination du prix.*

Cette disposition ne s'applique pas au contrat de la
L. C. T. A. Nous avons vu en effet que la facture provisoire est faite sur base du poids du connaissement. Un
simple ajustement du prix intervient dans la facture
finale et le transfert de propriété ne peut être retardé
jusqu'à ce moment bien postérieur à toutes les opérations de vente, débarquement, etc...

3° *Réserve au profit du vendeur du droit de disposer* (1) *de la marchandise jusqu'à l'accomplissement de cer-taines conditions.*

Nous supposons donc que les marchandises déterminées dès la conclusion du contrat ou appropriées par la
suite sont embarquées. Aucun obstacle ne paraît plus
pouvoir s'opposer au transfert de la propriété du vendeur à l'acheteur.

La loi anglaise fait pourtant ici une nouvelle distinction.

Le contrat ou l'appropriation (2) peuvent être purs et
simples. Dans ce cas la propriété est transférée.

Au contraire, le vendeur peut s'être réservé dans le
contrat ou l'appropriation (3) le droit de disposer de la
marchandise jusqu'à l'accomplissement de certaines
conditions. Dans cette hypothèse, nonobstant la délivrance des biens à l'acheteur, à un transporteur ou tout
autre détenteur pour compte, la propriété ne sera transférée à l'acheteur qu'après la réalisation des conditions

---

(1) L'expression employée est, soit « right of disposal », soit « *jus
disponendi* ».

(2) L'appropriation est dite alors « faite sans condition ».

(3) L'appropriation est dite alors « faite sous condition ».

imposées par le vendeur (S. of G. Act, art. 18, § 5, al. 2 ; art. 19, § 1).

Certains indices pourront faire présumer cette intention du vendeur de conserver le droit de disposer des marchandises. L'article 19, § 2 nous indique l'importance de la forme du connaissement :

« Lorsque des meubles sont expédiés par mer et que « le connaissement porte qu'ils sont livrables à l'ordre « du vendeur ou de son préposé (1), le vendeur est *prima* « *facie* présumé s'être réservé le droit de disposer. »

Le chargeur peut donc au moment de l'embarquement adopter deux attitudes différentes :

1° *Il fait rédiger le connaissement au nom de l'acheteur ou à son ordre*. Remarquons de suite que dans un contrat caf cette situation se rencontrera rarement, le vendeur en général ne connaissant pas au moment de l'embarquement l'acheteur au contrat duquel il appropriera la marchandise donnée.

Quoi qu'il en soit, dans ces conditions, la propriété est immédiatement transférée. Le vendeur fait une appropriation *inconditionnelle* en ce sens qu'il semble permettre à l'acheteur de recevoir les marchandises même s'il ne les paye pas. Telle est du moins l'interprétation que donne du mot « inconditionnelle » le juge Atkin dans l'espèce *Stein Forbes et C° c. County Tailoring C°* (2):

Mais une restriction s'impose toutefois dans le cas du connaissement à l'ordre de l'acheteur. Elle est formulée par le juge Scrutton dans l'espèce *Arnhold Karberg et*

----

(1) Le vendeur ne fera pas établir le connaissement simplement à son nom sans la clause à ordre, car un tel connaissement ne constitue pas un titre négociable.

(2) Stein Forbes et C° c. County Tailoring C° (1917) ; Kennedy, p. 150 et suiv. ; Goitein, p. 65 et suiv. ; Gibb, p. 28 et suiv.

C° c. Blythe : (1) « Si le vendeur prend un connaissement « au nom de l'acheteur ou à son ordre, mais le retient « comme sécurité pour le prix, la propriété ne semble « être transférée qu'au moment où l'acheteur fera l'offre « du prix (2). »

Il faudrait donc en déduire que chaque fois que les documents ne seront remis que contre paiement la propriété ne peut être transférée immédiatement. Signalons simplement pour le moment cette question sur laquelle nous reviendrons par la suite.

2° Le chargeur peut encore au moment de l'embarquement faire rédiger le connaissement à son ordre.

Ce cas est de beaucoup plus courant, et cela le plus souvent parce que le vendeur ne pourra pas matériellement au moment de l'embarquement indiquer un autre nom — soit que sa marchandise n'ait pas encore été vendue — soit qu'il ignore encore à ce moment à quel acheteur il la destinera — soit que les connaissements étant émis pour des lots trop importants ne correspondent pas à un contrat donné.

Mais la raison importe peu et du moment que le connaissement porte le nom du vendeur, ce dernier est présumé *s'être réservé le « droit de disposer » de la marchandise* et la propriété ne peut passer à l'acheteur.

Quels sont au juste le sens et la portée de cette expression « Droit de disposer » ? La lecture des différents jugements rendus sur cette question nous fait croire qu'elle constate un état de fait plutôt qu'elle ne pose un principe de droit.

(1) Arnhold Karberg et C° c. Blythe (1915) ; Kennedy, p. 144 ; Goitein, p. 40 ; Gibb, p. 30 en particulier.

(2) Le mot anglais est « tender ». On peut le traduire par offre, par exemple « tender of documents » : présentation des documents avec offre de les laisser contre paiement.

Dire que le vendeur a gardé le droit de disposer de la marchandise ne revient à rien d'autre que constater qu'il pourra vendre la marchandise en se faisant passer pour le véritable propriétaire. L'acheteur frustré de l'exécution de son contrat pourra bien l'attaquer en dommages-intérêts pour rupture de contrat, mais il ne pourra pas réclamer les marchandises elles-mêmes, ce qui présente une certaine importance au point de vue de la forme de l'action qu'il devra introduire. Rien d'autre n'est exprimé dans les différentes espèces suivantes (1) : *Wait c. Baker* (*1848*) ; *Ellershaw c. Magniac* (*1843*) ; *Gabarron c. Kreeft* (*1875*). Dans toutes ces affaires, le vendeur avait gardé les connaissements rédigés à son ordre et les avait négociés pour son compte. Il fut uniformément jugé que l'acheteur n'avait aucun droit de propriété sur les marchandises.

Scrutton estime que le résultat est le même quand un connaissement émis à l'ordre de l'acheteur est conservé par le vendeur jusqu'au paiement. Nous croyons cette assimilation inexacte.

Le vendeur, dans ce dernier cas, ne peut disposer de la marchandise : les mentions du connaissement prouvent qu'il n'est pas le propriétaire.

Son droit est tout négatif : il peut simplement empêcher par la rétention du connaissement l'acheteur de disposer de la marchandise par transfert du titre représentatif, mais si l'acheteur a un droit de propriété limité, il n'en est pas moins le propriétaire.

La question importante au point de vue du droit de propriété ne nous paraît donc pas être de savoir qui est le détenteur d'un connaissement donné, mais à l'ordre

<hr>

(1) **Kennedy**, p. 142.

Schwob. L. C. T. A.

de qui il a été rédigé. L'opinion de Scrutton doit donc s'effacer devant les termes mêmes du S. of G. Act. Il n'en est pas moins certain que l'observation de Scrutton soulève un point important sur lequel nous reviendrons, et amorce une distinction entre le droit de propriété et le droit de disposer de la marchandise (1).

De l'importance de la mention du nom d'une des parties contractantes ou de l'autre dans le connaissement, faut-il déduire que le connaissement présente un exemple d'incorporation du droit dans le titre ?

Le fait pour l'un des co-contractants de détenir un connaissement rédigé à son ordre est-il une condition nécessaire et suffisante pour qu'il soit légalement le propriétaire de la cargaison ?

a) *Incorporation du droit de propriété dans le titre.* — Cette conception absolue pourrait se défendre. Elle n'aurait d'autre résultat qu'assimiler le connaissement à une traite ou une lettre de change dont la propriété se transmet par endossement et tradition.

Mais les auteurs anglais (2) s'accordent pour constater que le porteur d'un connaissement n'est pas dans la même situation que le porteur d'une lettre de change (3).

Le Sale of Goods Act lui-même condamne implicitement cette construction juridique. L'article 19, § 3, porte en effet que :

(1) Cf. plus loin, p. 138.
(2) Cf. en particulier Jenks, *A digest of English Civil Law.* Londres, 1921, § 1562.
(3) Dans le contrat de la L. C. T. A., si les documents ne sont pas parvenus au moment de l'arrivée du navire, l'acheteur paiera contre des documents équivalents lui permettant d'obtenir délivrance des marchandises. Cette possibilité entraîne infirmation de la théorie de l'incorporation du droit de propriété au titre.

« Lorsque le vendeur de meubles tire sur l'acheteur
« une traite égale au montant du prix et transmet con-
« jointement à l'acheteur la lettre de change et le con-
« naissement pour assurer l'acceptation ou le paiement
« de la lettre de change, l'acheteur est tenu de retourner
« le connaissement s'il ne fait pas honneur à la traite, et
« s'il détient à tort le connaissement, la propriété des
« meubles ne lui est pas transférée. »

La simple détention d'un connaissement rédigé à l'ordre de l'acheteur ne suffit donc pas pour lui transférer la
propriété.

b) *Influence du paiement.* — Un élément nouveau intervient : le paiement du prix ou tout au moins l'acceptation de la traite documentaire.

C'est cette notion qui inspire une jurisprudence très
fournie et le S. of G. Act lui-même puisqu'il n'est souvent qu'une rédaction légale de la jurisprudence.

Une sous-distinction doit être faite quand un connaissement rédigé à l'ordre du vendeur-chargeur est conservé
par lui. Deux cas peuvent être envisagés :

1° Le vendeur peut avoir eu l'intention de retirer les
marchandises du contrat (to withdraw the goods from
the contract). Supposons qu'il en ait disposé à son profit en les vendant à un tiers et lui remettant le connaissement.

L'acheteur ne peut avoir aucun droit de propriété, en
ce sens que même en offrant de payer le prix, il ne pourra
pas exercer une action tendant à obtenir les biens.

Telle est la situation qui se présente dans plusieurs
des espèces que nous avons déjà citées : Wait c. Baker
(1848) ; Gabarron c. Kreeft (1875) ; Ellershaw c. Magniac
(1843).

2º Le vendeur peut n'avoir conservé le connaissement qu'en tant que garantie du paiement du prix. Dans ce cas, la propriété sera transférée à l'acheteur dès le moment où il se montrera disposé à effectuer ce paiement.

La rétention du connaissement et de la propriété a un but : le paiement du prix. Ce but atteint, il n'y a plus aucune raison de retarder le moment du transfert de la propriété.

En d'autres termes, le transfert de propriété est soumis à une condition : le paiement du prix. Cette condition remplie (par la manifestation de la volonté de l'acheteur de payer), *la propriété sera transférée d'elle-même, sans aucune tradition du connaissement.* L'espèce classique sur cette question est l'affaire « Mirabita contre Imperial Ottoman Bank » (1878) que nous avons déjà citée plus haut (1).

Mirabita c. Imperial Ottoman Bank (1878).
Les circonstances étaient les suivantes :
Le vendeur embarqua la cargaison sous connaissements à son ordre. Il tira une traite sur l'acheteur, qu'il escompta auprès d'une banque, les connaissements attachés, les connaissements devant être remis à l'acheteur contre paiement de la traite. L'acheteur commença par refuser d'accepter la traite, puis par la suite se ravisant, fit offre d'en payer le montant contre remise des connaissements. La banque refusa cette offre et vendit la marchandise. La Cour d'appel jugea que la propriété avait été transférée à l'acheteur (ce qui présentait une grosse importance au point de vue de la forme d'action à intenter).

(1) Cf. p. 89, note 1.

Toute cette décision était fondée sur une distinction extrêmement nette entre les cas où le vendeur ne conserve les documents que pour garantir le paiement du prix et ceux où il entend retirer les marchandises du contrat.

Cette décision fut immédiatement appelée au plus grand retentissement en raison principalement de la forte personnalité des juges Cotton et Bramwell qui l'avaient rendue.

L'article 19, § 1 du S. of G. A. ne fait que la reproduire en décidant que si le vendeur se réserve le droit de disposer des meubles jusqu'à l'accomplissement de certaines conditions, la propriété ne passe à l'acheteur qu'après la réalisation des conditions imposées.

Mais la conséquence la plus nette de cette décision est de faire du transfert de propriété une question entièrement indépendante de la détention du connaissement :

L'acheteur proposant de payer devient propriétaire, même si le connaissement est resté entre les mains du vendeur.

Le vendeur non payé reste propriétaire même si le connaissement est entre les mains de l'acheteur.

Il est donc bien impossible de continuer à parler d'incorporation d'un droit dans un titre.

Depuis la décision « Mirabita c. Imperial Ottoman Bank » et le Sale of Goods Act, la jurisprudence s'est définitivement fixée dans ce sens et fait du paiement du prix par l'acheteur une condition du transfert de la propriété.

Une nouvelle expression est même employée par certains auteurs (1) adoptant les termes d'un jugement rendu par le juge Kennedy dans l'espèce *Biddel Bros c. E. Clemens Horst Cᵒ* (1911).

(1) Goitein, p. 63 et suiv.

« Suivant le S. of G. Act 1893, s. 18, par l'embarque-
« ment les marchandises sont appropriées par le vendeur
« à l'exécution du contrat et en vertu de l'article 32 du
« S. of G. Act leur délivrance à un transporteur — dési-
« gné ou non par l'acheteur — pour les transmettre à
« l'acheteur est *prima facie* réputée une délivrance des
« biens à l'acheteur... et la propriété en est passée à
« l'acheteur soit conditionnellement, soit inconditionnel-
« lement. Elle passe conditionnellement quand le con-
« naissement — dans le but de garantir le paiement du
« prix — est rédigé au nom du vendeur, de son agent ou
« représentant (Cf. Mirabita c. I.O.B.). Elle passe incon-
« ditionnellement quand le connaissement est rédigé au
« nom de l'acheteur ou de son représentant ou agent. »

Remarquons tout de suite que cette nouvelle rédaction
ne modifie en rien le raisonnement suivi. Dire que la
propriété ne passe pas jusqu'au paiement du prix, ou
bien qu'elle passe sous la condition du paiement du
prix, sont à vrai dire deux propositions identiques ; la
différence n'est que dans les mots. Par définition (1) une
condition suspensive (condition précédent) suspend le
transfert du droit jusqu'après l'arrivée de l'événement
conditionnel ; l'exécution de la condition doit précéder
le transfert du droit (2).

Si le paiement du prix constitue une condition suspensive du transfert de la propriété, la propriété n'est
pas transférée avant le paiement.

Le paiement du prix ou tout au moins la manifes-

----

(1) Condition precedent, définition de Sweet, *op. cit.*

(2) Il en serait tout autrement si au lieu de considérer le paiement
du prix comme une condition suspensive, on considérait son non-
paiement comme une condition résolutoire. Mais telle n'est pas la
pensée du juge Kennedy.

tation par l'acheteur de sa volonté de payer devient donc le moment capital dans la vente contre documents. C'est à cet instant que s'effectuera le transfert de la propriété.

Application. — Cours de prises. — De nombreuses applications de ce principe se trouvent dans les jugements des tribunaux de prises anglais (1) rendus lors de la guerre 1914-1918.

Suivant que l'embargo a été mis sur la cargaison avant ou après acceptation des traites par l'acheteur, la marchandise est considérée propriété du vendeur ou de l'acheteur avec toutes les conséquences qu'entraîne la nationalité alliée ou ennemie de l'une des parties au point de vue de la validité de la prise.

L'espèce citée le plus souvent est celle du navire *Miramichi*. L'affaire se présentait dans les conditions suivantes : Des vendeurs américains avaient embarqué le 23 juillet 1914 en exécution d'un contrat caf conclu avec des acheteurs allemands une cargaison de blé sur le navire anglais *Miramichi*. Connaissement au nom du chargeur (qui était le négociant ayant fourni le blé aux vendeurs) et endossé par lui en blanc.

Les vendeurs tirent une traite sur les acheteurs allemands, l'escomptent le 28 juillet auprès d'une banque américaine et le même jour envoient une facture détaillée aux acheteurs.

La guerre éclate le 4 août 1914 ; la cargaison est saisie le 1er septembre 1914 par un navire britannique. Le

(1) Le tribunal compétent en matière de prises est la Haute Cour de Justice, Division de l'Amirauté, juridiction existant en temps de paix, mais douée de la compétence en matière de prises en temps de guerre. Elle fonctionne sous le régime du juge unique.

procès a lieu entre les vendeurs et la banque américaine d'une part et la Couronne Britannique de l'autre. Les vendeurs et la banque soutiennent que la cargaison est restée leur propriété, étant donné que les acheteurs n'avaient pas accepté ou payé la traite au jour de la saisie.

Sir Samuel Evans, juge de la Cour des prises, rend son jugement en faveur des vendeurs. Après avoir cité les différents précédents : Mirabita c. Imperial Ottoman Bank, Biddell c. E. Clemens Horst, il donne les motifs suivants à sa décision :

« Dans les circonstances de la présente affaire, les mar-
« chandises n'étaient pas au moment de la saisie passées
« aux acheteurs, mais les vendeurs s'étaient réservé sur
« elles un droit de disposition ou *jus disponendi* ; les
« marchandises restaient toujours en leur propriété et
« devaient le rester jusqu'à ce que les documents aient
« été présentés et acceptés par les acheteurs et que la
« lettre de change tirée pour le prix ait été payée » (1).

Tribunal arbitral mixte. — Le Tribunal arbitral mixte anglo-allemand (2) a considéré la question du même point de vue dans deux décisions du 17 octobre 1923 et du 23 janvier 1924 dont le rapprochement est intéressant. La partie anglaise était la même dans les deux espèces, mais se présentait dans l'une en qualité de vendeur, dans l'autre en qualité d'acheteur.

La propriété aux yeux du tribunal appartient à celui des contractants qui avait les documents en mains ; « la

---

(1) Fauchille, Basdevant et Léopold, *op. cit.*, « Miramichi », n° 12, p. 159 ; Kennedy, p. 149 ; Goitein, p. 64 ; Gibb, p. 30.

(2) *Revue de Droit maritime comparé*, t. VII, juillet-septembre 1924, Jurisprudence internationale, p. 72.

propriété ne pouvait être transférée que par la remise des documents ».

Les circonstances dans lesquelles se présentait la première espèce (vendeur allemand, acheteur britannique) sont assez particulières, en ce sens que les documents avaient bien été présentés aux acheteurs par les agents britanniques du vendeur, mais après l'ouverture des hostilités ; les acheteurs les avaient refusés.

Cette espèce est du reste curieuse à un autre titre, car elle semble rattacher la propriété à la détention du connaissement, notion abandonnée depuis l'affaire « Mirabita c. Imperial Ottoman Bank » (1).

Il serait intéressant de connaître la décision d'une Cour de prises dans une espèce analogue à celle de Mirabita c. Imp. Ott. Bk. Admettrait-elle que la propriété a pu être transférée par la simple manifestation de volonté d'un acheteur de payer même si les documents ne lui étaient pas présentés ? Nous n'avons pu découvrir de décision rendue dans ces conditions. Nous croyons qu'une juridiction telle qu'une Cour des prises doit surtout s'attacher à des indices pratiques et facilement déterminables, tels que la détention des documents, et ne peut se préoccuper de subtilités juridiques (2).

La jurisprudence anglaise adoptant la décision Mirabita c. Imperial Ottoman Bank codifiée dans le Sale of

(1) Cf. plus haut, p. 100.

(2) Cf. plus loin : en matière de gages.

Une décision analogue a été rendue en France par le Conseil des prises le 16 avril 1925 (Fauchille, *Prises françaises*, p. 32). « On « doit considérer comme propriétaire de marchandises saisies sur « navire neutre, celui qui figurant sur les connaissements et les « polices d'assurance comme chargeur de ces marchandises a seul « droit d'en disposer. »

Goods Act semble donc être fixée définitivement sur la détermination du moment où s'opère le transfert de propriété.

Une tendance nouvelle paraît pourtant prendre forme, et certaines décisions plus récentes semblent ne pas accepter sans restrictions la construction courante.

Critique de cette théorie. — Aussi bien faut-il le reconnaître, les critiques sont faciles (1).

La théorie primitive incorporant dans le connaissement le droit de propriété lui-même pouvait à la rigueur se défendre, mais la distinction plus récente entre la détention du connaissement avec l'intention de retirer les marchandises du contrat ou simplement à titre de sûreté du prix, les conséquences que la jurisprudence en a tirées, entraîneront fatalement une nouvelle évolution qui ne laissera plus rien subsister des explications classiques.

Rien de plus arbitraire, en effet, que cette distinction. Le vendeur, à moins d'être malhonnête, aura toujours l'intention d'exécuter son contrat. S'il fait rédiger le connaissement à son ordre, et s'il le conserve, ce ne peut être (en admettant qu'il aurait pu s'il l'avait voulu, indiquer un autre nom au capitaine) que pour garantir sa créance en paiement du prix. Il ne lui viendrait pas à l'idée de garder le connaissement pour pouvoir revendre la marchandise en cours de route à un meilleur prix. On ne comprendrait plus l'utilité de l'appropriation ni son rôle.

Le vendeur en conservant le connaissement a simple-

(1) L'auteur américain Williston en particulier critique l'interprétation britannique, dans son ouvrage sur les ventes, § 284, p. 416, note 81.

ment voulu se protéger contre une défaillance possible de l'acheteur.

Le critérium de la distinction entre le vendeur qui garde le connaissement avec l'idée de revendre les marchandises au préjudice de son acheteur, au cas où se présenterait une occasion favorable, et le vendeur qui, sans arrière-pensée, considère que son contrat de vente original doit être respecté et n'a pas l'espoir d'un supplément possible de gain, ne peut donc être qu'un critérium psychologique fondé sur la plus secrète intention du vendeur.

Mais de telles finesses ne peuvent être du domaine du Droit (1). Aussi bien les juges anglais se sont-ils attachés à un critérium plus facilement assimilable. Déduisant l'intention des actes qui la manifestent, ils considèrent que le vendeur a entendu dès l'origine retirer les marchandises si par la suite il les a effectivement retirées en en disposant à son bénéfice par une revente ou une mise en gage (2).

Au contraire, il n'aura voulu garder le connaissement qu'à titre de garantie du prix, s'il ne dispose pas des marchandises, et propose à l'acheteur de lui remettre les documents contre paiement ou acceptation de la traite.

(1) Le Chief Justice Brian déclarait déjà au xvᵉ siècle qu' « il est « notoire que la pensée d'un homme n'est point une chose que l'on « puisse prouver au tribunal, car le diable lui-même n'en connaît « pas le fond ».

(Lévy-Ullmann, *L'inexécution des contrats pour cause d'impossibilité dans le droit anglais, Annales de Droit commercial*, 1922, p. 48 et p. 53).

(2) Une mise en gage ne peut être assimilée à une vente, mais porte en soi un germe de vente, puisque le créancier peut revendre le gage en cas de non-paiement de la créance gagée.

Le seul résultat pratique de cette distinction est de mettre l'acheteur absolument entre les mains du vendeur et à sa discrétion.

Aucune certitude pour lui de devenir jamais propriétaire de marchandises, qu'en général pourtant il sera fermement décidé à payer.

Il nous paraît impossible, pour notre part, d'adopter cette distinction et d'attacher, suivant l'attitude prise par le vendeur, des conséquences diamétralement opposées à un fait matériel qui reste toujours le même. La rédaction du connaissement à l'ordre du vendeur qui le conserve ne peut être interprétée dans deux sens différents. Il faut choisir entre les deux conceptions de la jurisprudence britannique :

Si nous admettons que le vendeur peut retirer les marchandises du contrat, nous devons en déduire que par l'appropriation il ne prend aucun engagement quant à l'exécution du contrat. Il se réserve le droit de disposer de la cargaison à l'aide des documents qui la représentent, à son gré, et pour son compte, au moment qui lui conviendra, sans se préoccuper de savoir si l'acheteur est disposé à effectuer ou non le paiement. L'exécution du contrat reste alors entièrement soumise à la condition purement protestative de la bonne volonté du vendeur ou de sa fantaisie arbitraire. Pouvons-nous même dans ces conditions parler d'un contrat ? Nous ne voyons plus quelle serait l'étendue des obligations du vendeur : un simple engagement de présenter les documents s'il n'en a pas disposé dans l'intervalle au profit d'un tiers.

Bien naïf serait le commerçant qui continuerait à acheter en caf dans ces conditions.

Une autre conception nous paraît plus rationnelle.

Le vendeur ayant approprié des marchandises données

à son contrat, prend vis-à-vis de son acheteur l'engagement de les lui livrer contre paiement du prix.

Son obligation principale sera de lui présenter les documents. Si l'acheteur n'est pas en mesure de les lever, nous admettons fort bien que le vendeur, sous certaines conditions, puisse reprendre la libre disposition des marchandises. C'est dans cette pensée qu'il a conservé jusqu'à ce moment les documents créés à son ordre. S'il nous faut déjà faire intervenir une condition dans le contrat, nous retiendrons bien plutôt cet élément du non-paiement du prix que la notion du paiement du prix telle que semblent l'avoir comprise les décisions jurisprudentielles. Le droit de disposer du vendeur n'est pas absolu, mais soumis à la condition suspensive du non-paiement du prix.

Cette façon de concevoir l'exercice par le vendeur de son droit de disposer entraîne d'autres conséquences. La faculté que se réserve le vendeur, au lieu d'apparaître avec un caractère original, trouve sa place dans l'ensemble des garanties reconnues au vendeur de meubles dans n'importe quel contrat.

Aussi trouvons-nous trace de ces réflexions dans les décisions de jurisprudence plus récentes qui les mentionnent, tout au moins pour les discuter.

c) *Décisions plus récentes : Espèce Stein, Forbes et Cie c. County Tailoring C° (1).*

Vente de peaux de mouton caf Liverpool. Paiement comptant net contre documents à l'arrivée du vapeur. Connaissement à l'ordre de la banque du vendeur.

Les acheteurs refusent de lever les documents. Les

_____

(1) Stein, Forbes et C° c. County Tailoring C° (1917) ; Kennedy, p. 150 et suiv. ; Goitein, p. 65 ; Gibb, p. 30.

vendeurs attaquent en paiement du prix (ce qui implique transfert de propriété). Ils sont déboutés de leur demande ainsi présentée et renvoyés à faire une nouvelle demande pour dommages-intérêts.

Le vendeur soutenait que la propriété passait aux acheteurs dès que les marchandises étaient appropriées d'une façon inconditionnelle au contrat et que les documents étaient tenus à la disposition de l'acheteur.

Le juge Atkin jugea que des marchandises n'étaient pas appropriées d'une façon inconditionnelle si le vendeur n'entendait pas que l'acheteur puisse les avoir même sans les payer. Il développa sa pensée dans les termes suivants :

« Dans la présente affaire, les marchandises furent « chargées à New-York par les plaignants, le connaisse- « ment rédigé à l'ordre de la banque qui finançait l'opé- « ration pour les plaignants. A l'arrivée du navire, les « plaignants durent se procurer le connaissement des « banquiers, et comme les défendeurs ne voulaient pas « lever les documents, les plaignants durent se faire « délivrer les marchandises du navire. Il me semble tout « à fait évident que le vendeur ou son banquier s'étaient « réservé le *jus disponendi*. Il a été soutenu que la pro- « priété avait passé à l'acheteur par l'embarquement et « que le vendeur n'avait rien d'autre que le droit de « rétention du vendeur non payé (unpaid seller's lien). « Cette façon de voir me semble incompatible avec l'arti- « cle 19 du S. of G. A. 1893 et avec toute probabilité de « pratique commerciale.

« Il a été aussi soutenu que, quelque puisse avoir été « l'intention primitive, de toute façon la propriété passe « par l'appropriation de marchandises déterminées, soit

« dans le cas présent par les factures et la présentation
« des documents.

« Ce serait pour un commerçant une intention digne
« de remarque que de conserver la propriété au moment
« de l'embarquement dans le but de garantir le paiement,
« mais néanmoins d'abandonner la propriété en prenant
« les dispositions nécessaires pour obtenir ce paiement
« (c'est-à-dire par l'appropriation et la présentation)
« avant que le paiement ne soit réellement effectué. A
« mon avis, dans de telles circonstances, la conclusion
« normale est que le vendeur n'entend pas abandonner
« la propriété sinon contre paiement. Il me semble que
« cette façon d'envisager la question se trouve confirmée
« par les dispositions de l'article 19, § 3 de l'Act. »

Dans cette espèce, le juge Atkin n'avait examiné la
thèse des vendeurs que pour la discuter et la déclarer
finalement inacceptable.

Le « Parchim ». — Dans une affaire postérieure, le
procès de la prise du *Parchim* 1918 (1), le juge Lord
Parker se montre bien moins absolu et décide que la
propriété a été transférée aux acheteurs (hollandais) dès
l'embarquement, bien que le connaissement ait été rédigé
à l'ordre du vendeur (allemand).

« Les espèces anglaises sur la base desquelles fut rédigé
« le S. of G. A. semblent montrer que l'appropriation ne
« transférerait pas la propriété s'il apparaissait ou pou-
« vait être déduit des circonstances de la cause qu'il n'y

(1) Kennedy, p. 146 ; Gibb, p. 3o. La décision que nous citons est
le jugement d'appel. En première instance (le 1ᵉʳ novembre 1915),
il avait été jugé que la propriété n'était transmise que par la remise
des documents. Cf. Fauchille, Basdevant et Léopold, *op. cit.*, n° 76,
p. 395, n° 173, t. II, p. 375.

« avait pas chez le vendeur d'intention à cet effet. Si le
« vendeur prend un connaissement rédigé à son propre
« ordre et s'en sépare au profit d'un tiers différent de
« l'acheteur, et si ce tiers, en possession du connaisse-
« ment, se fait délivrer les marchandises, l'acheteur ne
« pourra pas être considéré comme ayant la propriété, ce
« qui lui permettrait d'obtenir la marchandise du tiers,
« bien que l'acte de disposition du vendeur ait été une
« flagrante violation du contrat (Cf. Wait c. Baker ; Gabar-
« ron c. Kreeft).

« Les choses me semblent être ainsi, parce que la con-
« duite du vendeur est incompatible avec toute intention
« de transférer la propriété à l'acheteur par le contrat
« suivi d'appropriation.

« D'un autre côté, si le vendeur n'use du connaisse-
« ment que pour garantir le paiement du prix, et sans
« l'intention de retirer les marchandises du contrat, il ne
« fait rien d'incompatible avec l'intention de transférer la
« propriété, et la propriété peut donc passer soit sur-le-
« champ et sujette au « lien » (1) du vendeur, soit sous la
« condition de l'exécution par l'acheteur de ses obliga-
« tions contractuelles (Cf. Mirabita c. Imperial Ottoman
« Bank, etc...).

« Il faut présumer *prima facie* dans un tel cas que la
« propriété ne sera transférée qu'au moment où l'acheteur
« exécutera ses obligations contractuelles, et non pas sur-
« le-champ sous réserve du « lien » du vendeur.

« Toutefois, dans la mesure où le but du vendeur, à
« savoir la garantie du paiement du prix, peut être atteint
« par la simple réserve d'un « lien », l'opinion que la pro-
« priété ne doit passer que si une condition est remplie,

(1) Cf. p. 222 l'explication du mot lien, sûreté du vendeur analogue à un droit de gage sur la marchandise.

« repose forcément sur une base fragile et peut être
« réfutée au moyen des autres circonstance de la cause. »

L'évolution de la jurisprudence est donc très nette.

Après avoir déclaré au début que la détention par le
vendeur d'un connaissement à son ordre avait pour résultat de « retirer les marchandises du contrat », elle est arrivée à ne plus voir dans ce fait qu'une simple garantie du
paiement du prix. Les conclusions au sujet du transfert du
droit de propriété en sont radicalement modifiées. Impossible, bien entendu, d'admettre que la propriété ait pu être
transférée avec la conception primitive ; maintenant, au
contraire, si à première vue la propriété ne passe toujours qu'au moment du paiement du prix par l'acheteur,
et sous cette condition, des circonstances de la cause
l'on pourra quelquefois conclure à un transfert de la
propriété antérieur au paiement, le vendeur n'ayant conservé que son « lien », droit simplement possessoire. La
question du transfert de la propriété doit donc être envisagée d'une façon différente suivant les conventions des
parties.

De nouvelles difficultés vont sans doute se présenter
sur ce point, mais puisque le principe est d'ores et déjà
admis, ce ne pourront être que des difficultés dans l'interprétation des termes d'un contrat, des discussions
sur des points de fait.

Il ne nous paraît du reste pas téméraire de croire que
la jurisprudence britannique continuera dans le même
sens l'évolution déjà commencée et finira par admettre
que dans un contrat caf la propriété se trouve transmise
à l'acheteur dès que l'appropriation est définitivement
effectuée.

Il est en effet très délicat de distinguer la vente conditionnelle dans laquelle le transfert de propriété est sus-

pendu jusqu'au paiement du prix, d'une vente ferme combinée avec un « lien » du vendeur au cas de non-paiement.

La différence n'apparaîtra que dans le droit du vendeur de disposer de la marchandise au moment de la défaillance de l'acheteur, droit qui serait plus étendu dans le premier cas que dans le second.

Une différence aussi minime ne peut justifier à elle seule le maintien de toutes ces distinctions. La conservation du connaissement par le vendeur s'explique suffisamment par son désir de garder un « lien » sur une cargaison. Il est inutile d'introduire ici la notion de droit de propriété. C'est dans ce sens que s'orientera vraisemblablement la jurisprudence britannique.

Mais, pour le moment, cette évolution n'est pas terminée et il faut avant tout examiner les clauses du contrat et voir dans quel sens il faut les interpréter : vente conditionnelle (transfert de la propriété sous condition du paiement du prix), ou vente pure et simple dans laquelle le vendeur ne retient le connaissement qu'à titre de « lien ».

d) *Résumé.* — En résumé, nous retiendrons que la jurisprudence admet que la rétention par le vendeur d'un connaissement rédigé à son ordre peut s'interpréter de trois façon différentes :

1° connaissement conservé avec l'intention de retirer les marchandises du contrat ;

2° Connaissement conservé sans cette intention, mais simplement à titre de garantie du paiement du prix, empêchant le transfert de la propriété ;

3° Connaissement conservé à titre de garantie du paiement du prix (« lien » du vendeur) n'empêchant pas le transfert de la propriété.

La distinction entre les deux dernières situations, simple question de fait, dépend de l'interprétation de la volonté des contractants.

Il nous reste à voir dans laquelle de ces catégories il faut faire entrer les contrats de la L. C. T. A.

e) *Le transfert de la propriété dans un contrat de la L.C.T.A.* — Il nous faut de suite éliminer la première des trois solutions proposées. Il est impossible de prétendre que le vendeur a conservé le connaissement avec l'intention de retirer la marchandise du contrat, c'est-à-dire en se réservant le droit de livrer la marchandise appropriée ou toute autre. La clause d'appropriation des proforma L. C. T. A., aux termes desquels le vendeur ne peut revenir sur un avis d'application régulièrement donné, suffit à elle seule pour écarter cette interprétation qui, du reste, tend de plus en plus à être abandonnée par la jurisprudence.

Il reste donc à choisir entre les deux autres conceptions. Nous avons vu qu'elles se distinguent au point de vue pratique par la facilité plus ou moins grande accordée au vendeur de reprendre la libre disposition de la marchandise en cas de défaillance de l'acheteur. Si la propriété n'a pas été transférée, le simple fait du non-paiement sera suffisant. Au contraire, si la propriété est passée à l'acheteur, le vendeur devra lui faire connaître son intention de se prévaloir des sûretés qui lui sont accordées par le contrat par une mise en demeure préalable.

Cette différence est minime, sans doute, mais comme nous l'avons vu, c'est le seul point par lequel se traduira dans la rédaction du contrat le choix fait par les parties entre ces deux constructions juridiques.

Or, dans les formules L. C. T. A. la clause spéciale de « Défaut » exige toujours que l'acheteur défaillant ait été prévenu par le vendeur de son intention de procéder à la revente.

Cette particularité pourrait peut-être paraître insuffisante. Nous la croyons satisfaisante dans cette matière reposant uniquement sur la recherche de l'intention des contractants. Du reste, il n'est utile de s'attacher à retrouver dans les clauses d'un contrat les traces de l'intention la plus secrète des parties que si l'on peut avoir des doutes sur cette intention. Toute interprétation devient inutile quand les parties ont pris soin elles-mêmes de préciser leur façon de concevoir les effets de la convention qu'elles ont signée. Tel est justement le cas pour les contrats de la L. C. T. A.

Un parère (1) rédigé à Londres le 1ᵉʳ novembre 1926 et portant la signature de dix-sept membres de la L. C. T. A. donne l'avis des intéressés eux-mêmes sur cette question du transfert de la propriété :

« *Nous, membres soussignés de la London Corn Trade* « *Association, certifions par les présentes qu'aux termes* « *du contrat caf imprimé de cette association, la propriété* « *des marchandises passe à l'acheteur dès l'instant où il* « *reçoit un avis valable d'appropriation.*

(s) dix-sept signatures. »

« *Je soussigné Stanley H. Titford, secrétaire de la* « *London Corn Association, certifie que les signatures* « *apposées aux présentes sont celles de maisons ou de* « *titulaires de maisons travaillant dans le commerce des* « *Grains et Membres de cette association.*

(s) Stanley H. Titford ».

(1) Un arrêt de la Cour de Paris du 7 janvier 1927, S. 1927.2.37, D. H. 1927, p. 139, fait état de ce parère.

Les contrats de la L. C. T. A. rentrent donc dans le nombre de ceux qui, suivant l'opinion du juge Lord Parker formulée dans l'espèce du *Parchim*, doivent s'interpréter comme admettant le transfert de la propriété malgré la rétention par le vendeur d'un connaissement émis à son ordre, dont le rôle est simplement de lui permettre d'exercer un « lien » sur les biens.

Le moment du transfert de la propriété est alors facile à déterminer. Seule la forme du connaissement pouvait être interprétée comme constituant un obstacle à ce transfert dès le moment de la spécialisation (S. of G. Act, art. 18). Puisque dans un contrat de la L. C. T. A. il ne faut pas envisager le rôle du connaissement de ce point de vue, la propriété passera dès que les meubles auront été définitivement appropriés au contrat et que l'acheteur aura accepté cette appropriation (S. of G. Act, art. 18, § 5).

Une question se pose alors : l'appropriation sera-t-elle définitive au moment où l'acheteur recevra l'avis d'appropriation ou bien seulement quand le vendeur recevra l'avis de son acheteur acceptant cette appropriation ?

La L. C. T. A. estime que le moment de la cristallisation du marché est celui où l'acheteur reçoit l'avis d'appropriation. Cette solution est conforme à l'analyse faite en droit anglais des contrats par correspondance ; ils sont considérés comme passés au lieu d'où a été expédiée la réponse qui rend le contrat parfait (1), et par conséquent aussi à ce moment.

Du reste, l'accusé de réception par l'acheteur d'un avis d'appropriation ne constitue pas une formalité substantielle de la vente. L'acceptation de l'acquéreur

(1) Delayen Homburg Chotiau, *Des marchés commerciaux*, p. 546, note *e*.

sera souvent tacite ; par négligence il omettra de faire retour au vendeur de cet accusé de réception. La propriété n'en sera pas moins transférée dès que l'acheteur aura reçu l'avis d'appropriation.

SECTION II

Transfert de la possession.

Il est donc possible de trouver un critérium certain du transfert de la propriété dans une vente caf conclue aux conditions de la L. C. T. A.

Mais chaque fois que l'intention des parties ne pourra pas être déterminée d'une façon aussi péremptoire, le juge devra se livrer à un examen approfondi du contrat litigieux et du jeu simultané de ses différentes clauses. Pour peu que leurs dispositions ne soient pas très claires, et le champ est libre à toutes les interprétations, le résultat d'une telle méthode ne peut être que la confusion et l'incertitude.

Ce regrettable état de choses provient en grande partie du fait que les auteurs et le juge anglais semblent avoir un peu perdu de vue la nature juridique du connaissement.

Il est assez remarquable que dans toutes les décisions que nous avons citées et les commentaires dont elles ont été l'objet, le mot de *possession* n'ait pas été employé une fois.

Le connaissement n'a jamais été envisagé qu'au point de vue de la propriété. Son rôle quant à la possession des marchandises a été complètement laissé de côté.

C'est pourtant là, croyons-nous, que doit se trouver la solution de tout le problème.

Ces notions ne sont pourtant pas nouvelles et ont été

très minutieusement étudiées tant dans les ouvrages sur les documents maritimes (1) que dans ceux qui traitent plus spécialement des ventes.

Une image couramment employée rend très bien cette idée :

« Le connaissement est la clé qui entre les mains d'un « propriétaire régulier doit ouvrir la porte du magasin « flottant ou terrestre (2). »

La définition légale pour être moins imagée n'en est pas moins nette. Elle est donnée dans l'article 62 du S. of G. Act 1893 qui reproduit sur ce point l'article 1, § 4 du Factors' Act 1889.

« L'expression titre de propriété (document of title) « comprend tout connaissement, dockwarrant, certificat « de reçu d'entrepôt, et warrant pour la délivrance de « marchandises, et tout autre document utilisé d'habi- « tude dans les affaires *comme preuve de la possession ou « du contrôle des marchandises*, ou autorisant ou ayant « pour but d'autoriser soit par endossement, soit par « remise le possesseur des documents à transférer ou « recevoir les marchandises représentées. »

De cette symétrie entre la possession des marchandises et la détention du connaissement, il s'ensuit que la remise des documents entraîne transfert de la possession des marchandises.

---

(1) Scrutton, *The contract of affreightment as expressed in charter parties and Bills of Lading*, 7ᵉ édit. Londres, 1914.

(2) Opinion du juge Bowen, dans l'espèce Sanders c. Maclean ; Kennedy, p. 2 et 3 ; Gibb, p. 5 ; Chitty, *On contracts*, Londres, 1904, p. 370, étudie le rôle du connaissement au point de vue du transfert de la possession en exécution d'un gage.

Sect. 3 du Factors Act : « Une mise en gage des titres de propriété « de marchandises est réputée être une mise en gage de ces mar- « chandises. »

Cette notion a du reste été mise à contribution pour faire entrer la vente caf dans le cadre général du S. of G. Act sans avoir besoin de recourir à la théorie qui veut faire de la vente caf une vente de documents (1).

L'article 28 du S. of G. Act prévoit que la délivrance des meubles et le paiement du prix sont en règle générale des conditions « concomitantes ».

Dans la vente caf, le paiement s'effectue contre remise des documents. C'est donc cette remise des documents qui constitue la délivrance des marchandises.

Dans l'espèce *Biddel Bros c. E. Clemens Horst et C°* *1911* (2) le juge Kennedy expose son opinion dans les termes suivants :

« D'après la section 28 du S. of G. Act 1893 et d'après « la Common law, l'offre de délivrance (tender of delivery) « donnant au vendeur le droit d'exiger le paiement doit « être, en l'absence de dispositions contractuelles diffé- « rentes, une offre de transférer la possession. Comment « dans un contrat caf une telle offre peut-elle être réali- « sée pour des marchandises flottantes ? Par l'offre du « connaissement, accompagné d'une police d'assurance « pour le cas où les marchandises périraient en cours de « route. Le connaissement en droit et en fait représente « les marchandises. La possession du connaissement met « les marchandises à la disposition de l'acheteur. Le sens « de délivrance (delivery) d'après le S. of G. A. est défini

---

(1) Cette théorie soutenue en Angleterre notamment par le juge Scrutton a été très fortement critiquée et remplacée par la théorie qui voit dans la vente caf un contrat de vente de marchandises, qui doit s'exécuter par la délivrance de documents. Cf. Goitein, p. 2 et 3 ; Kennedy, p. 23 ; Gibb, p. 15, 34.

(2) Goitein, p. 65 et suiv. ; Kennedy, p. 12 et suiv. ; Gibb, p. 20, 22, 29.

« dans la section 62 comme « un transfert volontaire de
« la possession d'une personne à une autre ». Une telle
« délivrance peut être soit réelle (actual), soit symboli-
« que (constructive) comme l'indique Chalmers (Sale of
« Goods Act 1893, 7ᵉ d., p. 140) et suivant la décision du
« juge Bowen rendue dans le cas de marchandises flot-
« tantes, la délivrance du connaissement opère comme
« une délivrance symbolique des marchandises. »

L'emploi de la formule « délivrance symbolique » ne
doit pas faire croire à une restriction dans le transfert
de la possesion. Au point de vue juridique, il n'y a pas
d'opposition entre « délivrance symbolique » et « délivrance réelle ». Ces deux expressions différentes correspondent à deux états de fait différents et marquent simplement que le possesseur en vertu d'un document n'a
pas la détention de la marchandise, exercée pour son
compte par le capitaine du navire sur lequel elle a été
embarquée.

Dans son *Digest of English Civil Law*, Jenks va
même jusqu'à dire que le transfert du connaissement a
pour effet de transférer la possession réelle (1).

Cette question de pure terminologie n'a du reste aucun
intérêt, et les partisans de l'un ou l'autre des adjectifs se
trouvent d'accord sur les conséquences du transfert de
la possession au point de vue des rapports réciproques
des deux parties et en particulier sur le droit d'examen
des marchandises par l'acheteur au moment du débarquement (2).

En résumé, la jurisprudence et la doctrine ont des
opinions identiques sur les droits de possession que

(1) Jenks, § 1562 ; cf. sur la question en droit français : Georges
Marais, *Du crédit documentaire*, et spécialement p 64 et 65.
(2) Cf. plus loin, p. 200.

confère la détention d'un connaissement à son porteur, et c'est presque devenu une banalité que d'assimiler dans la vente caf ces deux éléments.

Envisagées de ce point de vue, les situations du vendeur et de l'acheteur caf apparaissent notablement simplifiées et la question du moment du transfert de la propriété peut être tant soit peu négligée.

Droit de disposer. — Les auteurs anglais ont été, en effet, frappés du fait que le vendeur tant qu'il était porteur des connaissements pouvait disposer à son gré des marchandises : d'où la nécessité de faire intervenir la notion de « réserve à son profit du droit de disposer » et partant de la propriété dont il est un des éléments primordiaux.

Ces subtilités étaient parfaitement inutiles en faisant intervenir la notion de possession exercée par l'intermédiaire du connaissement.

Le vendeur tant qu'il détient le connaissement se trouve dans la situation du possesseur de meubles, et la possession elle-même lui confère un certain nombre de droits consacrés par la Common law et les textes législatifs, droits dont l'ensemble constitue un pendant de ceux que la loi française réunit dans l'article 2279 du Code civil et la formule générale :

« *En fait de meubles possession vaut titre* ».

Quand l'on déclare que le vendeur en possession des documents peut disposer des marchandises, on ne fait que constater un fait. Le droit de disposer (right of disposal) n'est pas à vrai dire un droit, ce n'est qu'une possibilité matérielle. Le sens qu'il faut attribuer à cette expression est clairement établi dans l'article 25 § 1 du S. of G. A. reproduisant le Factors'Act 1889.

Article 25, § 1 :

« Cas d'un vendeur qui resté en possession des meu-
« bles vendus ou des titres de propriété les délivre ou
« les transfère à un tiers en exécution d'un contrat de
« vente, de gage, etc., si le tiers reçoit les meubles de
« bonne foi (1) et sans avoir connaissance de la précé-
« dente vente, cette délivrance ou ce transfert opèrent
« comme si ces actes avaient été passés avec l'autorisa-
« tion expresse du propriétaire des meubles. »

Cette disposition légale limite donc le droit de l'acheteur primitif spolié, à une demande en dommages-intérêts contre son vendeur incorrect. Aucun droit de suite
n'est accordé sur les marchandises elles-mêmes à cet
acheteur qui est le propriétaire (argument... avec l'autorisation expresse du propriétaire des meubles).

C'est dans ces conditions et dans les limites des rapports d'un nouveau contractant de bonne foi avec l'acheteur primitif — propriétaire légitime — que l'on pourra
donc considérer que le vendeur a gardé par la possession
du connaissement un droit de disposer de la marchandise (2).

Deux situations ont été soigneusement distinguées
par la loi anglaise : 1° Connaissement rédigé au nom du
vendeur ou à son ordre ; 2° Connaissement rédigé au
nom de l'acheteur ou à son ordre.

Cette observation n'est pas sans intérêt. Il faut en effet

(1) Une chose est supposée faite de bonne foi, aux termes de cet
Act, quand elle est faite honnêtement, que ce soit avec négligence
ou non. S. G. Act 1893, section 62 (2).

(2) Cf. sur toute cette question l'ouvrage de Hector Mackay, *La
revendication des meubles en droit anglais par comparaison avec le
système français.* Collection d'études théoriques et pratiques de Droit
étranger, de Droit comparé et de Droit international publiée sous
la direction de M. Henri Lévy-Ullmann, Paris, 1924.

distinguer suivant que le connaissement a été établi à l'ordre du chargeur (vendeur) ou à l'ordre de l'acheteur.

Le droit de disposer du vendeur sera certainement différent dans un cas et dans l'autre. Mais il est inutile de faire intervenir ici la notion de propriété. Le droit de disposer que nous aimerions mieux appeler la « facilité de disposer » dépend uniquement de la possession. Et c'est la nature de la possession qui diffère suivant le nom qui est inscrit dans le connaissement et la forme de ce titre.

Nous allons examiner successivement les différents cas qui peuvent se présenter en pratique.

Nous négligerons le cas du connaissement rédigé au nom du vendeur sans porter la clause à ordre ; il ne se présentera que très exceptionnellement. Un tel document ne constituerait pas un titre négociable.

Nous retiendrons simplement les trois cas suivants :

1° connaissement à l'ordre du vendeur ;

2° connaissement au nom de l'acheteur ;

3° connaissement à l'ordre de l'acheteur.

1° Connaissement à l'ordre du vendeur. — Le vendeur porteur d'un connaissement rédigé à son ordre peut se faire passer pour le propriétaire de la cargaison. Il est très facile pour lui de disposer de la marchandise au détriment de son acheteur primitif. Ces opérations, à la condition qu'elles aient été traitées avec un tiers de bonne foi, sont protégées par le Factors' Act et le S. of G. Act, article 25. Ce tiers s'est fié à la possession du vendeur qui résultait de la forme du titre. La régularité de la possession couvre l'irrégularité de l'opération.

Il est inutile pour arriver à ce résultat de prétendre que le vendeur était encore propriétaire.

2° *Connaissement au nom de l'acheteur.* — Il est impossible au vendeur ayant retenu le connaissement de se faire passer pour le propriétaire ; le titre lui-même démentirait son affirmation mensongère. Bien plus, le vendeur n'a plus même la possession de la marchandise. Le capitaine peut en effet, à l'arrivée, livrer la cargaison à la personne dénommée sur simple justification de son identité et sans exiger la production du titre. Le connaissement ne représente plus les marchandises. Ce document non négociable sert uniquement de preuve du contrat de transport. Il permettra au réceptionnaire d'attaquer le capitaine, s'il manque à ses obligations et délivre par exemple une marchandise endommagée par sa faute.

Mais entre les mains de tout détenteur autre que l'acheteur dont le nom y est mentionné, un tel connaissement se révélerait un papier sans valeur ne donnant aucun droit à la délivrance de la marchandise.

Le vendeur dans ce cas n'a pas la possession de la marchandise embarquée. Le capitaine est détenteur pour compte de l'acheteur possesseur légal.

Il est bien évident que les opérations, tractations frauduleuses, d'un vendeur ne pourront être protégées par le Factors'Act ou le S. of G. Act, article 25 qui ne s'appliquent qu'aux opérations d'un *possesseur* avec un tiers de bonne foi.

3° *Connaissement à l'ordre de l'acheteur.* — La situation est sensiblement la même si le connaissement établi au nom de l'acheteur porte la clause à ordre. La simple lecture d'un tel document permettra également à un tiers, acquéreur éventuel, de se rendre compte que le vendeur n'est plus propriétaire des marchandises qu'il propose.

La raison est identique, il n'a pas la possession de la cargaison.

Il est difficile de préciser qui est le vrai possesseur.

Quand le connaissement porte la clause à ordre, le capitaine doit en effet en exiger la production avant d'effectuer la délivrance. La simple justification de son identité par l'acheteur ne suffirait pas pour lui permettre de se faire remettre les marchandises, s'il ne peut en même temps présenter le document. On ne peut donc le considérer comme le possesseur légal de la cargaison.

A dire vrai, l'acheteur pas plus que le vendeur n'a la possession légale dans ce cas, mais chacun d'eux peut faire obstacle à la possession de l'autre. En particulier, la rétention du document constitue pour le vendeur une sécurité appréciable et une garantie du paiement du prix, mais elle ne lui accorde pas la possession et ne lui permet donc pas de conclure avec un tiers des opérations que couvrirait le Factors' Act ou le S. of G. Act, art. 25.

En résumé, la distinction capitale du S. of G. Act anglais se ramène à fort peu de chose. Elle revient à constater que la possessisn en vertu d'un connaissement dépend de deux choses :

1° Le possesseur doit avoir le titre entre ses mains ;

2° Le connaissement doit donner le nom du possesseur (avec ou sans clause à ordre).

Un seul de ces deux éléments est insuffisant pour conférer la possession légale qui ne résulte que de leur coexistence. En particulier, le porteur d'un connaissement qui ne le désigne pas comme destinataire n'est pas en possession de la marchandise embarquée. Il ne pourra donc pas disposer de la cargaison, le tiers n'aurait pas droit à la protection légale qui ne s'attache qu'au contractant de bonne foi ayant traité avec le possesseur.

Comme nous l'avons déjà fait remarquer, le droit de disposer n'est rien d'autre que la « faculté de disposer ». Les actes de disposition exercés par le possesseur au mépris des droits du propriétaire légitime étant couverts par le S. of G. Act, article 25, une opération traitée avec un tiers de bonne foi produira donc tous les effets juridiques qu'aurait entraînés cette opération conclue avec le propriétaire légitime.

Situation similaire de l'acheteur. — La situation correspondante peut se rencontrer chez l'acheteur.

Supposons en effet (et c'est l'hypothèse de l'article 19, § 3 du S. of G. Act) que le vendeur imprudemment endosse le connaissement à l'ordre de l'acheteur et le lui envoie accompagné d'une traite du montant de la facture. Cet acheteur peu scrupuleux garde le connaissement sans faire honneur à la traite. La propriété ne lui est pas transférée, soit, mais il n'en aura pas moins la possession. Et cette possession en elle-même lui procurera certains droits et certains avantages que prévoit l'article 25, § 2 du S. of G. Act.

Article 25, § 2. — « Cas d'un individu qui, ayant acheté « ou convenu d'acheter des meubles et obtenu avec le « consentement du vendeur la mise en possession de ces « meubles ou des titres de propriété, les délivre ou les « transfère à un tiers en exécution d'un contrat de vente, « de gage, etc... Si ce tiers reçoit les meubles de bonne « foi, et sans avoir connaissance d'aucune charge ou « autre droit sur les meubles au profit du vendeur pri- « mitif, cette délivrance ou ce transfert opèrent comme si « celui qui a fait la délivrance ou le transfert agissait « comme commissionnaire (1) (mercantile agent) posses-

____

(1) Mercantile agent. Définition : l'article 25 § 3 du S.G. Act 1893

« seur des meubles ou des titres avec le consentement du
« propriétaire. »

La détention par l'acheteur du connaissement à son
ordre lui confère donc la possession des marchandises
et en vertu de cette possession, les opérations qu'il
pourra conclure avec un tiers de bonne foi produiront
au point de vue de l'acquisition par le tiers de la propriété le même effet que si elles avaient été conclues
avec le propriétaire légitime (1).

La seule difficulté d'interprétation peut porter sur le
sens de la formule « Obtenu avec le consentement du
vendeur ».

Cette question a été résolue dès 1899 par la jurisprudence dans l'espèce *Cahn et Mayer c. Pockett's Bristol
Channel Steam Packet C*o (2).

La Cour d'appel décida qu'il suffisait que l'acheteur
ait reçu à l'origine les documents, du consentement du
vendeur, bien que ce consentement ait pu avoir disparu
par la suite. Le seul cas dans lequel l'article 25 du S. G.
Act ne pourrait pas s'appliquer est donc celui où l'ache-

renvoie au Factors'Act 1889, section 1 (1).

« Mercantile agent » est un commissionnaire ayant, dans le cours
ordinaire de ses opérations commerciales traitées en cette qualité,
pouvoir de vendre des marchandises ou de les consigner en vue
d'une vente, ou d'acheter des marchandises ou de se procurer des
fonds en donnant des marchandises comme garanties.

(1) On retrouve dans cet article 19 § 3 trace de la confusion courante entre propriété et possession. L'article 19 § 3 est général et
s'applique aussi bien au connaissement rédigé à l'ordre du vendeur
et endossé par la suite, qu'au connaissement rédigé dès l'origine à
l'ordre de l'acheteur et, dans ce dernier cas, la propriété est réputée
avoir passé dès l'embarquement. Il y a là une contradiction.

(2) Kennedy, p. 130 et suiv. ; Gibb, p. 31 ; et les autres décisions
de jurisprudence citées par Kennedy, p. 130, note (*f*) et p. 133,
notes (*n*) (*o*) (*p*), p. 134, note (*q*).

teur aurait été mis en possession des documents par des manœuvres frauduleuses.

Dans son jugement, le juge Collins précisa très clairement la différence entre propriété et possession et la similitude de leurs effets.

« Le Factors'Act 1889 auquel on se réfère dans cette « espèce, et dont une partie a été reproduite dans le « S. of G. Act, est le dernier d'une série de « statutes » par « lesquels ont été graduellement étendus les pouvoirs « qu'ont des simples possesseurs de marchandises ou de « titres de propriété, non propriétaires, d'en transférer la « propriété à des acheteurs de bonne foi. Le point essen- « tiel est qu'ils ont la possession mais non la propriété « de la chose dont ils disposent. Du point de vue d'un « acheteur de bonne foi, le pouvoir apparent fondé sur le « fait de la possession est le même, que le possesseur « soit ou non, au moment de l'opération, propriétaire de « la chose avec le droit d'en disposer. »

C'est cette conclusion qu'il faut adopter. Elle s'applique aussi bien à la possession du vendeur qu'à celle de l'acheteur. La possession leur permettra à tous deux de disposer, au détriment de l'autre partie, de marchandises dont ils ne sont pas propriétaires. La sécurité des tiers contractants de bonne foi exige cette solution rigoureuse qui est identique à celle donnée en Droit français à cette question (1).

Les décisions des Cours de Prises. — Cette analyse des effets du contrat permet aussi d'expliquer les décisions rendues par les Cours des Prises maritimes.

Une telle juridiction doit juger rapidement. Elle se

(1) Dans son ouvrage précité, Mackay conclut à l'identité des solutions admises en droit français et en droit anglais.

flatte de rechercher le véritable propriétaire des marchandises. Et pourtant elle attache à la détention des connaissements un effet absolu et considère que la détention des documents entraîne la propriété. Elle paraît donc rechercher plutôt quel est le possesseur.

Et cela nous paraît très logique. L'Etat duquel ressortit le navire capteur (la Couronne Britannique) doit être considéré comme un tiers dans l'opération de vente intervenue. Comme tout tiers, il a le droit d'être protégé par l'article 25 du S. of G. Act et peut se fier à la possession. Si donc un vendeur ennemi a encore les documents entre les mains, l'Etat capteur pourra valablement mettre l'embargo sur des marchandises déjà devenues propriété d'un acheteur ami. Ce critérium offre de plus le mérite de la simplicité, qualité que ne peut négliger une Cour de Prises (1).

Conclusion sur le transfert de la propriété et le transfert de la possession. — En résumé, le Sale of Goods Act de 1893 ne nous paraît pas suffisant pour expliquer les différentes opérations auxquelles donne lieu l'exécution d'un contrat caf. Certaines de ses dispositions apparaissent même à vrai dire contradictoires. Nous en trouverons un exemple de plus en examinant les recours des parties et le « lien » du vendeur.

Ces difficultés d'interprétation proviennent toutes de l'effet attaché à la forme du connaissement et à la reconnaissance de ce prétendu « droit de disposer ». Il fait

(1) A titre d'exemple de cette recherche de la simplicité, dans les affaires qu'elles ont à juger, les Cours de Prises refusent de reconnaître les droits de gage. Fauchille et Basdevant, *op. cit.* Espèce du « Marie Glaeser », 16 septembre 1914, p. 8, n° 4 et la jurisprudence antérieure. Cf. également les espèces « Odessa », « Cape Corso », p. 107 et p. 431.

double emploi avec l'article 25 s'il constate simplement
que le possesseur peut se faire passer pour le propriétaire. Si on lui fait jouer un rôle dans la transmission
de la propriété, cette question fort simple en elle-même
devient étonnamment obscure et compliquée.

Ce n'est pas une méthode heureuse que de combiner
la propriété et la possession comme l'a fait la loi anglaise.
Seules les solutions extrêmes sont défendables. Ou bien
il faut décider que la propriété ne peut être transférée
que par la mise en possession, — c'est la théorie romaine,
— ou bien il faut admettre que propriété et possession
forment deux éléments distincts dont le transfert peut
s'exercer indépendamment l'un de l'autre. Telle est la
solution française. L'Act anglais paraît adopter la solution française (art. 17, 18), puis en ruine l'harmonie
par des dispositions de détail dont le législateur n'a
peut-être pas remarqué dès l'abord toutes les conséquences au point de vue théorique. L'ensemble tout entier
manque d'unité. Aussi, comme nous l'avons vu, la jurisprudence britannique semble-t-elle ne pas tenir bien
grand compte de ces dispositions législatives qu'elle cite
rarement, préférant, suivant une tradition bien établie,
se référer aux précédents.

SECTION III

Droit américain.

Ces critiques ne peuvent plus être adressées aux conceptions du droit américain, que nous allons brièvement
examiner, bien que cette question sorte à vrai dire du
cadre de la présente étude.

Les indications que nous pourrons en tirer seront des
plus intéressantes.

En particulier, nous trouverons une confirmation certaine de l'opinion donnée par le juge Lord Parker (e spèce du « *Parchim* ») sur les diverses interprétations que peut comporter la rétention par le vendeur d'un c onnaissement rédigé à son ordre, dans les études consacrées à cette question par la Doctrine américaine (1), é tudes qui ont abouti à la rédation de l'Uniform Sales A ct qui consacre ces solutions.

La section 20 de l'Act qui règle cette question est la suivante :

« Paragraphe 1er. — Lorsqu'un contrat de vente porte « sur des choses déterminées ou que des choses sont « par la suite appropriées au contrat, le vendeur peut, « dans le contrat ou l'appropriation, se réserver le droit « de propriété des marchandises jusqu'à ce que certaines « c onditions aient été remplies. Ce droit de propriété « peut être réservé malgré la délivrance des choses à « l'acheteur ou à un transporteur ou autre détenteur « pour compte dans le but de transmission à l'acheteur.

« Paragraphe 2. — Quand des marchandises sont « embarquées et que le connaissement porte que la délivrance en sera faite au vendeur ou à son agent, ou à l'ordre du vendeur ou de son agent, le vendeur se réserve « la propriété des marchandises.

« Mais si seule la forme du connaissement a empêché « le transfert de la propriété à l'acheteur dès l'embarquement, on considérera que le droit de propriété du ven-

---

(1) Samuel Williston, professeur de Droit à l'Université de Harward, préparait dès 1902 un « Act to make uniform the law of sales », qui, adopté successivement par différents Etats, est devenu le droit commun des ventes. Son ouvrage *The law governing Sales of Goods at common law and under the Uniform Sales Act*, connu sous le titre abrégé de *Williston on Sales*, fait autorité aux Etats-Unis.

« deur n'a d'autre but que de garantir l'exécution par
« l'acheteur de ses obligations contractuelles.

« Paragraphe 3. — Quand des marchandises sont
« embarquées et que le connaissement porte que la déli-
« vrance en sera faite à l'ordre de l'acheteur ou de son
« agent, si le vendeur ou son agent reste en possession
« du connaissement, le vendeur se réserve par là un
« droit à la possession des marchandises à l'encontre de
« l'acheteur.

« Paragraphe 4. — Quand le vendeur de marchandises
« tire une lettre de change sur l'acheteur pour le prix et
« transmet ensemble la lettre de change et le connaisse-
« ment à l'acheteur pour obtenir l'acceptation ou le paie-
« ment de la lettre de change, l'acheteur est tenu de
« retourner le connaissement s'il n'honore pas la lettre
« de change et s'il retient à tort le connaissement, il
« n'acquiert de ce chef aucun droit supplémentaire.

« Si toutefois le connaissement porte que les marchan-
« dises seront délivrables à l'acheteur ou à son ordre,
« ou s'il est endossé en blanc, ou endossé à l'acheteur par
« la personne qui y est nommée, un acquéreur de bonne
« foi et à titre onéreux (for value) qui achèterait le con-
« naissement ou les marchandises de l'acheteur devien-
« drait propriétaire des marchandises, bien que la lettre
« de change n'ait pas été honorée, pourvu que cet acqué-
« reur ait reçu délivrance du connaissement endossé par
« le consignataire dont le nom y figure, ou des marchan-
« dises sans connaissance des faits qui rendent le trans-
« fert incorrect. »

Si nous ajoutons à ce texte les sections 17 et 18 de
l'Act (1), nous aurons tous les éléments nous permettant

(1) *Section 17.* — Dans la vente de meubles indéterminés, nulle
propriété n'est transmise à l'acheteur jusqu'à la détermination,

de connaître la construction juridique d'une vente caf envisagée du point de vue du droit américain.

Application à la vente caf. Connaissement à l'ordre du vendeur. — En principe, la propriété est transférée dès le contrat de vente ou l'acte d'appropriation (S. 17 et S. 18).

Mais ce transfert peut être renvoyé jusqu'après l'exécution de certaines conditions (l'embarquement p. ex.) (S. 20, § 1).

A ce moment même, le vendeur peut encore se réserver la propriété, par exemple en se faisant délivrer, au moment de la mise à bord, un connaissement à son nom (1) ou à son ordre.

Il manifeste par là son intention de mettre obstacle au transfert immédiat de la propriété.

Cette situation correspond à celle que le droit anglais interprète comme preuve de l'intention du vendeur de « retirer les marchandises du contrat ».

Une autre situation peut se présenter : le vendeur peut n'avoir choisi cette forme du connaissement que pour se ménager une garantie du paiement du prix. La loi américaine ne distingue pas les deux cas différents, que nous avons notés dans la jurisprudence britannique (2). L'article 20, § 2 s'applique uniformément. A condition que la rédaction du connaissement constitue le seul obstacle au transfert de la propriété, et que les autres

mais la propriété d'une partie indivise de meubles déterminés peut être transférée, comme prévu à la section 6.

Section 18. — Identique à la section 17 de l'Act anglais.

(1) Cf. *suprà*, p. 95, note 1, le vendeur ne fera pas établir de connaissement uniquement à son nom, qui ne porterait pas la clause à ordre, un tel document ne constituant pas un titre négociable.

(2) Cf. *suprà*, p. 114.

circonstances de l'espèce soient telles qu'elles ne puissent créer aucune difficulté à ce sujet, la loi des Etats-Unis décide que le vendeur ne conservera plus qu'une propriété spéciale.

Cette propriété est spéciale en ce sens qu'elle est limitée au but à atteindre : la garantie de l'exécution par l'acheteur de ses obligations contractuelles, obligations dont la principale est le paiement du prix.

Dans ces conditions, la propriété conservée par le vendeur n'est donc pas absolue. Elle est limitée à certains de ses éléments. Tous les autres sont allés se fixer sur la personne de l'acheteur.

Williston (1) développe ce raisonnement dans les termes suivants :

« Si le chargeur avait été parfaitement certain de l'exé-
« cution par l'acheteur de ses obligations contractuelles,
« il est indubitable qu'il lui aurait directement consigné
« les marchandises.

« Les effets de sa propre désignation comme consi-
« gnataire dans le connaissement ne doivent pas dépas-
« ser le but que se proposaient les parties. Ce but est de
« réserver la propriété à titre de garantie seulement, il
« est le même que celui du créancier hypothécaire (mort-
« gagee) saisi d'un titre de propriété en vertu d'un mort-
« gage au Common law.

« Cette distinction entre le cas où le titre de propriété
« est détenu simplement à titre de garantie, et le cas
« habituel où le vendeur se réserve les pleins droits de
« propriété, présente un double intérêt :

« 1) *Primo*, celui qui a la propriété utile (non pas celui
« qui détient le titre en tant que sûreté) supporte les ris-

____

(1) Williston, § 284.

« ques de perte ou de détérioration. Dans ce cas, c'est
« donc l'acheteur (Cf. § 300) (1).

« 2) *Secundo*, l'acheteur a plus qu'un simple droit con-
« tractuel sur les marchandises. Son droit est un droit
« de propriété équitable (equitable property) semblable
« à celui du débiteur (mortgagor) dans les législations
« où l'on considère le créancier hypothécaire (mortgagee)
« comme ayant le titre légal. »

La conclusion tirée par Williston de ce droit de propriété de l'acheteur, droit supérieur à un simple droit
contractuel, est importante au point de vue de l'action
que l'acheteur pourra intenter au cas d'inexécution de
ses obligations par le vendeur.

Si le vendeur refuse de transférer la propriété, l'acheteur sans droit sur les marchandises ne pourrait intenter
qu'une action en dommages-intérêts pour rupture du
contrat.

Au contraire, un droit de propriété (même embryon-
naire) lui donne la faculté de réclamer les marchandises
elles-mêmes, en proposant de son côté de satisfaire à
ses obligations (2). Après avoir fait offre du prix, l'acheteur peut donc exercer une action *in rem* si le vendeur
refuse par exemple d'endosser les connaissements.

*Comparaison entre la situation du vendeur et celle d'un
tiers ayant escompté la traite documentaire.* — Dans le
même ordre d'idées, Williston (3) considère également
la situation respective du vendeur, de l'acheteur et d'un
tiers (une banque en général) endossataire d'un connais-

(1) Cf. plus loin, p. 141, note 1.
(2) Cette situation est celle de l'espèce Mirabita c. Imperial Ottoman Bank.
(3) Williston, *op. cit.*, § 284.

sement avec mission de le remettre à l'acheteur contre paiement ou acceptation d'une traite.

Dans ces conditions, note Williston, il a été reconnu que le tiers consignataire a la propriété légale (legal ownership) des marchandises, mais que l'acheteur a une propriété spéciale, spéciale en ce sens que c'est une propriété équitable sous condition du paiement de la dette, paiement que garantit la rétention du titre légal.

Cette interprétation s'impose parce que le tiers n'a aucun autre intérêt dans la cargaison que la garantie du remboursement des fonds avancés par lui au vendeur.

Le vendeur, de son côté, n'a plus d'intérêt dans l'opération, son prix lui ayant été payé par le tiers. Le seul intéressé reste donc l'acheteur qui, lui, supporte les risques (1).

Les deux situations paraissent identiques à l'auteur américain : que le vendeur ait conservé le connaissement ou qu'il l'ait remis à un banquier, contre paiement. Ces opérations financières absolument accessoires, traitées en dehors du contrat de la seule volonté du vendeur, sans même que l'acheteur en ait eu connaissance, ne peuvent avoir d'influence sur un fait juridique : le transfert de la propriété.

Du moment que l'on admet que le tiers porteur des connaissements n'a sur les marchandises qu'un droit limité au paiement de ses avances, les autres éléments de la propriété se trouvant chez l'acheteur, il s'ensuit qu'avant cette opération traitée avec une banque, le vendeur n'avait que ce même droit limité, car sinon on ne pourrait comprendre à quel moment s'est produit ce démembrement dans le droit de propriété.

(1) Williston, *op. cit.*, § 303.

La conclusion de Williston (1) est donc formelle :

« Quand le vendeur fait rédiger le connaissement à son
« ordre, son intention est identique à celle qu'il aurait
« en faisant porter au connaissement le nom d'un tiers,
« et les tribunaux devraient analyser ces deux opérations
« de la même façon. De même que le tiers consignataire
« n'a le « legal ownership » que pour garantir le paie-
« ment de son prix, le vendeur ne s'est réservé le droit
« de propriété que dans la même intention. Dans les deux
« cas, tout autre intérêt dans les marchandises est pour
« l'acheteur. »

Toutes ces opérations peuvent s'analyser au fond,
sinon dans la forme, *comme une vente à l'acheteur suivie
de la remise par celui-ci au vendeur des biens vendus, à
titre de sûreté du prix* (2).

*Connaissement à l'ordre de l'acheteur retenu par le
vendeur.* — La situation du vendeur conservant un connaissement établi à l'ordre de l'acheteur est analogue
(S. of G. Act, Section 20 § 3). Le vendeur se réserve par
là un droit à la possession des marchandises à l'encontre
de l'acheteur.

Ce droit à la possession est moins étendu que le droit
du vendeur ayant un connaissement établi à son ordre.
Cette différence dans les termes correspond à une différence de fait et constate la difficulté que le vendeur aurait à négocier un document portant le nom de l'acheteur comme destinataire.

Mais les deux modalités différentes entre lesquelles le
vendeur peut choisir pour se ménager une sûreté du prix
sont comparables.

(1) Williston, *op. cit.*, § 284.
(2) Williston, *op. cit.*, § 303.

Résumé. — Au point de vue du droit américain, la propriété passe à l'acheteur dans un contrat caf dès que des marchandises spécialisées ont été embarquées.

L'acheteur une fois devenu propriétaire pourra conférer à son vendeur un droit réel sur les biens. Ce droit réel sera un démembrement de la propriété, « une propriété spéciale » si le connaissement est à l'ordre du vendeur, un droit à la possession si le connaissement est à l'ordre de l'acheteur.

Il est assez difficile de saisir ce mécanisme dans l'ensemble de l'opération, car l'acheteur n'a jamais pu apparaître à des tiers comme ayant eu la pleine propriété. A partir du moment où l'acheteur devient propriétaire, il se produit une interversion dans la détention du connaissement par le vendeur. Jusque-là il l'avait entre ses mains en tant que propriétaire disposant absolument de la cargaison. Cette qualité disparaît et il ne reste plus qu'un créancier du prix, muni d'une sûreté.

Conclusion. — Le S. of G. Act américain échappe ainsi aux critiques formulées contre le S. of G. Act anglais. Le paragraphe supplémentaire qu'il contient amorce en effet la distinction entre propriété et possession.

Le droit de propriété limitée qu'il accorde au vendeur n'est à vrai dire rien d'autre qu'un droit possessoire, analogue au droit du créancier gagiste auquel Williston le compare.

Le vendeur perd la propriété entière de marchandises spécialisées dès qu'elles ont été embarquées ou à partir du moment de la spécialisation, si cette opération est postérieure à l'embarquement.

Il gardera néanmoins la possession (ou un droit à la

possession) tant qu'il aura les documents entre ses mains.

Ceci suffit pour expliquer que les droits de tiers traitant de bonne foi avec lui soient protégés.

SECTION IV

LES RISQUES.

Ces développements sur la notion abstraite de droit de propriété ne doivent pas faire perdre de vue la question des risques, question différente de la précédente, puisqu'aux termes de la loi anglaise la propriété et le risque peuvent se concevoir séparés.

La nécessité de savoir lequel des deux contractants supportera les risques du voyage maritime s'est tout de suite imposée aux commerçants traitant en caf. Aussi la plupart des contrats prévoient-ils en termes exprès auquel des deux contractants incombe la charge des risques.

Cette précision pourrait surprendre à côté du silence des formules sur le droit de propriété et son transfert.

Williston (1) l'explique de la façon suivante :

« Les contrats commerciaux sont rédigés brièvement,
« et fréquemment ne prévoient que les matières qui peu-
« vent frapper les parties comme importantes. Quand
« des marchandises sont embarquées au loin, la question
« du risque vient naturellement à l'esprit d'hommes
« d'affaires prudents et ils jugent utile de se mettre d'ac-
« cord sur ce point. Il est bien moins probable que la
« question plus abstraite du transfert de la propriété
« vienne à leur esprit. »

(1) Williston, *op. cit.*, § 302.

Du reste, à défaut de conventions expresses portant sur la charge des risques, on pourra trouver des indications utiles à ce sujet en recherchant lequel des contractants doit assurer les marchandises (1).

I. — *Droit commun.*

Dans toute vente caf les risques sont supportés par l'acheteur dès l'embarquement.

En d'autres termes, le vendeur peut présenter à l'acheteur des documents concernant des marchandises qui depuis leur embarquement ont été endommagées ou ont même complètement péri ; le vendeur ne pourra en refuser le paiement (2).

Présentation des documents après un sinistre. — Le fait que le vendeur était au courant de la perte au moment de la présentation des documents n'a aucune importance. Cette connaissance du sinistre par le vendeur n'empêche pas la présentation des documents d'être régulière et valable. L'espèce *Manbre Saccharine C°* c. *Corn Products C°* (3) en est la preuve.

Le juge Mc Cardie motiva sa décision dans les termes suivants :

(1) Cf. en particulier l'étude que fait Williston, *op. cit.*, §§ 3o3 et suiv. de la charge des risques quand le vendeur conserve un connaissement à titre de sûreté seulement. Le risque est pour l'acheteur qui est devenu propriétaire. Le vendeur n'a gardé qu'une propriété spéciale qui n'est à vrai dire qu'un droit possessoire.

(2) Espèce Law et Bonar c. British American Tobacco C° (1919); Kennedy, p. 83 ; Gibb, p. 19 et 23 ; Goitein, p. 20 ; Scrutton, article 59, n° 3. Espèce Arnold Karberg et C° c. Blythe (1916); Kennedy, p. 115 (implicitement).

(3) Espèce Manbre Saccharine C° c. Corn Products C° (1919) ; Kennedy, p. 119 ; Gibb, p. 19 et 23 ; Goitein, p. 6 et 24.

« Si le vendeur remplit ses obligations contractuelles
« en embarquant des marchandises convenables d'une
« façon convenable, sous un contrat de transport approprié,
« et s'il obtient les documents répondant aux conditions,
« je suis incapable de voir comment les droits et les
« devoirs de l'une ou l'autre partie pourraient être affectés
« par la perte du navire ou des marchandises, ou par
« la connaissance que le vendeur aurait d'une telle perte
« antérieurement à la présentation des documents. Si le
« navire se perd, avant la présentation des documents,
« en dehors de la connaissance du vendeur, je crois qu'il
« a toujours été évident qu'il pouvait néanmoins valable-
« ment offrir les documents à l'acheteur.

« A mon avis, il est aussi évident qu'il peut faire une
« offre valable bien qu'il ait, au moment de la présenta-
« tion, connaissance de la perte du navire ou des mar-
« chandises.

« Car l'acheteur en cas de perte recevra les documents
« pour lesquels il a conclu l'affaire ; et si la police est
« celle prévue au contrat et si la perte est couverte par
« elle, il obtiendra l'indemnité de l'assurance. L'éventua-
« lité de la perte est envisagée par les parties qui traitent
« un contrat cif et ne se trouve pas en dehors du cadre
« de leurs préoccupations. »

Au point de vue risques, tout se passe donc dans un
contrat caf comme si l'acheteur devenait propriétaire
dès l'embarquement. Le fait que les documents n'ont pas
encore été présentés ou payés au moment de la perte, circonstance qui paraît jouer un rôle fort important dans
les théories sur le transfert de propriété, n'a plus d'intérêt quand il s'agit d'un des principaux attributs ordinaires de la propriété : les risques.

Appropriation après un sinistre non connu du vendeur.
— Cette distinction se trouve encore accentuée dans
l'espèce « *Groom Ltd c. Barber* » (1).

Barber, le vendeur, ne put indiquer à ses acheteurs
le nom du navire transporteur : le « City of Winches-
ter » que le 20 août 1914. Or, dès le 6 août il avait été
coulé par un sous-marin allemand. Le sinistre fut connu
à Londres le 21 août et suivant l'usage, immédiatement
affiché au Lloyd's. Les acheteurs refusèrent de payer la
facture sous le prétexte que le prix n'était pas dû : « aucune
marchandise déterminée n'ayant été appropriée au contrat de façon à faire passer la propriété avant la présentation des documents et au moment du sinistre » (2).

Le juge Atkin réfuta cet argument dans les termes
suivants :

« Les obligations contractuelles du vendeur sont rem-
« plies quand, dans un temps raisonnable après la date
« convenue pour l'embarquement, il délivre à l'acheteur
« les documents, d'ordinaire le connaissement, la fac-
« ture et la police d'assurance, qui permettront à l'ache-
« teur d'obtenir à l'arrivée du navire la délivrance des
« marchandises chargées en exécution du contrat ou, en
« cas de perte, lui donneront le droit de recouvrer la
« valeur des marchandises, si dans les circonstances où
« elle s'est produite, leur perte est couverte par la police,
« et en tout cas lui donneront le droit de présenter con-

(1) Espèce Groom Ltd c. Barber (1915) ; Kennedy, p. 117 et suiv. ;
Gibb, p. 3 et 23 ; Goitein, p. 24 et suiv. ; Scrutton, article 59, n° 3.

(2) Les acheteurs admettaient donc implicitement que la désignation du nom du navire avant le sinistre aurait suffi pour constituer
une appropriation et transférer la propriété.

Il n'est pas fait allusion à la différence entre appropriation conditionnelle et appropriation inconditionnelle suivant la forme du
connaissement.

« tre le navire toute réclamation légitime en cas de livrai-
« son défectueuse.

« Il devient donc sans intérêt de savoir qui, avant la
« date de la présentation des documents, était le proprié-
« taire, le vendeur, l'acheteur ou un tiers quelconque.

« Le vendeur doit être en mesure de transférer la pro-
« priété des marchandises par le connaissement, si les
« marchandises existent, mais il n'a pas besoin d'avoir
« approprié certaines marchandises spéciales par un
« certain connaissement à un certain acheteur jusqu'au
« moment de la présentation, comme il n'a pas besoin
« d'avoir obtenu le droit de disposer du connaissement
« avant la présentation (1). S'il en était différemment, le
« chargeur de marchandises en grenier ou de marchan-
« dises destinées à différents contrats, ou le vendeur
« intermédiaire qui peut être le dernier d'une série d'ache-
« teurs d'un même chargeur, se trouverait quelquefois
« dans l'impossibilité d'exécuter un contrat conclu aux
« conditions cif. »

Appropriation après un sinistre connu du vendeur. —
Remarquons-le, dans cette espèce, le vendeur ne connaissait pas le sinistre au moment où il donnait à son
acheteur le nom du navire (20 août 1914). Le sinistre ne
fut connu que le lendemain : le vendeur était de bonne
foi.

La situation aurait pu être différente si le sinistre par
exemple avait été connu à Londres le 9 août. Le vendeur

(1) Le vendeur peut se procurer la marchandise qu'il donnera en
aliment au contrat au dernier moment.

Mais ceci ne paraît pas possible avec le contrat L.C.T.A. ; l'appropriation doit être faite dans un certain délai après la date d'embarquement.

aurait-il encore eu le droit, le 20 août, d'approprier au contrat des marchandises se trouvant au fond de la mer ? L'élément de la bonne foi du vendeur doit-il être pris en considération ?

La question n'est pas exactement la même que celle qui se posait dans l'affaire *Manbre Saccharine c. Corn Products* et qui ne concernait que la validité d'une présentation de documents faite avec connaissance de la perte des marchandises ; on ne considérait pas le point de savoir si l'appropriation avait déjà été faite ou non au moment de la présentation des documents.

Nous croyons néanmoins que la même solution aurait pu être donnée à la présente question si elle s'était présentée. Les deux décisions Manbre Saccharine C° c. Corn Products C° et Groom c. Barber sont rendues sans élucider la question de savoir qui était propriétaire au moment du sinistre : du vendeur ou de l'acheteur ? Les motifs de ces décisions n'établissent aucune corrélation entre le droit de propriété et la charge des risques, et semblent bien plutôt prendre en considération des raisons d'ordre pratique qui sont les mêmes qu'il s'agisse de l'appropriation ou de la présention des documents. Le jugement Manbre Saccharine peut se lire en supposant qu'au lieu de porter sur la présentation des documents la difficulté ait été de décider si une appropriation était valable ou non. A des nécessités pratiques identiques doivent correspondre des décisions identiques (1).

---

(1) Cette solution s'impose, à notre avis, si l'on sépare propriété et risques. Au contraire, si l'on admet que le risque suit la propriété, l'on pourrait très bien concevoir que la présentation des documents puisse se faire pour des marchandises perdues mais déjà appropriées et devenues propriété de l'acheteur, tandis que l'appropriation ne pourrait se faire après la connaissance du sinistre par le vendeur. Cf. en droit français plus loin, p. 270.

Sur base des décisions citées plus haut qui ne font pas intervenir la question de propriété pour décider de la charge du risque, nous croyons donc que dans une vente conclue suivant formule de la L. C. T. A. le vendeur pourra approprier au contrat une cargaison déjà disparue même si le sinistre est connu (1). L'acheteur n'en sera pas moins tenu d'en payer le prix, à condition toutefois que l'appropriation ait été faite dans les délais prévus au contrat.

Vente de marchandises flottantes. — Il en est ainsi tout au moins lorsque le contrat de vente précède l'embarquement. Nous ne croyons pas que l'on puisse admettre la même solution quand le contrat de vente est postérieur à l'embarquement (vente de marchandises flottantes sur un navire désigné). Le chargeur, sachant que la cargaison est perdue, ne pourrait la vendre à un acheteur encore dans l'ignorance de cet événement. Les situations sont des plus différentes. Dans le premier cas, si l'on ne permettait pas au vendeur d'approprier à son contrat une marchandise disparue, il se trouverait exposé à un recours en dommages-intérêts pour inexécution du contrat. La preuve de la perte ne suffirait pas à le protéger, car il s'agit de meubles *in genere*. D'autre part, il sera dans l'impossibilité matérielle d'exécuter ses obligations si, par exemple, la période stipulée pour l'embarquement est expirée au moment du sinistre survenu avant qu'il n'ait pu faire l'appropriation régulière.

Au contraire, dans une vente « flottante », il n'y a aucune raison de protéger le vendeur, car l'opération commence

(1) La connaissance du sinistre résulte de l'affichage de la dépêche qui l'annonce au Lloyd's et au Baltic Mercantile and Shipping Exchange, ainsi que de sa publication dans les journaux spéciaux.

avec le contrat de vente, elle porte sur des meubles spécialisés (1). La faveur accordée par la jurisprudence
britannique au chargeur dans la première hypothèse n'a
plus aucune raison d'être étendue au chargeur vendeur
d'une marchandise flottante. Il ne pourra pas vendre
sciemment à un acheteur ignorant une cargaison déjà
disparue ou endommagée (2).

Nous résumerons les observations en disant que :

1° Les risques de perte sont dès l'embarquement à la
charge de l'acheteur quand le contrat est antérieur à
l'embarquement ;

2° Les risques de perte sont dès la conclusion du contrat à la charge de l'acheteur de marchandises déjà
embarquées.

Ventes successives. — Nous avons envisagé jusqu'à
présent les relations entre un acheteur et un vendeur qui
serait le chargeur.

Faut-il appliquer les mêmes solutions aux ventes successives ?

L'acheteur recevant du chargeur un avis d'appropriation dans le délai fixé au contrat doit le transmettre à
son propre acheteur dans un temps également fixé
d'avance. Pourra-t-il le faire même si les marchandises
ont péri entre temps ?

La jurisprudence britannique semble l'admettre puisque dans ses décisions elle insiste sur le fait que c'est le

---

(1) S. of G. Act, articles 6 et 7.

(2) Si l'acheteur connaît également le sinistre au moment de la
conclusion du contrat, l'opération est valable et constitue une cession par le vendeur de ses droits de recours éventuels contre l'assureur ou le transporteur, mais il n'y a pas d'achat-vente de marchandises.

dernier acheteur qui doit supporter finalement les risques du voyage maritime. Le raisonnement tenu quand il s'agissait du vendeur-chargeur s'applique également à un vendeur intermédiaire. Si l'on déclare qu'il ne peut pas approprier une marchandise disparue, on met à sa charge les risques et de plus on l'expose à des dommages-intérêts pour inexécution d'un contrat que matériellement il a été dans l'impossibilité d'exécuter.

La situation est moins grave pour le dernier acheteur qui trouvera dans l'indemnité d'assurance la compensation du prix qu'il devra payer. Il y a peu de chances qu'il souffre un préjudice quelconque.

Remarque I. — Cette solution nous paraît trop favoriser les vendeurs, et nous reviendrons sur les critiques qu'on peut lui adresser, en examinant les décisions rendues sur ce point par les tribunaux français (1).

Remarque II. — Notons, avant d'en terminer avec cette question, que c'est à l'occasion de situations analogues qu'avait pris forme la théorie déjà mentionnée de Scrutton (2) qui voulait voir dans la vente caf une vente de documents et non une vente de marchandises. Cette conception expliquait en effet assez bien qu'en présentant des documents réguliers le vendeur ait satisfait à toutes ses obligations contractuelles, les connaissements pouvant du reste s'appliquer à des marchandises au fond de

(1) Cf. plus loin, p. 275, la jurisprudence française sur le sens de l'expression « suite de contrat ».

(2) Cf. plus haut, p. 120, note 1, et Goitein, p. 2 et suiv., la discussion et la critique de cette théorie à propos de l'espèce Arnhold, Karberg et Co c. Blythe, Green, Jourdain et Co (1916).

la mer et sur lesquelles aucun droit de propriété ne pouvait plus s'exercer.

Mais l'insuffisance de cette théorie, l'impossibilité d'expliquer avec son aide différentes conséquences (1) de la vente caf, l'ont vite fait abandonner en Angleterre en tant que théorie juridique. La définition la plus couramment donnée actuellement de la vente caf est de dire que c'est une vente de marchandises s'exécutant par la délivrance des documents.

II. — *Les risques dans le contrat L. C. T. A.*

Nous avons donc vu qu'en principe :

1° Les risques sont dès l'embarquement à la charge de l'acheteur quand le contrat a précédé l'embarquement ;

2° Les risques sont dès la conclusion du contrat à la charge de l'acheteur primitif de marchandises flottantes déterminées.

1° *Perte totale.* — Les conclusions au point de vue des risques de perte totale sont donc simples :

Le vendeur pourra approprier des marchandises embarquées mais perdues depuis le début de la traversée. L'acheteur n'en sera pas moins débiteur du prix (2). A plus forte raison si les marchandises ne périssent qu'après l'appropriation ou la conclusion du contrat.

(1) Par exemple le droit d'examen de la marchandise à l'arrivée, les bonifications pour qualité, conditionnement, la possibilité d'obtenir les marchandises même si les documents ne sont pas encore arrivés au moment du débarquement, suffisent à prouver que les marchandises jouent dans un contrat caf un rôle au moins aussi important que les documents.

(2) A condition bien entendu que le vendeur ait intégralement rempli ses obligations, en particulier que les documents présentés soient réguliers et complets.

L'acheteur supporte donc les risques de perte totale. Sans doute, il pourra dans la plupart des cas se retourner contre l'assureur et obtenir une indemnité compensatrice du préjudice souffert, mais là n'est pas la question : la charge des risques est une chose, l'assurance en est une autre. Même si l'acheteur se trouve en définitive intégralement indemnisé, le risque de perte est pour lui, car un tel événement n'enlève pas au vendeur le droit au paiement du prix. C'est là un des points les plus caractéristiques de la vente caf qui la différencie en particulier de la vente par navire désigné avec laquelle on est parfois tenté de la confondre.

Mais une fois posé le principe de l'incidence des risques, et en particulier du risque de perte totale, il est bien certain que les parties peuvent se mettre d'accord pour modifier cette incidence pour tous les autres risques ou pour certains d'entre eux seulement. Ces conventions sont parfaitement licites, même dans un contrat caf, et leur résultat le plus clair n'est qu'un changement dans le prix.

2° Risques autres que la perte totale. — C'est à ce point de vue que nous allons examiner les différentes formules de la L. C. T. A. Les conventions relatives à la charge des différents risques ne sont pas contenues dans une seule clause, mais réparties dans les différentes clauses relatives à la quantité, à la condition et aux avaries.

Deux types principaux peuvent être distingués :

1) les contrats « tale quale » et « marchandises endommagées prises comme saines ».

2) Les contrats « Rye terms » et « marchandises endommagées restant pour compte du vendeur ou prises moyennant bonifications ».

A. — Contrats « tale quale » et « marchandises endommagées prises comme saines ».

1° Perte partielle.

I. — Le manquant habituel est à la charge des vendeurs (ceci constitue une garantie contre les exagérations du poids porté au connaissement).

II. — Le manquant résultant d'un accident de mer (1) est à la charge des acheteurs.

Excepté 1° s'il constitue une avarie particulière non couverte par la police ;

2° s'il constitue une avarie commune antérieure à la date du contrat (si le contrat a été fait pour des marchandises flottantes).

2° Avarie différente de la perte totale ou partielle.

Les avaries différentes de la perte totale ou de la perte partielle sont supportées par l'acheteur, excepté une avarie commune antérieure à la date du contrat (si le contrat a été fait pour des marchandises flottantes).

B. — Contrats « Rye terms » et « marchandises endommagées pour compte du vendeur », ou « prises moyennant bonification ».

1° Perte partielle.

I. Le manquant habituel est à la charge du vendeur.

II. Le manquant résultant d'un accident de mer est à la charge du vendeur (2).

---

(1) Le pompage du grain n'est pas un accident de mer ; le manquant provenant de ce chef est donc à la charge du vendeur en tant que manquant ordinaire.

(2) Nous avons vu la difficulté que soulève l'interprétation de la clause « Manquant ». Nous avons admis ici que cette clause ne doit s'appliquer qu'à des différences s'étant présentées en dehors de tout

2° *Avarie différente de la perte totale ou partielle*, pour le compte du vendeur, mais suivant les contrats :

a) autorise le refus de la marchandise ;

b) n'autorise pas le refus de la marchandise, mais donne droit à une bonification.

De plus, dans ces contrats, l'acheteur n'a aucune relation directe avec l'assureur. Le vendeur fait sa propre affaire du recouvrement des indemnités : que l'avarie soit couverte ou non par l'assurance, il tient compte dans la facture finale des différences au crédit de son acheteur (différences convenues d'accord ou fixées par arbitrage). L'acheteur doit lui remettre lors du règlement de la facture finale toutes les polices qu'il aura reçues ou qu'il aura lui-même souscrites pour couvrir les augmentations de valeur (Cette disposition présente un grand intérêt dans le règlement des avaries communes où l'on tient compte pour le calcul de la masse contributive de la valeur réelle et non pas de la valeur assurée, les assureurs au contraire ne remboursant les contributions qu'en proportion de la valeur assurée).

3° *Clause « paiement à l'arrivée du navire »*. — L'insertion dans un contrat de vente caf de la clause « paiement contre documents à l'arrivée du navire » transforme-t-elle cette vente en une vente à l'arrivée du navire, et entraîne-t-elle comme conséquences au point de vue des risques leur déplacement de la tête de l'acheteur sur celle du vendeur (1) ?

accident de mer. Si le vendeur supporte aussi ces dernières, c'est en vertu de la clause « Avaries » et non de la clause « Manquant ».

(1) Cf. Kennedy, p. 6 et suiv. ; Gibb, p. 33 ; Scrutton, article 59, note (*u*), p. 186 ; et les espèces Polenghi c. Dried Milk C° (1904) ; Fragano c. Long (1825).

En d'autres termes, l'arrivée du navire constitue-t-elle une condition du paiement du prix ou n'intervient-elle que pour fixer la date du paiement ?

Dans un contrat caf c'est cette dernière interprétation qu'il faut adopter. Le paiement doit s'effectuer à l'arrivée du navire et s'il se perd en cours de route, à la date à laquelle il serait arrivé.

Les formules de contrats de la L. C. T. A. qui prévoient le paiement à l'arrivée du navire sont formelles à ce sujet et précisent qu'à défaut de l'heureuse arrivée du navire dans le délai normalement prévu, le paiement s'effectuera à l'annonce de sa perte ou dans les trois mois de la date des derniers connaissements.

SECTION V

Conditions de la validité de l'avis d'appropriation. Les documents.

Nous avons vu que pour les membres du London Corn Trade Association, la propriété passe à l'acheteur quand il reçoit un avis d'appropriation valide.

Les conditions de la validité d'un tel avis sont peu nombreuses ; il suffit qu'il soit donné dans les délais prévus dans chaque contrat, et encore faut-il remarquer que ces délais ne sont pas de rigueur, si par suite de faits indépendants de sa volonté, le vendeur ne peut le donner en temps voulu.

L'acheteur n'élèvera que rarement des objections contre l'avis d'appropriation qui lui sera donné. Il ne le fera que si par exemple la date des connaissements qui lui sont indiqués comme se rapportant à son contrat est en dehors du temps prévu pour l'embarquement. Il pourrait dès ce moment protester et refuser l'exécution du contrat.

Mais ce cas se présentera rarement en pratique.

Une question bien plus intéressante est d'examiner les conditions auxquelles doivent répondre les documents présentés par le vendeur, pour pouvoir être considérés comme des documents réguliers mettant l'acheteur dans l'obligation de payer la facture provisoire, pour pouvoir en obtenir la remise.

Cette question est étudiée par les auteurs anglais sous le nom de « Conditions de la validité d'une présentation de documents » (Valid tender of documents).

Ces documents étant en principe le connaissement et la police d'assurance, nous examinerons successivement les conditions de validité de chacun de ces titres.

Remarquons tout d'abord que l'article 32 du S. of G. Act 1893 que l'on pourrait être tenté à première vue d'appliquer à cette question ne peut être pris en considération quand il s'agit d'un contrat caf (1).

La matière est uniquement réglée par les usages et les conventions des parties.

Le vendeur est-il le mandataire de l'acheteur quand il conclut un contrat d'affrètement et un contrat d'assurance ? (2).

Si la question de savoir en quelle qualité agit le vendeur qui conclut un contrat d'affrètement et souscrit une

______

(1) Kennedy, p. 83 ; Gibb, p. 21, 25, 38 ; Arnould, section 137ᵃ ; Espèce Law et Bonar c. British American Tobacco Cⁱ (1916) ; Wimble c. Rosenberg (1913) aux pages ci-dessus indiquées et Goitein, p. 20.

(2) En droit français sont partisans de la théorie du mandat Bédarride et Abram, n° 278 ; Gaubert, nⁱ 266-269 et suiv. ; Aubrun, p. 3, 6 et suiv. ; Ripert, nⁱ 1903, p. 759 ; Bonnecase, n° 734. *Contrà :* Renard, p. 54 ; Godret, p. 8, 23 et 27 ; Georges Marais, p. 37 et suiv. ; Winkelmolen, p. 10 et suiv., rassemble la plupart des critiques que l'on peut adresser à cette théorie.

police d'assurance a été souvent examinée en France, par contre elle n'a jamais été considérée bien longuement en Angleterre.

Il faut du reste reconnaître qu'au point de vue pratique, elle ne présente qu'un intérêt des plus réduits. Les qualités que doivent présenter des documents réguliers, les mentions qu'ils peuvent ou doivent contenir, et celles au contraire qui leur enlèvent toute valeur, — tous ces différents points sont réglés soit par les contrats, soit par la jurisprudence dans ses nombreuses décisions. Bien peu de place semble laissée à l'imprévu et il peut paraître sans intérêt de savoir si le vendeur exécute ses obligations en vertu d'un mandat ou non.

La théorie du mandat soulève du reste de nombreuses objections :

1° Comment concevoir un mandat dans les ventes si fréquentes de marchandises flottantes, donc déjà embarquées et en général assurées. L'affrètement et l'assurance ont été soignés par le vendeur antérieurement au soi-disant mandat ;

2° Le mandat entraîne pour le mandataire l'obligation de rendre compte. Rien de pareil dans la vente caf. Si le vendeur peut obtenir des taux plus avantageux pour le fret ou pour la prime d'assurance, lui seul en profite, le prix caf étant forfaitaire ;

3° Si le vendeur agissait en qualité de mandataire de l'acheteur, celui-ci pourrait se voir tenu d'obligations vis-à-vis du capitaine et de l'assureur, en vertu d'un connaissement ou d'une police d'assurances qu'il aurait valablement refusé d'accepter (1). Le marché serait rési-

(1) Par exemple si l'embarquement a été tardif, les documents peuvent être réguliers à tous les autres points de vue ; l'acheteur peut néanmoins les refuser.

lié en faveur de l'acheteur, mais ce dernier resterait responsable de l'exécution des obligations contractées en
son nom par son soi-disant mandataire : en particulier
du paiement du fret ou de la prime d'assurances ;

4° Bien plus si l'on sépare la vente des marchandises
et le mandat de trouver du fret, charger et assurer, on
ne comprend pas que l'inexécution du mandat puisse
entraîner résiliation de la vente, situation qui se présente chaque fois que l'acheteur refuse des documents
irréguliers ;

5° Le mandat commercial n'est pas gratuit, il suppose
un salaire. La vente suppose un prix. Comment distinguer ces deux éléments dans une vente caf dont l'essence
est d'être conclue à un prix forfaitaire. La vente ne porte
pas simplement sur cent tonnes de blé par exemple, mais
bel et bien sur cent tonnes de blé embarquées et assurées. Le vendeur s'est engagé à fournir à son acheteur
une marchandise, un contrat de transport (dont le titre
représentatif est le connaissement), un contrat d'assurance (dont le titre représentatif est la police). Ces différentes obligations naissent toutes d'un même contrat,
d'un contrat de vente. Sans doute il est un peu différent
d'une vente ordinaire, mais c'est bien pour cette raison
qu'il est intéressant de l'étudier.

Aussi, adopterons-nous la conclusion de Kennedy (1)
qui, citant l'opinion du juge Blackburn dans l'affaire Ire-
land c. Livingston (1872), « considère que l'obligation
« pour le vendeur de conclure un contrat de transport à
« des conditions raisonnables se trouve contenue impli-
« citement dans le contrat de vente caf et sans qu'il soit

(1) Kennedy, *op. cit.*, p. 41.

« nécessaire de faire intervenir la notion d'un mandat (1)
« donné par l'acheteur au vendeur ».

I. — *Connaissement.*

Le connaissement doit être toujours envisagé à deux
points de vue :

1° titre représentatif des marchandises et preuve du
chargement ;

2° preuve du contrat de transport et de ses conditions.

C'est principalement à ce dernier titre que nous examinerons maintenant son rôle dans un contrat caf de la
London Corn Trade Association.

A. — *Mentions du connaissement.*

Peu de questions sont aussi discutées, aussi la
L. C. T. A. a-t-elle pris soin de laisser aussi peu de place
que possible à l'imprévu et les connaissements, pour
constituer des documents réguliers, doivent contenir un
certain nombre de mentions nettement précisées (2).

1° *Navire.* — En général, un vapeur, à moins de stipulations formelles autorisant un voilier. Le navire doit
avoir obtenu une cote fixée par le contrat, dans un registre reconnu de classification. *Nationalité* indifférente
sauf pour les voiliers qui ne doivent être ni Grecs, ni
Turcs.

Nationalité du navire. — La nationalité du navire

---

(1) Kennedy emploie les mots « agency or trust » qui expriment
l'idée de représentation et peuvent approximativement se traduire
par mandat dans le cas présent.

(2) Cf. plus haut, p. 48 et s.

transporteur présente un grand intérèt en cas de guerre.

L'affaire *Arnhold Karberg et C* c. Blythe (1915-1916)* (1) en est un exemple.

Le vendeur et l'acheteur, anglais l'un et l'autre, contractent en mai 1914 (paiement à l'arrivée du navire, clause L.C.T.A.). L'embarquement s'effectue en juillet 1914, sur un navire allemand : connaissements datés des 6 et 11 juillet. Le 4 août 1914, la guerre éclate entre l'Angleterre et l'Allemagne. Le 5 août 1914, une proclamation interdit aux sujets britanniques tout commerce avec l'ennemi. Le navire entre dans un port de refuge et y demeure. Le 11 octobre 1914 (trois mois après la date des derniers connaissements) les vendeurs présentent les documents ; les acheteurs les refusent. Le juge Scrutton en première instance et la Cour d'appel (composée des juges Swinfen Eady, Bankes et Warrington) approuvent ce refus dans leur décision.

Le contrat de transport (dont la preuve est constituée par le connaissement) doit être, déclarent-ils, valide et existant au moment de la présentation des documents. Un connaissement émis par un navire devenu ennemi n'a pas de valeur, il ne permet aucun recours contre le chargeur, soit que l'on considère le contrat d'affrètement comme annulé par la guerre, soit que l'on estime simplement que, par suite de l'interdiction du commerce avec l'ennemi, le porteur anglais du connaissement ne peut plus avoir de rapports légaux avec le capitaine allemand.

Le vendeur prétendait bien entendu que les marchan-

---

(1) Kennedy, p. 112 ; Gibb, p. 15, 17, 40, 44 ; Goitein, p. 39. Dans l'affaire Duncan Fox et C° c. Schrempft et Bonke, la solution est identique, mais les motifs de la décision sont moins développés. Kennedy, p. 116 ; Gibb, p. 44.

dises voyagent aux risques de l'acheteur, que le risque de voir devenir inutilisable, par suite de la guerre, le contrat de transport, n'était qu'un des risques de guerre qui pèsent sur l'acheteur et qu'il peut éviter en s'assurant.

Mais les juges furent loin d'adopter ce point de vue. Le juge Bankes, en particulier, insista sur la différence entre une telle situation et le cas à première vue analogue où les marchandises ont disparu au moment de la présentation des documents (1). Les risques de perte sont des risques affectant les marchandises, tandis que la non validité du connaissement est un risque affectant le contrat.

Aux termes d'un contrat caf, le vendeur doit présenter un connaissement qui puisse servir à l'acheteur. Un connaissement ennemi inutilisable ne peut être considéré comme un connaissement mettant l'acheteur dans l'obligation de payer le prix caf en échange.

Si les marchandises ont disparu depuis l'embarquement, le connaissement est valable, car, à part le fait matériel de la destruction de la cargaison, le contrat de transport subsiste. En particulier, le porteur du connaissement pourra se retourner contre le navire si sa responsabilité peut être mise en jeu.

Le connaissement ennemi, au contraire, ne peut rendre aucun service à son détenteur et ne donne aucun droit contre le navire.

---

(1) De même si un navire anglais est capturé par l'ennemi, le vendeur anglais peut présenter les documents à l'acheteur anglais après la capture qui constitue un risque de guerre auquel sont exposées les marchandises elles-mêmes. Weis et Cⁱ Ltd c. Crédit Colonial et Commercial Anvers (1916); Kennedy, p. 116 ; Gibb, p. 20 ; Goitein, p. 40.

Cette différence entre deux situations en apparence semblables peut paraître une confirmation de la théorie qui prétend ne voir dans une vente caf qu'une vente de documents réguliers.

Aussi bien est-ce à ce propos que le juge de première instance Scrutton exposa cette opinion (1) qui fut repoussée par les magistrats de la Cour d'appel qui préférèrent voir dans la vente caf « un contrat pour la vente « de marchandises devant être exécuté par la délivrance « des documents ».

Winkelmolen (2), reprenant cette dernière définition, considère que les obligations du vendeur sont doubles : « relatives à la marchandise, relatives aux documents ». Il s'ensuit une certaine complication et un droit de propriété sur les documents différent et indépendant de la propriété des marchandises. En particulier, les risques des documents restent à la charge du vendeur tant qu'il en est le propriétaire, c'est-à-dire tant qu'il ne les a pas remis à l'acheteur. Le risque de voir un connaissement valable à l'origine devenir inutilisable par suite de la guerre et du caractère ennemi du chargeur est le type de ces risques qui s'attachent au connaissement et incombent à son propriétaire (le vendeur en l'occurrence). Il est différent du risque de la capture du navire et de la prise de la marchandise, risque qui doit être supporté par le propriétaire de la marchandise.

Ces théories sont ingénieuses et rendent assez bien compte des faits tels que les interprètent les juges anglais. Mais est-il bien utile de compliquer à ce point une matière déjà assez complexe en elle-même ?

---

(1) Cf. plus haut, p. 148.
(2) Winkelmolen, p. 45.

La décision des juges anglais nous paraît du reste prêter à critique.

Le vendeur a rempli ses obligations en chargeant en temps voulu sur un navire qui au moment du chargement répondait aux qualités exigées par le contrat caf. Pourquoi le rendre responsable de faits postérieurs à l'embarquement ?

La distinction entre les risques affectant la marchandise et les risques qui pèsent sur le contrat nous paraît des plus spécieuses. Nous ne voyons pas bien pourquoi le vendeur peut présenter des documents se rapportant à une marchandise sur laquelle l'embargo a été mis, tandis qu'au contraire il ne peut pas présenter un connaissement émis par un navire ennemi, en dehors et avant toute idée d'hostilités.

2° *Date du connaissement.* — Fait preuve de la date du chargement jusqu'à preuve contraire.

Le connaissement doit être daté quand les marchandises sont effectivement chargées.

Par cette clause, se trouve résolue l'épineuse question de la validité du « connaissement reçu pour être embarqué » (1).

Le connaissement doit être un connaissement « embarqué ». Les contrats Canada et Etats-Unis, par exception, ne comportent pas cette prohibition du connaissement « reçu pour être embarqué. »

(1) R. W. Bisschop, *Du connaissement reçu pour être embarqué en droit anglais* ; R. I. D. M., t. XXXIII, p. 283 ; *Revue Dor*, t. III, p. 12 ; Kennedy, *op. cit.*, p. 48 et suiv. ; Gibb, *op. cit.*, p. 6, 37 ; Goitein, p. 44. Dans l'espèce Diamond Alkali Export Corporation c. Fl. Bourgeois (1921) le juge Mc Cardie jugea que dans une vente caf le connaissement doit être un connaissement « embarqué ». Cf. Godret, *op. cit.*, p. 70 et 71 ; Renard, *op. cit.*, p. 58.

L'explication de cette apparente anomalie se trouve dans un jugement de la High Court of Justice, King's Bench Division, du 18 mai 1925 (1).

« L'acheteur caf ne peut refuser un connaissement « reçu pour embarquement » alors du moins que l'exécu-« tion du contrat est régie par la loi fédérale américaine « ou par la loi de l'Etat de New-York qui attribuent à un « semblable connaissement une valeur égale à celle d'un « connaissement libellé « embarqué. »

La loi applicable à la forme du connaissement étant la loi du port d'embarquement, l'usage du connaissement « reçu pour être embarqué » se trouve légitimé pour les contrats de céréales en provenance de pays qui autorisent cette forme du connaissement.

3° *Clauses de navigation*. — Il est inutile de revenir sur les différentes clauses que nous avons réunies sous ce titre commun (2). Clauses d'embarquement, de dérou-tement, de transbordement, de déchargement, de mise en allèges, etc...

Le connaissement doit répondre aux stipulations spéciales de chaque contrat.

Notons simplement au sujet de la destination que le vendeur est responsable des erreurs qui peuvent se produire par sa faute. Espèce *Lecky et C° c. Ogiloy Gillanders et C°* (1897) (3). Confusion dans la destination entre les deux villes de Tripoli (l'une en Afrique, l'autre en Syrie).

(1) Espèce Guaranty Trust Cy of New-York c. Van den Bergen Ltd, Lloyds'List Law Reports XXII, 112, rapportée *Revue de droit maritime comparé*, t. XII, p. 93, 95.

(2) Cf. plus haut, p. 48.

(3) Kennedy, p. 74 ; Gibb, p. 1, 3, 4, 6, 28 ; Scrutton, article 159, note 3 (note u).

S'il s'engage à délivrer au quai de débarquement de l'acheteur, il doit payer les frais supplémentaires résultant du déchargement à un autre quai.

Espèce *Acme Wood Flooring C° c. Sutherland Innes C°* (1904) (1).

B. — *Connaissement en plusieurs exemplaires.*

Les connaissements sont faits en plusieurs originaux, trois au moins, mais il suffit que le vendeur en présente un seul. Espèces *Barber c. Meyerstein* (1870), *Sanders c. Maclean* (1883). Dans cette dernière affaire, le juge Bowen résuma son opinion dans les termes suivants :

« Le connaissement peut être considéré comme la clé
« du magasin dans lequel se trouvent les marchandises.
« Une personne s'étant engagée à payer contre délivrance
« des clés du magasin pourrait-elle refuser d'accepter les
« clés qu'on lui présente sous le prétexte qu'il existe une
« troisième clé entre les mains du vendeur, et que son
« usage frauduleux peut empêcher l'acheteur d'entrer en
« possession. Je crois que les affaires ne pourraient pas
« être menées et ne sont pas menées en fait suivant un
« tel principe. »

Mais, bien entendu, si le contrat prévoit expressément que tout le jeu des connaissements doit être présenté, l'acheteur peut refuser toute offre incomplète (2). Espèce *Donald H. Scott et C° Ltd c. Barclays Bank Ltd* (1923).

---

(1) Kennedy, p. 75 ; Gibb, p. 13 et 45 ; Scrutton, *id.*
(2) Kennedy, p. 123 ; Gibb, p. 5, 36 ; Goitein, p. 33 ; Winkelmolen, p. 60 ; Renard, p. 73.

C. — *Delivery order* (1).

Les connaissements sont en général émis par le capitaine pour de grandes quantités de marchandises seulement. Les ventes au contraire portent souvent sur de petites parcelles.

Il n'est donc pas possible au vendeur de fournir à chaque acheteur un connaissement distinct.

C'est pour parer à cette impossibilité matérielle que s'est développé l'usage du delivery order ou ordre de livraison (2).

Le vendeur conserve le connaissement, ou bien l'envoie à une banque, ou à son agent au port de débarquement, et émet autant de delivery orders qu'il y a d'acheteurs.

A l'arrivée du navire, le porteur endossataire du delivery order (ces titres portant la clause à ordre) présentera ce document au capitaine du navire ou à l'agent de la compagnie de navigation et obtiendra délivrance de la marchandise dans les mêmes conditions qu'un porteur de connaissement régulièrement endossé.

1° *Comparaison avec le connaissement. Infériorité du D/O.* — Dans la plupart des cas, toutes choses se passeront ainsi régulièrement.

Mais, qu'une difficulté se présente, l'acheteur porteur du delivery order s'apercevra à ses dépens que ce titre ne lui confère rien de plus qu'un droit de créance contre

---

(1) Kennedy, p. 47 ; Gibb, p. 12 ; Goitein, p. 27 ; Renard, p. 81 ; Godret, p. 73 ; G. Marais, *Du crédit documentaire*, p. 45 et *De la nature juridique du D/O.* ; R I.D.M. XXXIV, 78 ; Ripert, II, n° 1575, p. 473 ; Aubrun, § 19, p. 20 ; Terrel et Lejeune, *Opérations commerciales*, p 277 et suiv. ; Van Hissenhoven, p. 315, 361.

(2) Cf. fac-similé, p. 393.

son vendeur : il n'est qu'une simple confirmation donnée par celui-ci des engagements qu'il avait déjà pris dans le contrat de vente.

Le delivery order, à la différence du connaissement, ne donne en effet aucun droit direct contre le transporteur. Il ne constitue pas un « document of title » tel qu'il est défini par le S. of G. Act 1893, Section 62, document faisant preuve de la possession des marchandises. Il est donc totalement différent du connaissement à ce point de vue.

Le delivery order présente un second inconvénient, il ne donne pas à l'acheteur la possibilité de se rendre compte de la valeur du contrat d'affrètement conclu par le vendeur (1). Le simple examen d'un connaissement permet de voir si le vendeur s'est conformé aux stipulations du contrat à ce sujet. L'acheteur qui reçoit un delivery order ne peut avoir aucune indication à ce sujet.

Le delivery order constitue donc un document de qualité inférieure et qui ne présente aucune des qualités que l'acheteur peut exiger d'un titre contre lequel il doit effectuer le paiement.

Il n'a d'autre valeur que celle que la confiance de l'acheteur veut bien donner à la signature du vendeur.

Mais la confiance est chose toute personnelle, elle ne peut être imposée à l'acheteur caf. Si le contrat ne prévoit pas la possibilité pour le vendeur de substituer un delivery order à un connaissement, l'acheteur ne peut être légalement tenu d'accepter un tel document à la place du connaissement auquel il a droit.

Les contrats de la L. C. T. A. portent que le paiement

---

(1) Cette question perd de son intérêt avec les tendances nouvelles de l'unification des connaissements.

doit s'effectuer contre les documents d'embarquement (1). Un delivery order ne peut être rangé parmi ceux-ci. L'acheteur peut donc exiger un connaissement. La jurisprudence est rare tant cette solution s'impose avec force.

Mais les principes juridiques les plus absolus ne peuvent rien contre les exigences de la pratique. Il n'y aurait plus de vente caf possible si le vendeur devait toujours produire un connaissement.

Aussi différentes modalités ont-elles été introduites dans l'emploi du delivery order.

2° Procédés employés pour parer à cette infériorité : Signature de l'agent du navire. — Le plus souvent, au port de débarquement, les réceptionnaires présentent les connaissements non au capitaine, mais à un agent de la compagnie de navigation, ou à un consignataire. Si une telle personne contresigne d'avance le delivery order, ce titre présente une certaine sécurité, le consignataire sachant que des delivery orders ont été émis ne remettra pas la marchandise au porteur du connaissement.

Il est également à présumer que dans ces conditions, le total des delivery orders ne dépassera pas la quantité portée au connaissement.

Mais la garantie que paraît offrir la signature de ce préposé de l'armement n'est pas équivalente à celle que donnerait la détention du connaissement lui-même.

Un acheteur n'ayant pu obtenir livraison n'aurait qu'une action en dommages-intérêts contre l'agent, le consignataire ou même l'armateur dont ce dernier peut être le préposé. Dans un conflit entre un porteur de connaissement (différent du vendeur originaire) et un por-

(1) En pratique, les parties modifient cette clause par une ajoute manuscrite des mots « et ou delivery order ».

teur de delivery order, même contresigné, c'est croyons-nous le porteur du connaissement qui devrait l'emporter (1).

Signature d'un tiers. — La signature d'un agent du navire ou d'un consignataire ne peut pas être toujours facilement obtenue. Le vendeur remet quelquefois le connaissement à un tiers, une banque en général, qui contresigne le delivery order. Le tiers reconnaît par ce contreseing avoir le connaissement original en sa possession et s'engage à tenir le porteur de D/O couvert de toutes les pertes que pourrait éventuellement occasionner pour lui la non remise d'un connaissement.

Une telle opération, remarquons-le, ne change en rien la situation du porteur d'un D/O vis-à-vis du porteur d'un connaissement. Elle donne simplement à l'acheteur une garantie nouvelle ajoutée à celle du vendeur.

En pratique, les acheteurs se contentent de ces garanties accessoires, mais rien ne peut, croyons-nous, les obliger à accepter un delivery order même garanti quand le contrat leur permet d'exiger la présentation d'un connaissement.

La jurisprudence britannique ne s'est pas prononcée sur cette question. Dans l'espèce *Heilbut Symons et Cᵒ Ltd c. Harvey et Cᵒ (1922)*, le juge Bailhache estima bien qu'un delivery order non garanti ne constituait pas un document pouvant être valablement présenté sous un contrat caf, mais comme le fait remarquer Kennedy (2), il

(1) Marais, *Du crédit documentaire*, p. 46, arrive à une conclusion semblable quand le connaissement est endossé au consignataire de la cargaison qui en dispose au profit d'un tiers, au mépris des droits du porteur du D/O.

(2) Kennedy, p. 47.

ne décida pas du point de savoir si un delivery order garanti aurait pu remplacer le connaissement. Au point de vue du principe, les deux questions sont identiques, ce n'est qu'au point de vue pratique qu'elles diffèrent (1).

Il règne donc une certaine incertitude au sujet de la validité du delivery order, incertitude qui n'est pas sans inconvénient, aussi bien pour le vendeur que pour l'acheteur.

Dès à présent on s'efforce en Angleterre de trouver une solution à cette question délicate.

La L.C.T.A. paraît l'avoir résolue tout au moins partiellement par l'insertion dans les contrats des Indes n° 1 et n° 2 de la clause suivante (2) :

« Un connaissement séparé doit être fourni pour cha-
« que unité de 250 tonnes 2 0/0 plus ou moins. »

Cette nouvelle obligation mise à la charge du vendeur exigerait si elle se généralisait l'émission d'un bien plus grand nombre de connaissements émis pour des quantités plus petites, ce qui ne serait pas sans compliquer les opérations à l'embarquement.

Sans doute, cette solution est des plus soutenables. Mais pour notre part, nous croyons qu'il suffirait, pour arriver aux mêmes fins, de modifier légèrement la forme des connaissements. Il n'est pas impossible de concevoir qu'à chaque connaissement soit attachée une feuille divi-

---

(1) Comparer la *Jurisprudence française* et la *Jurisprudence italienne* dans Godret, p. 73 et suiv., et la distinction entre « bon de livraison à valoir sur connaissement », traduction de delivery order, et bon de livraison simple.

(2) Cette clause est entrée en vigueur le 4 avril 1927 pour le contrat n° 1 et le 9 mai 1927 pour le contrat n° 2.

Une clause analogue est insérée dans le contrat n° 39 « avoines Plata ».

Son introduction dans les contrats « Australie » et peut-être même dans toutes les formules est actuellement à l'étude.

sée en un certain nombre de cases. Le vendeur porteur du connaissement qui voudrait émettre un delivery order n'aurait qu'à remplir une de ces cases et la détacher du titre original. Un talon qui resterait attaché au connaissement préviendrait les tiers de l'émission de delivery orders. Un vendeur peu scrupuleux ne pourrait pas disposer deux fois ou même plus de la même marchandise, ou émettre un nombre de delivery orders dont le total dépasserait la quantité portée au connaissement. Un delivery order émis dans ces conditions serait bien une coupure du connaissement et constituerait un titre d'une valeur égale au connaissement lui-même (1).

II. — *Police d'assurance.*

Le vendeur doit fournir une police d'assurance (ou une pièce équivalente) prouvant qu'il a réellement contracté une assurance avec une compagnie d'assurances. Il ne pourrait se contenter de donner une garantie personnelle de payer toutes sommes qu'un assureur devrait rembourser aux termes d'une police courante.

Le vendeur ne peut se constituer assureur vis-à-vis de l'acheteur caf et prendre à sa charge soit tous les risques, soit une partie des risques et n'assurer que les autres.

L'acheteur a le droit d'exiger une assurance effective qui lui procure une garantie supplémentaire, celle de l'assureur.

Le vendeur ne serait même pas déchargé de la nécessité de présenter un document prouvant l'assurance,

---

(1) Sans doute il ne permettrait pas à l'acheteur de vérifier les conditions de l'affrètement, mais ce rôle du connaissement est devenu secondaire avec l'emploi de plus en plus étendu de formules-type de connaissements.

par le fait de l'arrivée de la marchandise à bon port.

Dans le prix forfaitaire convenu entre le vendeur et l'acheteur, la prime d'assurance entre pour une part. Le vendeur n'a pas rempli ses obligations contractuelles s'il ne prouve pas avoir souscrit une assurance, le fait de l'heureuse arrivée des marchandises ne peut avoir aucune influence sur ces obligations.

Cette question a été jugée à différentes reprises, notamment dans les affaires Landauer c. Craven (1912) et Orient Cⁿ c. Brekke et Howlid (1913) (1). Dans cette dernière espèce en particulier, la décision est très nettement formulée, et l'acheteur obtint résolution du contrat à son profit.

L'obligation pour le vendeur caf de passer un contrat régulier avec un assureur de métier est donc définitivement établie.

Différentes questions peuvent se poser au sujet de cette assurance :

1° Montant de l'assurance ;

2° Risques assurés. Durée de l'assurance ;

3° Choix de l'assureur. Solvabilité ;

4° Document servant de preuve du contrat d'assurance (Police, certificat).

Les contrats de la L. C. T. A. ont pris soin en général de préciser les obligations du vendeur sur ces différents points, mais il n'en reste pas moins que des difficultés peuvent encore se présenter dans la pratique.

1° *Montant de l'assurance.* — a) *Fret payable à l'arrivée.* — « Montant de la facture provisoire augmenté de

(1) Kennedy, *op. cit.*, p. 87 et 120 ; Gibb, p. 27, 34 ; Goitein, p. 5 ; Arnould, section 137ª.

2 0/0. Ces 2 0/0 représentant le bénéfice escompté par l'acheteur (1) ».

Le montant de la facture provisoire doit s'entendre : le montant net, c'est-à-dire le prix caf moins le fret payable à destination.

En d'autres termes, le montant qui doit être assuré est la valeur des marchandises au port d'embarquement.

Le fret qui sera payé au navire au port de débarquement ne peut être considéré en risque pendant le voyage maritime.

Si le navire arrive, l'acheteur paie le fret et en retrouve le montant dans la valeur de la marchandise au port de débarquement, valeur accrue du fait du transport.

Si le navire n'arrive pas, l'acheteur ne paie pas de fret, et il recouvre de l'assurance le montant net de la facture provisoire, c'est-à-dire exactement la somme qu'il a payée au vendeur. Il se trouve indemnisé.

Cette solution est traditionnelle, elle a été exposée complètement dans l'affaire *Tamvaco c. Lucas* (*1861*) (2).

Les juges Cockburn, Crompton et Blackburn furent unanimes à déclarer que dans un contrat caf le fret payable à l'arrivée du navire ne devait pas être assuré.

Le juge Blackburn s'exprime en particulier dans les termes suivants :

« Je suis tout à fait de l'avis des autres membres de la « Cour, que la police d'assurance ne doit pas couvrir le « fret, qui jamais n'a été aux risques des acheteurs ; si le « navire avait coulé bas, on ne leur aurait jamais réclamé « le paiement du fret, et dans ces conditions, déclarer « qu'ils avaient droit à une police leur donnant en cas de

(1) Ce bénéfice peut être considéré comme un « intérêt assurable » au sens du Marine Insurance Act 1906.

(2) Kennedy, p. 80 et suiv. ; Gibb, p. 18.

« naufrage du navire le droit de recouvrer la valeur d'un
« fret qu'ils n'ont jamais payé serait, à mon avis, un argu-
« ment *ad absurdum* » (1).

En déclarant que le fret payable à l'arrivée ne doit pas
être compris dans le montant de l'assurance, la jurisprudence britannique donne une solution implicite à
l'un des problèmes les plus délicats qui puissent se présenter autour de l'exécution d'un contrat caf : savoir qui
de l'acheteur ou du vendeur doit profiter du non paiement du fret à l'arrivée en cas de naufrage du navire (2).

Cette question ne peut même plus se poser si le fret
n'est pas assuré, car le montant que remboursera l'assurance sera exactement la somme que l'acheteur aura
payée au vendeur contre la remise des documents (3). Il
n'y a pas de place pour un bénéfice quelconque, que ce
soit pour le vendeur ou pour l'acheteur. Le vendeur touche exactement la même somme, que le navire arrive ou
non à destination. L'acheteur de son côté n'a pas à souffrir du sinistre, puisqu'il retrouve les fonds déboursés,
plus une somme représentant son bénéfice espéré.

L'assurance du fret payable à destination pourrait
pourtant présenter un certain intérêt, quand la cargaison arrive sans manquant, mais en mauvais état. La
valeur marchande s'en trouve notablement réduite, mais
le réceptionnaire se verra néanmoins dans l'obligation
de payer le fret tout entier, puisque le transporteur a
rempli ses obligations contractuelles.

(1) Le jugement décide en somme que le fret payable à destination n'est pas un « intérêt assurable » dans le sens du Marine Insurance Act 1906, sections 4 à 16.

(2) Winkelmolen, p. 84 et suiv. ; Ripert, *op. cit.*, t. II, n° 1895 ;
Abram, *op. cit.*, § 28.

(3) Plus les 2 o/o représentant le bénéfice escompté.

L'indemnité d'assurance ne couvrira qu'une partie du préjudice souffert par le propriétaire de la cargaison comme le montre le calcul suivant (1).

Ex. : Marchandises vendues caf à £ 100. Fret payable à destination £ 10. La facture provisoire est donc de £ 90 et c'est ce montant qui est couvert par l'assurance.

La marchandise arrive avariée : sa valeur marchande est réduite à £ 40.

Supposons pour simplifier que sa valeur si elle était arrivée saine aurait été £ 100 (2).

La perte est £ 100 — £ 40 = £ 60.

L'indemnité d'assurance calculée conformément au Marine Insurance Act sera donc :

$$\text{Les } \frac{60 \text{ (perte brute) de £ 90 (valeur assurée)}}{100 \text{ (valeur saine brute)}}.$$

Soit £ 54 — La perte subie étant de £ 60 n'est pas complètement couverte.

Ce résultat ne peut être évité en assurant le fret puisque le fret payable à destination ne constituant pas un intérêt assurable ne doit pas être assuré.

Aussi les chargeurs maritimes ont-ils, pour parer à cette éventualité, conclu avec les assureurs des polices

(1) Le calcul des indemnités pour avaries particulières est réglé par le Marine Insurance Act 1906, section 71 § 3.

Si la totalité ou une partie quelconque des denrées ou marchandises assurées a été livrée à sa destination dans un état avarié, la mesure d'indemnité est une proportion de la somme fixée dans la police s'il s'agit d'une police à évaluation..., égale au rapport de la différence entre les valeurs brutes saine et avariée au lieu d'arrivée à la valeur brute saine.

(2) Si la valeur saine à l'arrivée a changé dans l'intervalle, l'indemnité d'assurance ne représente plus la perte subie. Mais la question est indépendante de l'assurance du fret. Elle touche au problème de l'assurance pour augmentation de valeur examiné plus loin.

modifiant la section 71 § 3 du Marine Insurance Act sur ce point par l'insertion d'une clause connue sous le nom de « Nett value clause » — clause de valeur nette.

Nett value clause. — Tous les calculs se font sur la valeur nette (saine ou avariée) et non sur la valeur brute.

Dans l'exemple ci-dessus, les calculs seront modifiés de la façon suivante :

Valeur saine nette à l'arrivée £ 100 — £ 10 = £ 90
Valeur avariée nette   £ 40 — £ 10 = £ 30
Perte : . . . . £ 60

L'indemnité d'assurance sera :

Les $\dfrac{60}{90}$ (perte nette) de £ 90 (valeur assurée) = £ 60. (valeur saine nette).

La perte est intégralement couverte.

L'insertion dans les polices de cette « clause valeur nette » est assez fréquente et enlève donc au point du règlement des avaries particulières (1) tout intérêt à l'assurance du fret payable à l'arrivée.

Sans doute, en l'absence de cette clause, la protection de l'assuré est moindre. Il n'en est pas moins certain que l'acheteur ne peut exiger que l'assurance fournie par le vendeur couvre également le fret payable à l'arrivée. Peu de difficultés semblent du reste s'être présentées à ce sujet en Angleterre, la solution donnée dès 1861 n'a plus été remise en question.

----

(1) La même situation peut se présenter en cas d'avarie commune. La valeur contributive est la valeur de la marchandise à l'arrivée donc le prix caf total. La contribution n'est remboursée par l'assurance qu'en proportion du montant assuré, c'est-à-dire du montant net, prix caf moins fret payable à l'arrivée.

La somme déboursée par l'assuré peut être supérieure à celle qu'il touchera de l'assureur.

b) *Bénéfice escompté de l'acheteur.* — 2 0/0 (1) au-dessus du montant net facturé.

Tel est du moins l'usage courant, il s'impose si l'on se tient à la lettre du contrat. Mais, à notre avis, il serait plus logique d'assurer pour compte de l'acheteur 2 0/0 du prix caf total sans aucune déduction. L'acheteur calcule son bénéfice sur le prix de la marchandise à l'arrivée, qui comprend le montant de la facture provisoire et les sommes payées à titre de fret, et constitue pour lui le prix de revient.

Si les 2 0/0 ne sont calculés que sur le montant net de la facture provisoire, l'acheteur souffre un préjudice en cas de non arrivée de la marchandise, préjudice assez peu important il est vrai, puisqu'il n'est que de 2 0/0 du montant du fret payable à destination.

Mais il ne faut pas oublier que ces 2 0/0 fixés arbitrairement ne peuvent constituer qu'une prévision approximative du bénéfice espéré par l'acheteur, en pratique il est suffisant qu'ils ne soient calculés que sur le montant net de la facture provisoire.

L'obligation du vendeur au point de vue de l'assurance s'arrête là. Il ne peut être tenu de prendre des assurances complémentaires en cas d'augmentation de valeur des marchandises, en cours de voyage. Si l'acheteur le désire, il doit demander spécialement au vendeur d'effectuer pour son compte et à ses frais une telle assurance, ou bien s'adresser directement à un assureur.

c) *Assurance supplémentaire* (2). — Une situation intéressante se présente quand le vendeur a pris une assu-

---

(1) Variante contrat n° 54. Avoines de la Baltique : 3 o/o.

(2) Cf. Kennedy, *op. cit.*, p. 103 et suiv. ; Gibb, p. 21, 29, 35 ; Goitein, p. 52 et suiv.

rance dont le montant est supérieur de plus de 2 0/0 à la facture provisoire, ou quand par la suite il contracte pour son compte de nouvelles assurances pour augmentation de valeur.

Qui du vendeur ou de l'acheteur tirera-t-il bénéfice de cette assurance supplémentaire ?

En l'absence de conventions expresses des parties, la question est assez embarrassante. La jurisprudence anglaise considère que la commune volonté des parties doit être recherchée. Cette volonté peut être interprétée de deux façons différentes :

1° Dans un contrat caf, le vendeur s'engage à fournir toutes les polices existantes qui couvrent la marchandise au moment du contrat ;

2° Dans un contrat caf, le vendeur s'engage à fournir une police d'assurance couvrant les marchandises à des conditions fixées conventionnellement entre les parties.

A plusieurs reprises, les tribunaux anglais ont adopté la première de ces interprétations :

Espèces Ralli c. Universal Marine Insurance Cⁱ (1862). Landauer c. Aeser (1905) (1).

Ils en ont tiré la conclusion que c'était l'acheteur qui bénéficierait de l'indemnité d'assurance supplémentaire. Cette solution leur paraissait évidente car : « le vendeur n'avait plus au moment de la perte aucun intérêt dans l'objet assuré » et l'acheteur avait acquis les marchandises telles qu'elles étaient assurées.

Nous avons rapporté ces décisions rendues dans des

(1) Le contrat caf contenait la clause suivante : « Le vendeur assurera pour compte de l'acheteur 5 o/o au-dessus du montant net facturé ». Par mégarde, le vendeur assura pour plus de 5 o/o et remit la facture à l'acheteur contre paiement du prix.

espèces où le contrat ne prévoyait pas quel serait le bénéficiaire de l'assurance supplémentaire, bien qu'elles ne puissent s'appliquer au contrat de la L. T. C. A. qui contient une clause à cet effet. Elles sont intéressantes par les indications qu'elles donnent sur les tendances générales de la jurisprudence.

Les contrats de la London Corn Trade Association contiennent tous une clause aux termes de laquelle « tout montant au-dessus des 2 0/0 (assurés pour compte de l'acheteur) est pour le compte du vendeur en cas de perte totale seulement ». Des difficultés se sont néanmoins présentées dans l'interprétation de cette clause, comme le prouve l'affaire *Strass c. Spillers et Bakers Ltd (1911)*.

Les vendeurs d'une cargaison de blé remirent aux acheteurs une police couvrant le montant de la facture plus 2 0/0. Le marché étant en hausse, ils conclurent une nouvelle assurance pour augmentation de valeur et conservèrent la nouvelle police. Un sinistre se produisit sur ces entrefaites. Les assureurs remboursèrent aux acheteurs le montant de leur police. Les vendeurs envoyèrent alors aux acheteurs la police supplémentaire en leur demandant d'en toucher le montant pour leur compte. Les acheteurs émirent la prétention de retenir les sommes qu'ils avaient encaissées de l'assurance à ce titre, en soutenant que les vendeurs devaient, aux termes du contrat de vente caf, leur remettre toutes les polices couvrant le blé à la date du contrat. Le juge Hamilton ne s'arrêta pas à ces arguments ; « la police pour augmentation de valeur était une police indépendante » et « sans autre preuve d'intérêt que la police elle-même » (an independent honour policy), effectuée par les vendeurs pour leur propre compte, les acheteurs n'y avaient aucun droit aux termes de leur contrat et les vendeurs pouvaient poursuivre le remboursement des sommes versées par l'assurance.

Remarquons que si la solution donnée par le juge Hamilton est très nette, les motifs de sa décision le sont infiniment moins. Il paraît surtout s'être attaché au fait que la police pour augmentation de valeur avait été conclue postérieurement au contrat et indépendamment de celui-ci. Il n'a fait, en somme, que reproduire une décision rendue en 1901 dans l'affaire *Harland c. Burstall et C°* par le juge Bigham qui, à cette occasion, décidait qu'une police conclue par le vendeur en dehors du contrat ne pouvait profiter qu'au vendeur, en l'absence même de toutes stipulations spéciales du contrat de vente.

Dans l'affaire Strass c. Spillers Bakers Ltd, les conditions étaient particulièrement favorables à la thèse du vendeur, mais il est permis de se demander quel aurait été le jugement du juge Hamilton, si au lieu de souscrire une police indépendante, le vendeur avait simplement conclu une assurance couvrant par exemple 5 0/0 en plus du montant de la facture au lieu des 2 0/0 exigés. Aurait-il décidé que les 3 0/0 supplémentaires devaient être pour le bénéfice du vendeur, ou aurait-il au contraire rendu un jugement analogue à celui intervenu dans l'affaire « Landauer c. Asser » (1905) ?

A notre avis, le principal point à considérer est de savoir lequel du vendeur ou de l'acheteur paie la prime correspondant à l'assurance supplémentaire. C'est là que se trouve la pierre de touche qui permettra de décider lequel des deux devra profiter de l'indemnité éventuelle.

Nous devons néanmoins constater, en terminant, qu'une certaine incertitude règne dans cette matière, et que la clause de la L. C. T. A. ne suffit pas à la dissiper.

2º *Conditions de l'assurance*. — A défaut de conventions spéciales dans le contrat, l'assurance doit être conclue « aux conditions couramment pratiquées dans la branche commerciale envisagée et pour le voyage dont il est question » (1). *Espèces Groom c. Barber* (1915). *Biddel Bros c. E. Clemens. Horst Cº* (1911). *Johnson c. Taylor Bros* (1920). *Arnhold Karberg et Cᵉ c. Blythe* (1915), etc...

La question est donc uniquement une question de fait, dépendant des marchandises, du navire, du voyage maritime, etc...

Dans les contrats caf de la L. C. T. A., les conditions de l'assurance sont minutieusement prévues et réglées.

La clause Assurance de la L. C. T. A. exige que « les polices soient conclues aux conditions du Lloyds comprenant la clause des Risques de guerre de la L. C. T. A. et la clause « franc d'avaries particulières de la L. C. T. A. » (2).

Ces différentes clauses sont reproduites dans la formule nᵉ 72 du Recueil de la L. C. T. A. (3) et cette précaution exclut toute chance d'erreur ou d'équivoque. La sanction de l'inobservation possible de ces règles par le vendeur est sévère, l'acheteur peut refuser les documents. *Espèce Oranje Ltd c. Sargant et Sons* (4).

Nous allons successivement examiner les différentes conditions de l'assurance.

(1) Kennedy, p. 76 ; Gibb, p. 22 ; Goitein, p. 18.

(2) Cf. p. 63, l'exception signalée pour le contrat Madagascar (nº 75).

(3) Cf. p. 370.

(4) Goitein, *op. cit.*, p. 21. La police refusée était souscrite aux conditions F. P. A. alors que le contrat stipulait que l'assurance devait couvrir les avaries particulières.

a) *Durée de l'assurance*. — La formule 72 reproduit à ce sujet la clause « Magasin à Magasin » classique de l'Institut des Assureurs Maritimes de Londres. La police fournie à l'acheteur doit couvrir, en plus des risques du transport proprement dit, les risques du déchargement et les risques auxquels est exposée la marchandise pendant son séjour à quai en attendant le délai normal nécessaire à son transfert dans un magasin du réceptionnaire ou tout autre.

b) *Risques couverts*. — La formule n° 72 est très explicite à ce sujet et reproduit la clause « franc d'avaries particulières de la L. C. T. A. » rédigée d'accord par la L. C. T. A. et l'Institut des Assureurs.

L'assurance couvre l'avarie commune, la perte totale et l'avarie particulière dans certaines conditions qui mettent fin à la « franchise » stipulée par l'assureur.

L'assurance couvre les différents incidents de la navigation : déroutement, transbordement, etc...

Le recours contre l'assureur est indépendant du recours contre le transporteur, en ce sens que l'assuré ne pourra se voir opposer par l'assureur une des clauses d'exonération de responsabilité insérées dans les connaissements ou l'exonération légale résultant du Harter Act ou des Acts canadien de 1910 et australien de 1924 (1).

(1) Les demandes d'indemnité présentées à la suite d'une avarie provoquée par un fait dont l'armateur n'est pas responsable en raison de l'exonération légale du Harter Act ou actes législatifs similaires ne sont pas soumises à la restriction de la clause F.P.A. L'avarie peut être une avarie particulière, du moment que l'assuré prouve qu'elle aurait été normalement à la charge de l'armateur et que seules les dispositions légales lui permettent de s'y dérober, l'assureur ne pourra se retrancher derrière la clause « F. P. A. » franc d'avarie particulière.

Le contrat de transport et le contrat d'assurance sont deux contrats différents. Si nous supposons qu'une avarie couverte par l'assurance puisse également faire l'objet d'une réclamation contre le navire, l'assuré n'en aura pas moins le droit de s'adresser simplement à l'assureur. Celui-ci pourra se retourner contre le navire, mais il ne peut faire dépendre le paiement de l'indemnité d'assurance du résultat de son recours contre le transporteur.

c) *Risques de guerre.* — Le contrat de la L. C. T. A. prévoit expressément l'assurance du Risque de guerre.

Cette stipulation expresse est indispensable, car il a été jugé à plusieurs reprises que le vendeur caf n'est pas tenu de fournir une police couvrant le risque de guerre. Espèces *Groom c. Barber* (1915), *in re Weis et C° c. Credit Colonial et Commercial Antwerp* (1916), *Arnhold Karberg c. Blythe, Green et C°* (1916) (1).

La clause « Risque de guerre de la L. C. T. A. » est également reproduite dans la formule n° 72 (2).

Une stipulation spéciale concerne le paiement de la prime « risque de guerre ». Cette prime n'est comprise dans le prix caf forfaitaire que si elle ne dépasse pas 1/2 0/0. Si les assureurs demandent une prime plus forte, toute somme dépassant 1/2 0/0 sera facturée en plus aux acheteurs.

En temps de guerre déclarée, les parties concluent, bien entendu, des conventions spéciales à ce sujet (3).

3° *Choix de l'assureur.* — *Solvabilité.* — Le choix de l'assureur est laissé au soin du vendeur.

(1) Kennedy, p. 77-84 ; Gibb, p. 45 ; Goitein, p. 20.
(2) Cf. p. 374.
(3) Les contrats n°ˢ 27 et 30 de l'édition 1926 portent exceptionnellement que le risque de guerre ne doit pas être couvert.

Il peut être un assureur individuel, une Compagnie d'assurances ; sa nationalité est indifférente (1).

A condition qu'il ait choisi un « Assureur approuvé », le vendeur n'est pas responsable de sa solvabilité.

4° *Document constatant le contrat d'assurance. Police ou certificat d'assurance. Police flottante.* — Le contrat de la L. C. T. A. exige en général que le vendeur fournisse à son acheteur « des polices et ou certificats d'assurance, l'un et l'autre dûment timbrés ».

Les certificats d'assurance se trouvent donc par cette clause expressément assimilés à une police ; les nombreuses difficultés qui s'étaient présentées à ce sujet en jurisprudence semblent donc par cela même être aplanies (2).

(1) Ceci n'est vrai qu'en temps de paix. En cas de guerre, le vendeur ne pourrait pas présenter une police d'assurance conclue avant la déclaration de guerre avec un assureur ennemi.

Le cas s'est présenté dans l'affaire Schneider et C⁰ c. Burgett and Newsum (1916). La solution a été la même que pour l'affaire Arnhold Karberg et C⁰ c. Blythe (1915) où il s'agissait d'un connaissement allemand. Il a été jugé que le vendeur ne peut présenter des documents qui mettraient l'acheteur dans l'obligation éventuelle d'avoir des relations commerciales avec un ennemi, la proclamation du 5 août 1914 ayant interdit aux sujets britanniques tout commerce avec l'ennemi.

La police d'assurance conclue avec un ennemi n'était donc pas valable après la déclaration de la guerre et ne pouvait être considérée comme un document régulier au sens d'un contrat caf.

(2) Kennedy, p. 87 et suiv. ; Gibb, p. 3 et 8 ; Goitein, p. 45 et suiv. Affaires Manbre Saccharine C⁰ c. Corn Products C⁰ (1919) ; Wilson Holgate et C⁰ Ltd c. Belgian Grain and Produce C⁰ Ltd (1920) ; Diamond Alkali Export Corporation c. Fl. Bourgeois (1921) ; Donald H. Scott et C⁰ Ltd c. Barclays Bank Ltd (1923) ; cf. également Renard, p. 67 et suiv. ; Godret, p. 87 ; Winkelmolen, p. 72 et suiv.

Mais il ne faudrait pas en déduire que toute discussion soit ainsi par avance écartée ; tous les certificats d'assurance ne pourraient pas être présentés en remplacement de la police, ils doivent remplir certaines conditions.

De plus certaines formules de la L. C. T. A. ne permettant pas de substituer un certificat d'assurance à la police, nous croyons utile de résumer la jurisprudence britannique et les raisons pour lesquelles elle estime qu'un vendeur présentant un simple certificat ne remplit pas ses obligations contractuelles.

La pratique des certificats d'assurance s'est introduite dans les contrats caf avec l'habitude de conclure les assurances maritimes sous la forme de polices dites « flottantes ou d'abonnement ».

La définition de cette police est donnée dans le Marine Insurance Act de 1906 à l'article 29.

« 1º Une police flottante est celle qui désigne l'assu-
« rance en termes généraux et laisse à préciser par des
« déclarations ultérieures le nom du ou des navires et les
« autres détails ;

« 2º La ou les déclarations ultérieures peuvent se faire
« par endossement sur la police ou de toute autre manière
« usuelle ;

« 3º Sauf stipulation contraire dans la police, les
« déclarations doivent être faites dans l'ordre d'expédi-
« tion ou de chargement. S'il s'agit de marchandises,
« ces déclarations doivent comprendre tous les envois
« rentrant dans les termes de la police et la valeur des
« marchandises ou autres objets doit être honnêtement
« déclarée ; toutefois une omission ou une déclaration
« erronée pourra être rectifiée même après perte ou
« arrivée, pourvu que cette omission ou déclaration ait
« été faite de bonne foi. »

Les chargeurs prévoyant de nombreuses expéditions ont pris l'habitude de souscrire de telles polices qui couvrent tous les chargements qu'ils pourraient être appelés à faire, dans un certain laps de temps, une année en général.

Au fur et à mesure des embarquements, ils envoient à leur assureur un avis faisant connaître le nom du navire, le voyage, la valeur de la cargaison.

Par suite de cette simple déclaration, l'assurance couvre à des conditions fixées d'avance les risques auxquels est exposée la marchandise au cours du voyage entrepris.

L'assureur prend note de ces déclarations et n'envoie pas au chargeur de police spéciale.

Le chargeur, vendeur caf, se voit donc obligé, s'il veut fournir à son acheteur un document représentatif du contrat d'assurance, d'émettre lui-même une lettre dans laquelle il déclare au vendeur qu'il est couvert pour une somme de . . . . . (montant de la facture provisoire) aux termes d'une police d'assurance en sa possession.

Telles étaient exactement les circonstances de l'affaire *Manbre Saccharinc C⁰ c. Corn Producls C⁰ (1919)* (1). Le juge Mc Cardic décida que les acheteurs étaient en droit d'exiger une police et n'avaient pas à se contenter d'une simple affirmation du vendeur qu'il existait une police les couvrant.

Dans l'espèce, *Wilson Holgate et C⁰ Ltd c. Belgian Grain and Produce C⁰ Ltd (1920)* (2), le vendeur ne s'était pas contenté de donner une lettre certifiant que l'assurance avait été faite. Il avait endossé à l'ordre de l'acheteur la note de couverture du courtier d'assurances, et

(1) Kennedy, p. 88 ; Gibb, p. 41 ; Goitein, p. 6.
(2) Kennedy, p. 89 et suiv. ; Gibb, p. 6-8 ; Goitein, p. 47 ; Winkelmolen, p. 74.

prétendait que l'usage s'était établi d'accepter un tel
document à la place d'une police. Le juge Bailhache
jugea que le vendeur n'avait pas apporté la preuve de ce
nouvel usage. « Il est exact, dit-il, que durant la guerre,
« en raison des circonstances spéciales et du manque
« d'employés, les acheteurs se montrèrent plus conci-
« liants et acceptèrent les notes de couverture des cour-
« tiers et les certificats d'assurance. Mais cette tolérance
« de leur part n'a pu leur faire perdre le droit d'exiger
« une police d'assurance qui seule leur confère un droit
« d'action directe contre les assureurs. »

Dans l'affaire *Diamond Alkali Export Corporation c.
Fl. Bourgeois (1921)* (1), la situation du vendeur paraissait bien plus forte. Il présentait un document émis par
une Compagnie d'assurances américaine et rédigé de la
façon suivante :
« Par la présente, la Compagnie d'assurances certifie
« que le. . . . . elle a assuré sous la police N°. . . . . .
« 280 sacs de soude. . . . . embarqués à bord du s/s An-
« glia et ou autres vapeurs pour le voyage Philadelphie
« à Gothenbourg. Il est entendu que toute perte éventuelle
« sera payée à l'ordre de l'assuré contre remise de ce
« certificat. Ce certificat représente et prend la place de
« la police et opère le transport de tous droits du por-
« teur original de la police (pour obtenir paiement de
« toute indemnité) aussi complètement que si les biens
« étaient couverts par une police spéciale faite directe-
« ment avec le porteur de ce certificat, et cela sans au-
« cune responsabilité pour les primes non payées. »
Le juge Mc Cardie estima qu'un tel document, bien

---

(1) Kennedy, p. 92 ; Gibb, p. 8 ; Goitein, p. 46.

que conférant un droit direct (1) contre l'assureur, ne pouvait remplacer une police. La principale de ses objections était que ce certificat ne permettait pas de connaître les conditions de l'assurance qu'il fallait rechercher dans la police elle-même.

Accessoirement, il faisait remarquer que si le Marine Insurance Act 1906 prévoit dans la section 50, § 3 le transfert d'une police par endossement, il considère, d'autre part, dans la section 22, que la seule preuve admissible d'un contrat d'assurance maritime est la police.

Le Marine Insurance Act ne lui paraît donc pas pouvoir s'appliquer, au point de vue en particulier du transfert par endossement, au certificat d'assurances présenté.

Pour ces différentes raisons, le certificat d'assurances américain ne constituait pas un document pouvant valablement tenir lieu d'une police.

La solution donnée est encore la même dans l'espèce *Donald H. Scott et C° Ltd c. Barclays Band Ltd (1923)* (2).

Le certificat d'assurances émis en Amérique donnait un recours direct contre les assureurs, mais ne reproduisait pas les conditions de la police. La banque refusa de lever ces documents à présentation.

Le juge de première instance Sankey estima qu'un tel certificat pouvait être considéré comme une police d'assurance approuvée (an approved insurance policy) dans les relations entre les vendeurs et la Banque, en ce sens

____

(1) *Contrà* : Scrutton, p. 185, note (*e*). Un certificat d'assurance émis par une Compagnie d'assurance d'après une police flottante, et donnant un recours direct contre la compagnie, serait suffisant dans tous les cas.

(2) Kennedy, p. 97 ; Gibb, p. 3, 4, 8 ; Goitein, p. 46.

qu'il était tel que des commerçants ne pouvaient élever contre lui d'objection raisonnable.

Mais la Cour d'appel, composée des juges Scrutton, Bankes et Atkin, rendit une décision complètement opposée : « un certificat d'assurance qui n'établit pas les con - « ditions de l'assurance n'est pas une police approuvée « au point de vue crédit documentaire ».

La jurisprudence, tout en restant sur ses positions antérieures, paraît pourtant disposée à examiner les conditions de validité possibles d'un certificat d'assurance. Cette tendance se précise dans une affaire plus récente encore, *Malmberg c. Evans et C* (1). Le certificat présenté — un certificat suédois — était très complet, mais ne spécifiait les risques couverts que par référence aux lois maritimes en vigueur et à la police d'assurance.

Le juge de première instance (Bailhache) et la Cour d'appel (composée des juges Scrutton, Bankes et Atkin) jugèrent que ce certificat ne pouvait remplacer une police régulière. Mais les motifs de ces décisions sont bien moins formels, une nouvelle question en particulier est soulevée : ces certificats sont-ils, dans le pays où ils ont été émis, considérés comme des documents remplaçant valablement une police ? Peut-être se produira-t-il à ce sujet une évolution dans la jurisprudence britannique.

Quoi qu'il en soit, à l'heure actuelle, un certificat d'assurance ne pourrait être présenté en Angleterre à la place d'une police qu'aux conditions suivantes :

1° donner un droit de recours direct contre les assureurs ;

2° pouvoir être transférable par endossement :

3° reproduire les conditions de l'assurance.

(1) Goitein, p. 49.

De plus, aux termes du Stamp Act 1891, section 95, toute police (1) d'assurance pour être valable doit être dûment timbrée.

A vrai dire, nous ne voyons pas bien la différence qui peut exister entre un tel certificat et une police ; n'est-ce pas là une simple question de mots ?

Si la jurisprudence britannique s'est montrée si exigeante, ce n'est que dans l'intérêt du seul acheteur. Aussi ce dernier peut-il renoncer à ces différentes garanties et accepter dans son contrat que le vendeur lui remette un certificat d'assurances à la place d'une police régulière. *Affaire Burstall et Grimsdale (1906)* (2).

Application aux contrats L. C. T. A. — Pour en revenir aux contrats de la L. C. T. A., nous avons vu que si certaines formules ne prévoient que des polices d'assurance, le plus grand nombre d'entre elles contiennent la clause « polices et ou certificats ».

Cette rédaction permettrait à notre avis de présenter

(1) La section 91 du Stamp Act 1891 donne la définition suivante d'une police d'assurance aux termes de cet Act : « Tout écrit par lequel on conclut ou convient de conclure un contrat d'assurance, ou constituant la preuve d'un contrat d'assurance. »

La section 93 porte qu'un contrat d'assurances maritimes n'est valable que si la police spécifie les conditions de l'assurance.

Il a été admis que les certificats d'assurance émis en vertu d'une police flottante n'ont pas besoin d'être matériellement timbrés.

L'expression « dûment timbré » doit se comprendre « timbré conformément à la loi ». Il suffit qu'un certificat d'assurance porte la formule ci-après : « Le présent certificat est émis en vertu d'une police flottante timbrée ».

(2) Kennedy, p. 87 et 92. Mais l'acceptation doit être formelle et le simple fait d'accepter pendant un certain temps des documents irréguliers n'enlève pas à l'acheteur le droit d'en refuser de similaires par la suite. Goitein, p. 48.

à la place d'une police, non seulement les certificats satisfaisant à toutes les exigences de la jurisprudence, mais encore des certificats moins complets, ne contenant pas par exemple les conditions de l'assurance ; sinon la stipulation « et ou certificats » serait sans aucun intérêt puisqu'elle ne ferait que reproduire le droit commun. Du reste, il est à peine besoin de remarquer que dans un contrat caf conclu aux conditions de la L. C. T. A., il serait bien inutile que le document d'assurances contienne une reproduction de toutes les clauses de l'assurance, puisque ces clauses sont invariablement fixées par le contrat. Il est suffisant que le certificat porte que l'assurance a été contractée aux conditions générales exigées par la L. C. T. A.

Mais dans la pratique, les vendeurs qui vendent en caf fournissent des certificats d'assurance absolument réguliers aux termes de la jurisprudence anglaise.

Ils sont de plus (le contrat de la L. C. T. A. l'exige du reste) dûment timbrés, en exécution du Stamp Act 1891.

III. — *Certificat de qualité.*

Certaines formules de contrats (Amérique du Nord, Afrique du Sud) portent que le vendeur devra fournir un certificat officiel constatant la qualité de la marchandise à l'embarquement.

La jurisprudence, peu abondante, semble prouver que les difficultés qui se présentent à l'occasion de ce certificat de qualité sont rares.

La question la plus intéressante est de savoir si l'absence du certificat de qualité ou son irrégularité légitime le refus de l'acheteur de lever les autres documents.

Les auteurs anglais ne paraissent pas s'accorder sur

ce point. Kennedy (1) estime qu'une présentation de documents serait incomplète si elle ne comprenait pas le certificat de qualité prévu au contrat et cite en exemple l'affaire *In re Reinhold et C° c. Hansloh (1896)* (2), Vente de 1.000 tonnes maïs Plata jaune avec « certificat légalisé de la Chambre de commerce » quant à l'embarquement sain, sec et propre à l'exportation. Les connaissements portent que les sacs sont marqués de la lettre « *F* ». Le certificat ne mentionne pas cette particularité. L'acheteur refuse les documents ; la Cour approuve son refus.

Goitein (3) est d'une opinion contraire : en l'absence de conventions expresses, une présentation des documents pour être complète doit comprendre les trois documents obligatoires (connaissement, police d'assurance, facture). Les autres documents sont facultatifs, leur absence ou leur irrégularité ne peut avoir d'influence sur la validité de la présentation des documents. A l'appui de sa thèse, il cite la décision rendue dans l'affaire *Gillespie Bros et C° c. Thompson Bros et C°* (*1922*).

Les circonstances étaient les suivantes :

Le contrat de vente caf (maïs de Rhodésie, n°ˢ 1 et 2) contenait la clause suivante « certificat de l'inspecteur du Gouvernement final quant à la qualité ».

Le vendeur fournit 59 certificats et un certificat supplémentaire attestant que ces 59 certificats s'appliquaient à la cargaison chargée. Cinq de ces certificats, joints aux autres par erreur, décrivaient une partie de la marchandise comme étant du maïs n° 3. Les acheteurs refusèrent

---

(1) Kennedy, *op. cit.*, p. 71.
(2) Kennedy, p. 72 ; Gibb, p. 14.
(3) Goitein, p. 29.

de lever les documents. Le juge leur donna tort et estima que leur refus constituait une rupture injustifiée du contrat.

A première vue, cette décision semble s'opposer nettement au jugement rendu dans l'affaire *In re Reinhold et Cᵒ c. Hansloh (1896)*. Mais la contradiction n'est qu'apparente. Le juge de 1922 croit pouvoir en effet distinguer deux sortes de certificats de qualité.

Le contrat peut contenir la clause « qualité suivant certificat d'inspection ».

Dans ces conditions, le certificat fait partie intégrante de la qualité, et un grain non accompagné du certificat n'est pas de la qualité contractuelle. L'acheteur a le droit de refuser.

Mais la rédaction du contrat peut être différente et porter simplement que « Le certificat de l'inspecteur du Gouvernement est final quant à la qualité » (1). Dans ce cas, qui était celui de l'espèce de 1922, le certificat n'est pas une des caractéristiques de la qualité, il jouera simplement le rôle de preuve irréfutable de la qualité de la cargaison, si une contestation s'élevait par la suite à ce sujet.

De cette conception du rôle du certificat de qualité, l'on déduit que les certificats de qualité ne sont pas des documents d'embarquement (shipping documents) et que le vendeur n'est pas tenu de les présenter immédiatement, bien qu'il ait pris l'engagement de les présenter par la suite.

Cette distinction est ingénieuse. Mais pour notre part, nous la considérons comme inexacte et dangereuse dans les conclusions que l'on peut essayer d'en tirer.

(1) C'est cette rédaction que l'on trouve dans les contrats de la L.C.T.A.

Dire que le certificat de qualité ne doit jouer un rôle qu'au cas où s'élèverait contestation, c'est permettre au vendeur de ne le présenter qu'à ce moment ; bien plus, c'est le dispenser de la production de tout certificat de qualité, si l'acheteur se déclare satisfait de la qualité. Le certificat de qualité n'aurait plus d'autre rôle que de protéger le vendeur contre une réclamation éventuelle de l'acheteur en lui opposant une fin de non recevoir absolue.

Mais telle n'est pas la conception que s'est faite l'acheteur de l'emploi du certificat. Le certificat doit être une garantie de la qualité même si aucune difficulté ne s'élève à ce sujet.

Nous avons vu qu'une police d'assurance devait être présentée même si les marchandises arrivaient à bon port, car l'obligation du vendeur est d'assurer la cargaison, la police n'est que la preuve de l'exécution de cette obligation.

De même, croyons-nous, l'obligation du vendeur est de se procurer un certificat de qualité et de le présenter dans tous les cas à son acheteur. Son utilité n'apparaîtra sans doute qu'au cas où se présenterait une difficulté au sujet de la qualité ; mais l'acheteur est en droit d'en exiger la présentation en dehors de toute contestation au même titre et en même temps que les autres documents.

IV. — *Lieu et époque de la présentation des documents.*

1° *Lieu de la présentation.* — Les documents doivent être présentés à l'acheteur en un lieu fixé d'accord, qui sera, soit le siège de son entreprise commerciale, soit la banque qui finance ses opérations et constitue son domicile bancable. A défaut de convention expresse, le vendeur doit *prima facie* les présenter aux bureaux de l'acheteur (1).

2° *Epoque de la présentation.* — Les contrats de la L. C. T. A. (2) prévoient à partir de quel moment l'acheteur doit être prêt à efféctuer le paiement, mais n'imposent pas au vendeur l'obligation de présenter les documents dans un délai déterminé.

Il n'est pas permis au vendeur, décide la jurisprudence (3), de conserver les documents entre ses mains trop longtemps après les avoir reçus, mais du moment qu'il ne les garde que pendant un « espace de temps raisonnable » et fait toute diligence pour les présenter à son acheteur, il remplit ses obligations et n'a pas à se préoccuper du fait de l'arrivée du navire à destination. Il n'y a pas en particulier de condition implicitement contenue dans le contrat suivant laquelle l'acheteur aurait le droit d'exiger que les documents lui soient remis à temps pour être expédiés au port de déchargement avant l'arrivée du navire.

Le temps accordé au vendeur pour présenter les documents après leur réception sera plus ou moins long suivant les circonstances de fait : nature de la cargaison, date de l'embarquement, éloignement du navire, etc....

Arrivée du navire avant les documents. — Cette jurisprudence est sans doute équitable puisque le vendeur

____

(1) Kennedy, p. 110 ; Gibb, p. 41 ; Goitein, p. 22. Espèce Johnson c. Taylor Bros (1920).

(2) Kennedy, p. 107 et suiv. ; Gibb, p. 42 ; Goitein, p. 22 et suiv.

(3) Espèces Sanders Bros c. Maclean et C° (1883) ; Landauer et C° c. Craven and Speeding Bros (1912) ; Biddel Bros c. E. Clemens Horst C° (1912 House of Lords) ; Johnston c. Taylor Bros et C° Ltd (1920).

n'a pas pris d'engagement quant à la date de la présentation des documents et que l'on ne pourrait voir dans le retard un juste motif de résolution de la vente.

La situation de l'acheteur peut néanmoins être critique. Si les documents ne lui sont pas encore parvenus au moment où le navire entré au port commence ses opérations de déchargement, il ne pourra se présenter comme réceptionnaire de la cargaison. Le capitaine pressé par le temps mettra les marchandises à quai ou dans un entrepôt, elles y demeureront « pour compte de qui il appartiendra ». L'acheteur ne recevant le connaissement que tardivement, obligé de l'accepter, ne pourra se faire délivrer les marchandises qu'en réglant, en plus du fret, les frais de mise à terre, d'entrepôt, etc... dont le montant, assez élevé quelquefois, augmentera d'autant son prix d'achat.

Aussi les contrats de la L. C. T. A. contiennent-ils une clause spéciale prévoyant le cas du navire arrivant avant les documents (1).

Le vendeur devra fournir à l'acheteur des documents de remplacement qui lui permettront d'obtenir du capitaine la délivrance dans les mêmes conditions que s'il produisait un connaissement régulier.

Les formules de contrat ne donnent aucune indication de plus sur la forme et la nature de ces documents de remplacement ; ils auront l'apparence de delivery orders (2).

Si le vendeur est un commerçant ou une maison d'exportation honorablement connu, le capitaine se conten-

---

(1) Cette situation se présente assez souvent, en particulier pour les provenances Amérique du Nord. Cf. la rédaction des clauses, p. 66.

(2) Van Hissenhoven, p. 369.

tera parfois de ce simple delivery order, dont la seule garantie est constituée par la signature de l'émetteur. Mais en général, le capitaine, dont le droit strict est de ne délivrer la cargaison que contre un connaissement émis par lui, exigera de plus une garantie de banque. Une banque s'engagera solidairement avec l'émetteur du delivery order à tenir le capitaine couvert contre tous les dangers que présente pour lui la remise de la marchandise à un réceptionnaire ne détenant pas le connaissement. La banque exigera pour donner sa signature de garantie une commission, dont le paiement reste à la charge du vendeur, sauf conventions contraires.

Un tel document, si le capitaine l'accepte, permettra à l'acheteur de prendre livraison de la marchandise dans les mêmes conditions qu'un connaissement, et il est naturel que sa présentation par le vendeur le mette dans l'obligation de payer le prix caf du contrat (1).

Mais ce paiement diffère du paiement ordinaire contre documents réguliers : il est effectué sans préjudicier en quoi que ce soit aux droits que l'acheteur caf tire de son contrat d'exiger des documents réguliers. Si le connaissement présenté par la suite ne correspond pas aux stipulations contractuelles, l'acheteur aura la possibilité de demander la résolution du contrat de ce chef.

Il a fallu également envisager le cas où le capitaine n'estimerait pas le document de remplacement suffisant (2) et déchargerait pour le compte de « à qui il ap-

(1) L'acheteur doit payer contre ces documents de remplacement, mais son refus de paiement n'entraîne pas résolution du contrat, au même titre qu'un refus de payer contre documents réguliers. Il met simplement à la charge de l'acheteur les frais supplémentaires de débarquement.

(2) Ce cas ne se présente que rarement. Le capitaine se contentera en général de la garantie de banque.

partiendra ». L'acheteur qui a bien voulu payer contre un document irrégulier ne pourra être tenu de supporter ces frais supplémentaires qui resteront à la charge du vendeur.

La situation serait différente si l'acheteur refusait de payer la facture à la présentation des documents de remplacement. Il est plus que probable que le capitaine aurait consenti à délivrer la marchandise contre ces documents. Si des frais supplémentaires ont été encourus, faute de réceptionnaire à l'arrivée du navire, la faute en incombe à l'acheteur qui n'a pas payé en temps voulu. Ces frais, l'acheteur doit donc les supporter en définitive (1).

DEUXIÈME PARTIE

Obligations de l'acheteur.

Les obligations de l'acheteur se ramènent en fait à une seule. Il doit payer le prix convenu dans les délais prévus dans la clause « payement » de chaque contrat.

Examen des documents. — L'acheteur a le droit d'examiner les documents avant d'effectuer le paiement et de constater s'ils répondent aux conditions du contrat.

L'acheteur doit se livrer avec grand soin à cet examen préalable, car une fois les documents acceptés, il ne peut plus revenir sur cette acceptation et demander la résolution du contrat sur base d'une irrégularité dans les documents. Cette renonciation au droit de refuser les

(1) Cf. les clauses « landing charges », frais de débarquement (p. 66 et 67).

documents peut même être tacite et résulter du long silence de l'acheteur (douze jours dans l'affaire *Shipton-Anderson et Cº c. John Weston et Cº* (1922).

Il est intéressant de noter que le fait par l'acheteur d'avoir refusé une présentation de documents sur des bases insuffisantes ne lui ôte pas le droit de refuser par la suite pour des raisons différentes mais valables (Espèces *Manbre Saccharine Cº Ltd c. Corn Products Cº* (1919) ; *Taylor c. Oakes* (1922) ; *Hansson c. Hamel et Horley* (1922) (1).

D'un autre côté, le vendeur a le droit, après une présentation de documents irréguliers et refusés comme tels, de présenter des documents réguliers. Si cette seconde présentation est effectuée dans les délais prévus au contrat, l'acheteur ne pourra refuser le paiement simplement parce que la première présentation était sans valeur (Espèce *Forbes, Forbes Campbell et Cº c. Pelling Stanley et Cº* (1922).

Nous avons vu que l'acheteur qui conserve les documents doit payer le prix convenu. Il ne peut garder les documents et refuser le paiement. L'acceptation des documents entraîne l'obligation du paiement du prix.

Une question délicate s'est présentée devant la jurisprudence britannique (2).

Aux termes de l'article 34 du S. of G. Act 1893 :

Paragraphe 1ᵉʳ. — « Lorsque les meubles sont déli

(1) Kennedy. p. 126 et 167 ; Gibb, p. 25, 26, 42 ; Goitein, p. 56 et suiv., 72 et suiv.

(2) Kennedy, p. 12 et suiv., 126 et suiv., 161 et suiv. ; Gibb, p. 20, 26, 32, 34 ; Goitein, p. 74 et suiv. ; Espèces Polenghi c. Dried Milk Cº (1904) ; Biddel Bros c. E. Clemens Horst Cº, 1911-1912 (House of Lords) ; Pommer and Thomson c. Mowat ; Sanderson c. Armour (1921) ; Hardy et Cº Ltd c. Hillerns et Fowler (1923) ; Schmoll Fils et Cº c. Scriven et Cº ; Droulias c. Christides (1923).

« vrés à l'acheteur sans que ce dernier les ait préalable-
« ment examinés, il n'est pas tenu de les accepter tant
« qu'il n'a pas eu le loisir de les examiner raisonnable-
« ment afin de vérifier s'ils sont conformes à ce qui a été
« convenu. »

Paragraphe 2. — « Sauf convention contraire, lorsque
« le vendeur offre à l'acheteur la délivrance des meubles,
« il est tenu, sur la demande de l'acheteur, de lui laisser
« le loisir d'examiner raisonnablement les dits meubles
« afin de vérifier s'ils sont conformes à ce qui a été con-
« venu. »

Comment concilier le droit de procéder à l'examen des
marchandises avant de faire connaître son acceptation
ou son refus, et l'obligation qui incombe à l'acheteur
caf de payer contre les documents sans avoir encore
eu la possibilité de voir la cargaison qui lui est destinée.

La même difficulté se présente pour une vente sur
échantillon : l'article 15 du S. of G. Act 1893 prévoit en
effet que :

« Dans la vente sur échantillon il y a condition tacite :

1° Que la marchandise sera de qualité identique à
l'échantillon ;

2° Que l'acheteur pourra faire la comparaison dans des
conditions raisonnables ;

3° Que les meubles sont exempts de tout vice en alté-
rant la qualité marchande, qu'un raisonnable examen de
l'échantillon n'aurait pu laisser apercevoir. »

Deux fort importantes décisions de jurisprudence sont
intervenues sur ces questions similaires : la première
rendue dans *l'affaire Polenghi c. Dried Milk C°* (1904)
s'applique à la vente sur échantillon ; la seconde est plus

intéressante encore : l'affaire *Biddel Bros c. E. Clemens Horst C°* qui la provoqua fut en effet portée jusque devant la Chambre des Lords.

Deux points sont définitivement acquis :

1° *L'acheteur caf ne peut retarder le payement jusqu'après le moment où il aura pu examiner les marchandises et s'assurer de leur conformité aux stipulations contractuelles.*

Le jugement rendu en première instance par le juge Hamilton dans l'affaire Biddel Bros c. E. Clemens Horst C°, jugement qui fut confirmé par la Chambre des Lords, donne à cette décision les motifs suivants :

a) le contrat ne prévoit pas que l'acheteur aura à son choix le droit de payer soit au moment de la présentation des documents, soit au moment de la délivrance de la marchandise ;

b) l'obligation du vendeur est de présenter le connaissement, l'obligation correspondante de l'acheteur est de payer quand cette présentation a lieu.

Cette solution est commandée par la logique même. Supposons en effet, ajoute le juge, que l'on admette un instant que l'acheteur ait le droit de retarder le paiement jusqu'à la délivrance des marchandises elles-mêmes. Deux situations sont concevables :

Ou bien le vendeur remettra le connaissement à l'acheteur sans rien recevoir en échange. Mais le porteur du connaissement peut disposer de la cargaison à son gré, et il serait absurde de supposer que même en l'absence de stipulations expresses, le vendeur devrait adopter cette attitude qui le met entièrement à la merci d'un acheteur peu scrupuleux.

Une autre alternative se présente : le vendeur pourrait

conserver le connaissement, mais alors c'est lui qui devrait se porter réceptionnaire, supporter les frais de déchargement, de garde en magasin jusqu'à ce que l'acheteur ait pu examiner à loisir la cargaison. Une telle situation est incompatible avec les termes exprès du contrat caf qui stipulent un prix forfaitaire dans lequel n'entrent pas les frais de mise à quai.

Il est donc absolument certain qu'à défaut de stipulations contraires dans le contrat, l'acheteur doit payer contre les documents et n'a pas le droit d'examiner les marchandises elles-mêmes avant ce paiement.

Son seul droit au moment de la présentation des documents est d'examiner les documents eux-mêmes et de les accepter ou les refuser suivant le résultat de cet examen.

La seule façon de faire cadrer ces faits avec les termes du S. of G. Act est d'admettre que, dans une vente caf, la remise des documents joue le rôle tenu dans une vente ordinaire par la délivrance des marchandises elles-mêmes, ceci tout au moins au point de vue de l'exigibilité du paiement.

L'article 28 du S. of G. Act qui porte que la délivrance des meubles et le paiement du prix sont des conditions concomitantes s'applique parfaitement. Il en est de même de l'article 34. Il suffit de considérer que la détention des documents confère la possession juridique des marchandises — et, nous l'avons vu — cette conception paraît bien être celle de la jurisprudence britannique et de ses commentateurs.

Mais ce rapprochement ne doit pas être poussé trop loin. Il est très normal de raisonner ainsi au point de vue du paiement du prix, mais les conclusions que l'on pourrait être amené à déduire de cette assimilation seraient absurdes et contraires à l'esprit même de la loi (1).

La possession des marchandises résultant de leur détention et la possession que confère les documents, si elles sont identiques dans leurs conséquences juridiques, diffèrent essentiellement en fait. La distinction entre possession effective et possession symbolique nous paraît assez bien exprimer ces dissemblances.

Au point de vue juridique, au point de vue du transfert de possession, de l'exigibilité du payement, pas de différence. Mais il n'en reste pas moins qu'à la possession de l'acheteur en vertu des documents manque l'élément de l'appréhension matérielle de la marchandise.

L'acheteur est sans doute le possesseur légitime, mais peut-on prétendre que l'acceptation de documents lui a enlevé tout droit de refuser la marchandise si à l'arrivée elle se révélait d'une qualité par trop inférieure à la qualité convenue, si même elle était d'une nature différente.

Nous avons vu que l'on a comparé la délivrance d'un connaissement à la remise par le vendeur de la clef du magasin contenant la marchandise ; ira-t-on prétendre que l'acheteur symboliquement possesseur de la marchandise entreposée ne pourra la refuser si, en pénétrant dans le local dont il a la clef, il s'aperçoit qu'il contient du maïs au lieu du blé qu'il a cru acheter ?

Le porteur d'un connaissement ne se trouvera jamais en face d'une telle situation, car le titre lui-même indique la nature de la marchandise, mais sa position peut être tout aussi critique, s'il a voulu acheter une marchandise destinée à un usage bien déterminé : un blé

(1) La théorie qui veut voir dans la vente caf une vente de documents n'échappe pas en particulier à cette critique. Mais nous avons déjà vu que cette théorie est abandonnée en Angleterre.

dur par exemple, et qu'il se voit délivrer au débarquement une cargaison de blé tendre.

L'acheteur se trouvera protégé par un droit d'examen des marchandises à leur arrivée.

2° L'acceptation des documents à leur présentation n'enlève pas à l'acheteur le droit d'examiner les marchandises à leur arrivée et de les refuser ou de demander une bonification si elles ne correspondent pas aux conditions du contrat (1).

Cette solution adoptée à plusieurs reprises par les tribunaux est des plus logiques. Elle met en relief le rôle important joué dans un contrat caf par les marchandises, et répond à l'esprit du S. of. G. Act tel qu'il apparaît dans les articles 15 et 34 en particulier.

La garantie de la conformité de la qualité des marchandises livrées et de la qualité contractuellement convenue (quelle que soit du reste la façon dont est déterminée cette qualité : échantillon, standard, qualité bonne moyenne) est implicitement contenue dans tout contrat de vente (2).

L'acheteur peut être devenu le propriétaire, le possesseur de la marchandise, il n'en a pas moins le droit d'examiner si elle satisfait aux conditions du contrat et de prendre son parti en conséquence.

Dans une vente ordinaire dans laquelle le transfert de possession s'effectue par la remise matérielle des meu-

(1) Cf. en plus des auteurs anglais, Winkelmolen, p. 88 et suiv. ; Renard, p. 91 et suiv. ; Aubrun, § 22 et § 32 ; Godret, p. 90 ; Ripert, § 1898 et 1903, 1904.

(2) La question ne se pose bien entendu pas pour les ventes faites aux conditions « tale quale » avec certificat d'inspection à l'embarquement final quant à la qualité.

bles, l'acceptation résulte de la prise de possession. L'acheteur qui reçoit les biens des mains du vendeur témoigne, en ne les rendant pas immédiatement, de son approbation tacite.

Dans une vente caf où possession et détention sont séparées, où la mise en possession symbolique précède la mise en possession matérielle, il est évident que c'est à ce dernier moment seulement que l'acheteur pourra utilement examiner les marchandises et prendre une décision à leur sujet.

Le principe même de ce droit de l'acheteur est relativement simple. Les difficultés d'ordre pratique sont plus nombreuses ; elles portent sur différents points : lieu de l'agréation, temps accordé à l'acheteur pour prendre parti ; l'acheteur a-t-il le droit de refuser purement et simplement ou doit-il se contenter d'une bonification ?

Toutes ces questions ne sont que des questions de fait. Les solutions de la jurisprudence sont donc différentes dans chaque espèce.

Les contrats de la L. C. T. A. contiennent à cet égard une série de dispositions particulièrement claires et complètes.

Un principe domine : l'acheteur ne pourra en aucun cas refuser une marchandise pour différence dans la qualité sans avoir au préalable obtenu une sentence d'arbitrage à cet effet.

Prélèvement d'échantillon. — A l'arrivée du navire le seul droit du réceptionnaire mécontent de la qualité [ou dans certains cas du conditionnement de la cargaison] (1) est d'exiger le prélèvement d'échantillons.

(1) Dans les contrats Rye terms ou dans ceux « marchandises endommagées par eau de mer à recevoir moyennant bonification ».

Ce prélèvement d'échantillons doit se faire contradictoirement, c'est-à-dire en présence du vendeur et de l'acheteur ou de leurs représentants (et les échantillons cachetés dans les mêmes conditions). La formule n° 71 du recueil des contrats précise la façon dont doit s'effectuer cette prise d'échantillons, et prévoit tout un ensemble de mesures de précaution destinées à éviter les fraudes possibles.

Le prélèvement régulier d'échantillons cachetés doit obligatoirement précéder toute réclamation.

Le réceptionnaire qui ne procéderait pas à cette opération dès le débarquement se verrait privé de tout droit à une bonification éventuelle, sa négligence lui ayant fait perdre tout moyen de se ménager la preuve de la différence de qualité.

Ces échantillons cachetés sont envoyés à la L. C. T. A. (1).

(1) La réclamation de l'acheteur peut porter simplement sur une différence dans le poids naturel garanti au contrat. Il n'y a pas d'arbitrage pour cette question (sauf cas exceptionnel). Les bonifications sont prévues d'avance dans les formules n°° 66 à 70. La constatation du poids naturel de la cargaison débarquée diffère suivant les marchandises.

Blé (formules 66 et 67). *Seigle de la Plata* (formule 66). Des échantillons cachetés sont envoyés à la L. C. T. A. qui fournit un certificat constatant le poids naturel moyen sur base duquel se feront les calculs de bonification. La demande d'un tel certificat doit être faite par l'acheteur dans les 6 semaines du débarquement final pour les contrats La Plata et Mer Noire. Danube.

Seigle (autre que de la Plata). *Avoines*. *Orge* (formules 68, 69, 70). La détermination du poids naturel se fait à bord même du navire au cours des opérations du débarquement, contradictoirement entre vendeur et acheteur ou leurs représentants.

Mais dans tous les cas, il faut que l'acheteur manifeste son intention de faire constater le poids naturel. Ces opérations ne sont jamais effectuées d'office. Les frais de constatation sont supportés moitié par le vendeur, moitié par l'acheteur.

Arbitrage. — L'acheteur devra alors faire connaître son intention de demander l'arbitrage, dans un certain délai après la fin du débarquement, fixé dans la clause « Demande d'arbitrage » et qui varie entre 7 et 10 jours.

Si l'acheteur n'est pas un acheteur direct du chargeur, il notifiera sa demande d'arbitrage à son propre vendeur qui la transmettra à son tour au sien et ainsi de suite en remontant jusqu'au chargeur, vendeur primitif.

La règle de « Finalité » exige de plus que l'arbitrage ait lieu dans un certain délai (28 jours de la fin du déchargement ou de la publication du Standard). Sinon la demande d'arbitrage est considérée comme nulle.

Les questions qui se posent au sujet de la qualité doivent donc être rapidement réglées.

Les arbitres, après examen des échantillons prélevés au débarquement et comparaison avec la qualité moyenne de la saison ou le standard, décident qu'il y a une différence de qualité de 10 0/0, de 30 0/0, etc... (1).

Les bonifications correspondantes seront calculées sur le prix du contrat.

Exceptionnellement, si la différence de qualité est trop considérable, les arbitres autoriseront le vendeur à refuser la marchandise.

Toutes les questions pouvant se présenter à l'occasion du droit de l'acheteur d'examiner les marchan-

---

(1) Il est recommandé aux arbitres de tenir compte, dans l'évaluation des différences de qualité, des bonifications qui auraient déjà été éventuellement accordées pour différence dans le poids naturel.

Pour les grains La Plata une différence de moins de 1/2 % dans la qualité ne donne pas lieu à une bonification. Mais si la différence atteint ou dépasse 1/2 °/₀ une bonification est accordée pour toute la moins-value.

Les contrats des Indes contiennent des dispositions particulières.

dises à leur arrivée sont donc prévues dans les contrats.

Le recours à l'arbitrage sauvegarde les droits des deux parties.

TROISIÈME PARTIE

Les recours (Remedies).

Un contrat doit être en principe exécuté, mais le vendeur ou l'acheteur peuvent faillir à leurs obligations et pour éviter toute difficulté il est sage que le contrat lui-même prévoie les différents moyens légaux offerts à l'autre partie pour faire respecter ses droits et défendre ses intérêts.

Ces moyens seront par exemple une action en résolution, en dommages-intérêts, etc... Leur ensemble porte, en droit anglais, le nom général de « Remedies » et l'on étudie séparément les « Remedies » offerts au vendeur quand l'acheteur est défaillant et les « Remedies » de l'acheteur contre une semblable attitude chez son vendeur.

Pour terminer l'examen du contrat de la L. C. T. A. il nous faut maintenant envisager quels sont les « Remedies » de l'une et l'autre parties.

SECTION I

« REMEDIES » DE L'ACHETEUR. — RUPTURE DU CONTRAT PAR LE VENDEUR (1).

Nous avons vu que les obligations du vendeur étaient de charger dans un délai donné une certaine quantité de

____

(1) Kennedy, p. 154 et suiv. ; Goitein, p. 57 et 60, p. 79.

marchandise d'une certaine qualité, de conclure un contrat d'affrètement et un contrat d'assurance et de présenter les documents faisant foi de l'exécution de ces diverses obligations.

Or, dans un contrat de vente, il faut distinguer :

1° les clauses essentielles constituant ce que le droit anglais appelle des « *conditions* » (1) dont l'inexécution entraîne la rupture du contrat avec dommages-intérêts ;

2° les clauses accessoires appelées « *garanties* » dont la violation ne donne lieu qu'à une indemnité, mais sans permettre à l'acheteur de considérer le contrat comme rompu.

Nous retrouverons ces différents degrés dans les contrats de la L. C. T. A., mais nous devons auparavant signaler les circonstances dans lesquelles le vendeur est dispensé de l'exécution « where performance is excused ».

I

Excuses.

Un certain nombre de clauses prévoient de telles circonstances, en particulier cas de force majeure empêchant l'embarquement.

Ainsi aux termes de la clause de prohibition, le contrat est annulé en cas de prohibition d'exportation, de blocus, d'hostilités qui en rendraient l'exécution impossible.

Certains contrats ajoutent même l'hypothèse de la glace empêchant la navigation.

Dans le même ordre d'idées, il n'y a pas lieu à rupture du contrat avec dommages et intérêts si le vendeur n'a

(1) Ces « conditions » peuvent être expressément formulées dans le contrat ou au contraire n'y être qu'implicitement contenues.

pu procéder à l'embarquement dans le temps voulu par suite d'une grève des ouvriers du port ou des chemins de fer. Mais dans ce cas le contrat n'est pas annulé, son exécution est simplement reportée jusqu'au moment où les circonstances la rendront possible.

Notion d'impossibilité. — Cette liste des principaux cas de force majeure qui peuvent se présenter est-elle limitative ou simplement énumérative ? Rien dans les formules ne permet de répondre à cette question qui dépasse le cadre de la présente étude et se rattache au problème général de l'inexécution des contrats pour cause d'impossibilité. Nous ne pouvons mieux faire que renvoyer sur ce point à l'étude de M. Lévy-Ullmann (1), qui analysant la jurisprudence la plus récente et en particulier les cas de guerre « war cases » (le « Tamplin », 1916 par ex.) (2), fait bien ressortir la tendance actuelle d'étendre la notion d'impossibilité excusant l'inexécution du contrat.

Il signale les différentes théories émises sur ce point, en particulier la théorie qui paraît se dégager de la jurisprudence de la Chambre des Lords et le système proposé par l'auteur anglais Mc. Nair (3).

Théorie de la Chambre des Lords. — « *Prima facie,* « si un homme s'engage par contrat purement et simple- « ment (unconditionnaly) à faire une chose qui tourne à

(1) H. Lévy-Ullmann, L'inexécution des contrats pour cause d'impossibilité en droit anglais. *Annales de droit commercial,* 1921, p. 279, 1922, p. 41.

(2) Affaire du « Tamplin », décision du juge Earl-Loreburn ; Goitein, *op. cit.,* p. 58.

(3) Lévy-Ullmann, *op. cit.,* 1922, p. 47 et suiv.

« devenir impossible, il sera lié à son marché et devra
« payer des dommages-intérêts pour son manque à exé-
« cuter. Toutefois si l'impossibilité provient d'une cause
« que ni l'une ni l'autre des parties ne peut raisonnable-
« ment avoir prévue (that neither party can reasonably
« have contemplated) au moment de la passation du con-
« trat, et au sujet de laquelle les clauses du contrat ne
« contiennent aucune disposition, un homme ne saurait
« être ainsi engagé ; la matière sortant du domaine des
« prévisions (the matter being unforeseen), il ne peut
« être considéré comme s'étant engagé purement et sim-
« plement pas plus qu'il n'a pour la même raison inséré
« une stipulation engendrant une condition derrière
« laquelle il pourrait se retrancher pour être excusé. »

Système de Mac Nair (1). — « Deux éléments doivent
« être réunis pour que l'impossibilité excuse l'inexécu-
« tion passée ou dispense de l'exécution pour l'avenir :

1° « La cause de l'impossibilité doit être telle que le
« Tribunal estimera que si on l'avait fait connaître aux
« parties au cours de leurs tractations en vue du contrat,
« elles se seraient récriées toutes deux, disant sûrement
« si telle chose arrivait, cela jetterait notre contrat par
« terre ;

2° « L'effet d'une pareille cause doit équivaloir à un
« obstacle réel (mais pas nécessairement d'ordre physi-
« que) s'opposant à l'exécution de la totalité ou de la
« partie la plus substantielle de l'obligation de l'une des
« parties au moins et ne doit pas seulement signifier que
« cette exécution ne pourrait s'exécuter que dans des
« conditions sensiblement différentes de celles qui avaient
« été prévues. »

(1) *Ibid.*, p. 49.

Ce dernier système est, on le voit, plus exigeant pour admettre l'impossibilité d'exécution. Comme le fait remarquer M. Lévy-Ullmann, on ne peut dès à présent prévoir dans quel sens s'orientera la jurisprudence à venir.

Nous retiendrons simplement de ces diverses observations que sous certaines conditions (plus ou moins strictes), l'impossibilité d'exécution est admise par le droit anglais. Nous en déduirons que dans un contrat de la L. C. T. A., et c'est là le point qui nous intéresse pour le moment, la liste des cas de force majeure n'est pas limitative. Le vendeur pourra éventuellement se retrancher derrière d'autres faits qui lui serviront « d'excuses » à l'inexécution de son contrat.

II

Conditions et garanties.

Il est quelquefois difficile de distinguer une garantie d'une condition. « La question..... dépend dans chaque espèce de l'interprétation à donner au contrat » porte l'article 11, § *b* du S. of. G. Act 1893. Ce n'est donc qu'une simple question de fait.

De plus l'acheteur, aux termes de l'article 11, § *a*, a le droit de considérer qu'une violation d'une condition n'est qu'une violation de garantie, c'est-à-dire de se contenter de dommages-intérêts sans poursuivre la rupture du contrat.

Quoi qu'il en soit, un certain nombre de conditions sont implicitement contenues dans tout contrat de vente. Les articles 12, §§ 1, 2, 3, article 13, article 14, article 15, les énumèrent. Mais ces articles ne sont qu'interprétatifs de la volonté des parties. Il n'y a pas lieu d'y

attacher trop d'importance quand il s'agit des contrats
de la L. C. T. A.

D'une façon générale nous pouvons dire que dans les
contrats L. C. T. A. les obligations qui se rapportent à
l'embarquement (1) et à la présentation des documents
constituent des conditions dont l'inexécution entraîne
résolution du contrat.

Au contraire et sauf cas exceptionnels, les engagements relatifs à la qualité de la marchandise, sa conformité à un standard ou à un échantillon ne sont que des
« garanties ». Si la marchandise ne correspond pas à la
qualité prévue au contrat, l'acheteur ne pourra en général qu'obtenir une bonification sans avoir le droit de refuser la livraison et considérer le contrat comme annulé.

Violation d'une garantie. — La détermination du montant (2) des dommages-intérêts pour violation de garantie (qu'on les appelle bonifications ou d'un tout autre
nom) ne peut donner lieu à de grandes discussions. Si le
contrat reste muet à ce sujet, un arbitrage réglera facilement cette question.

Violation d'une condition. — *Défaut du vendeur.* — Il
est bien plus intéressant, au contraire, d'examiner comment un acheteur est protégé contre les actes du vendeur
constituant une violation d'une condition, c'est-à-dire le
défaut d'embarquement, d'appropriation, ou le défaut de
présentation de documents réguliers. Nous employons à

---

(1) Par exemple l'obligation d'embarquer dans un délai fixé
d'avance. La clause « Prolongation de la période d'embarquement »
des contrats « Amérique du Nord » transforme provisoirement cette
condition en garantie.

(2) Cf. Sale of Goods Act 1893, article 53.

dessein ce mot « défaut », car dans le contrat de la L. C. T. A., les moyens de protection accordés à l'acheteur sont réunis dans une clause portant ce nom.

Nous distinguerons avec cette clause suivant que le vendeur est *in bonis* ou en état de faillite (officiellement déclarée ou non) ou dans une situation similaire.

A. — Vendeur in bonis.

Deux cas peuvent se présenter, suivant que le défaut précède la date de la présentation normale des documents ou est constitué par la non présentation des documents (ou la présentation de documents irréguliers ouvrant le droit à réjection).

1° *Non présentation des documents ou présentation de documents irréguliers.*

L'acheteur peut immédiatement demander la résolution du contrat avec dommages-intérêts. Les céréales traitées aux conditions de la L. C. T. A. constituent le type des meubles pour lesquels il existe un marché disponible. Aux termes de l'article 51, § 3 du S. of. G. Act 1893, la mesure des dommages-intérêts doit donc être « prima facie » déterminée par la différence entre le prix fixé au contrat et la valeur marchande ou le cours auquel se cotent les meubles à l'époque où la délivrance aurait dû avoir lieu (ou à défaut de terme précis à l'époque du refus de délivrance).

Pour éviter toute discussion et éviter des retards, l'acheteur pourra se porter au marché et racheter contre son vendeur (après l'avoir prévenu). La différence de prix devra être immédiatement remboursée par le vendeur si le prix de ce nouvel achat est supérieur au prix du contrat.

Au contraire (mais en pratique le cas se présentera

rarement) si la marchandise a baissé de prix, le vendeur n'aurait pas droit de se faire rembourser le profit qui en résulterait (1). Le contrat primitif est d'ores et déjà résolu.

2º *Défaut antérieur à l'époque de la présentation des documents.*

Supposons maintenant que le défaut soit antérieur à la présentation des documents. Le vendeur aura par exemple prévenu son acheteur qu'il n'a pas pu embarquer dans la période fixée au contrat. Dès ce moment, le contrat se trouve résolu, et l'acheteur a droit à des dommages-intérêts.

En principe, leur montant doit être calculé de telle sorte que l'acheteur se trouve dans une situation identique à celle que lui aurait procurée l'exécution du contrat (2).

Les dommages-intérêts consisteront donc dans la différence éventuelle entre le prix du contrat et le cours pratiqué le jour où la délivrance aurait dû avoir lieu (S. of. G. Act, art. 51, § 3).

Par délivrance, il faut comprendre la délivrance symbolique : la remise du connaissement et non pas la délivrance des marchandises elles-mêmes. Cette solution est traditionnelle. Les dommages-intérêts se calculent sur la différence entre le prix du contrat et le cours pratiqué le jour où les documents auraient dû normalement être présentés à l'acheteur (3).

---

(1) L'acheteur n'aura bien entendu pas droit à des dommages-intérêts. Les dommages-intérêts sont dits, dans ce cas, purement nominaux.

(2) Cf. J.-B. Waite. *op. cit.*, p. 153.

(3) Kennedy, p. 155 ; Gibb, p. 11, 29 ; Goitein, p. 5 et 71.

Espèces Sharpe et C° c. Nosawa et C° (1917) ; *Produce Brokers c. Weiss* (1918).

Droit de rachat immédiat. — Mais l'acheteur a également le droit, aux termes du contrat, de se mettre immédiatement au marché et de se couvrir, par un rachat, de la défaillance de son vendeur.

Cette faculté de rachat immédiat, combinée avec la règle « suivant laquelle l'acheteur doit faire son possible pour diminuer le dommage souffert par lui » (1), entraîne plusieurs conséquences fort bien mises en relief par le juge Bailhache dans l'affaire *Melachrino et Kaniskeri c. Nickoll et Knight* (1919) (2).

Au moment de la violation du contrat par le vendeur, l'acheteur peut racheter immédiatement (après avoir bien entendu prévenu le vendeur).

Dans ce cas, le montant des dommages est déterminé par la différence entre le prix du contrat et le prix de ce rachat.

Mais, s'il préfère, l'acheteur peut ne pas se remplacer immédiatement soit qu'il attende une occasion favorable, soit qu'il ne tienne pas à avoir une marchandise effective et se contente de dommages-intérêts.

Il n'en intentera pas moins immédiatement une action en dommages-intérêts contre son vendeur, mais sans en fixer le montant.

Si l'achat a lieu dans l'intervalle, le prix auquel il a été effectué servira de base au calcul.

Si au contraire l'acheteur ne procède pas à un achat avant la date à laquelle les documents auraient dû nor-

(1) Cf. J.-B. Waite, *op. cit.*, p. 153.
(2) Jugement du 10 décembre 1919 rapporté dans le *Chamber of Commerce Journal* en date de Londres, 9 avril 1920.

malement être présentés, c'est le cours pratiqué à cette
date qui sera pris en considération. Mais si le vendeur
peut prouver que l'acheteur a laissé passer une occasion
de rachat favorable — qui aurait permis de limiter ces
dommages — c'est le cours pratiqué le jour où l'acheteur aurait dû agir ainsi qui sera tenu.

La conclusion à tirer de ces observations du juge
Bailhache est que dans tous les cas l'acheteur a intérêt
à se mettre immédiatement au marché et se couvrir par
un rachat de la défaillance de son vendeur. Nul ne peut
prévoir exactement les chances de hausse ou de baisse,
l'acheteur en adoptant cette attitude nette ne pourra
jamais se voir reprocher sa négligence.

3° *Action pour les marchandises elles-mêmes* (1).

Sans doute, si la propriété des marchandises est passée à l'acheteur, il peut, au lieu de demander la résolution du contrat avec dommages-intérêts, intenter une
action pour obtenir les marchandises elles-mêmes, une
action réelle tendant à l'exécution du contrat.

Etant donné ce que nous avons déjà dit sur le transfert de la propriété, cette action n'est possible qu'après
l'embarquement et l'appropriation, au cas où la défaillance du vendeur consiste par exemple en une non présentation des documents.

(*Espèce Mirabita c. Imperial Ottoman Bank*).

Mais une telle action qui peut présenter un intérêt
considérable dans une vente d'un article bien défini,
unique, perd toute son importance quand l'objet de la
vente consiste en meubles d'un type courant tel que des
céréales, dont il existe un vaste marché permettant des
rachats faciles (2).

(1) Kennedy, p. 157.
(2) De plus, une telle action se trouvera le plus souvent arrêtée

Aussi l'acheteur choisira-t-il presque toujours la solution simple : résolution du contrat avec dommages-intérêts.

B. — *Vendeur ayant suspendu ses paiements, etc.*

La seconde partie de la clause « défaut » s'applique quand le vendeur cesse d'être *in bonis*.

Mais cette application est assez limitée et en sont tout d'abord exclus les cas où l'acheteur devenu propriétaire de la marchandise objet du contrat, avant sa délivrance effective, peut la revendiquer dans la faillite.

Il faut donc supposer que le vendeur, avant d'avoir pu se trouver effectivement en défaut dans l'exécution de son contrat de vente caf, suspende ses payements, dépose son bilan, ou d'une façon générale adopte une attitude qui indiquera le mauvais état financier de ses affaires.

Devant cette situation de fait, l'acheteur a tout lieu de craindre qu'une défaillance caractérisée ne se produise par la suite. Le contrat de la L. C. T. A. pour éviter l'incertitude dans laquelle se trouvera l'acheteur sur les intentions de son vendeur, assimile la cessation des paiements (ou toute situation similaire) à une violation du contrat (1). Dès ce moment, l'acheteur pourra pour limiter éventuellement sa perte, et après un préavis régulièrement donné, se couvrir par un rachat.

par une revente des marchandises à un tiers de bonne foi protégé par les dispositions du Factors Act (1889).

(1) Remarquons que l'application de la seconde partie de la clause défaut empêche toute application de la première partie. Si le vendeur est en défaut dès la suspension de ses paiements, il est dispensé de toutes ses obligations contractuelles : la non présentation des documents par exemple ne constituera pas un nouveau défaut.

Mais une différence apparaît entre un rachat pratiqué dans de telles circonstances et celui effectué par l'acheteur quand un vendeur *in bonis* n'exécute pas ses obligations contractuelles. Dans ce dernier cas, le contrat est résolu par la défaillance du vendeur ; au contraire la suspension des paiements, la faillite n'ont pas pour effet d'entraîner résolution des contrats antérieurs.

Le rachat s'effectuera donc strictement pour le compte du vendeur — si le prix de rachat est inférieur au prix du contrat, l'acheteur devra verser ce bénéfice à la masse — si au contraire, le rachat a été plus onéreux l'acheteur sera admis à la faillite pour la différence.

Cette façon de procéder, si elle peut paraître bizarre au premier abord, n'en donne pas moins des résultats très satisfaisants. Ni vendeur (1), ni acheteur ne peuvent se prétendre sacrifiés.

Le vendeur, si le marché a haussé, doit payer des dommages-intérêts, mais en compensation il est dispensé de l'exécution de son contrat, et pourra s'il est en possession de marchandise effective profiter de cette hausse.

Si les prix ont fléchi, l'acheteur doit lui tenir compte de cette différence qui compensera la perte sur la marchandise qu'il conserve.

L'acheteur de son côté sera dans la situation même où il se serait trouvé après une défaillance caractérisée de son vendeur. Le seul dommage dont il pourra souffrir sera de toucher dans la faillite ou la liquidation ses dommages et intérêts en monnaie de dividende seulement, mais c'est là une conséquence de la faillite et non du défaut.

(1) Plus exactement, la masse de ses créanciers.

SECTION II

« REMEDIES » DU VENDEUR. — RUPTURE DU CONTRAT PAR L'ACHETEUR (1).

La clause de défaut du contrat de la L.T.C.A. prévoit également la situation symétrique : l'acheteur manquant à ses obligations.

A première lecture, les « remedies » du vendeur paraissent absolument identiques à ceux de l'acheteur :

Si l'acheteur peut se couvrir par un rachat, le vendeur peut procéder à une revente.

Mais cette similitude n'est qu'apparente, car s'il est toujours possible de se remplacer par un achat, la situation du vendeur est bien différente. Pour pouvoir procéder à une revente il doit pouvoir disposer de la marchandise, de façon à en faire délivrance à un nouvel acheteur. Pratiquement il devra être encore en possession des documents (2).

C'est en tenant compte de cette observation et de cette différence qu'il faut envisager les moyens de protection mis à la disposition d'un vendeur, quand son acheteur ne satisfait pas à ses obligations.

Ces obligations à vrai dire se ramènent à une seule : le paiement du prix contre la remise des documents.

L'acheteur qui ne pourra pas donner un juste motif à

---

(1) Cf. Kennedy, p. 171 ; Gibb, p. 26 ; Goitein, p. 79 ; Stephen's, *op. cit.*, vol. III, p. 110-160 ; Kuhn, *op. cit.*, p. 230 et suiv. ; Jenks, *op. cit.*, § 1580 et suiv. ; Chitty, *op. cit.*, p. 335 et suiv. ; Williston, *op. cit.*, et spécialement § 540 et suiv. ; J.-B. Waite, p. 86 et suiv.

(2) Nous ne considérons ici que la possibilité matérielle de procéder à une revente. La question de savoir si le vendeur en possession des documents les revend pour son propre compte ou pour le compte de son acheteur défaillant est différente.

son refus de lever les documents se trouvera par cela même en défaut.

La clause « défaut » des formules de la L. C. T. A. assimile, à cette hypothèse, le cas où l'acheteur suspend ses paiements, ou d'une façon générale adopte une attitude qui fasse connaître une mauvaise situation financière et craindre une faillite ou liquidation prochaine.

Nous devrons donc, comme pour les « remedies » de l'acheteur, examiner les « remedies » du vendeur sous ces deux différents aspects :

1° acheteur *in bonis* ;

2° acheteur en difficultés.

Mais avant d'examiner les conditions particulières dans lesquelles s'exercent ces différents « remedies » quand le contrat est conclu aux conditions de la L.C.T.A., nous allons donner un aperçu des droits communs à tout vendeur impayé, tels qu'ils sont légalement déterminés par le S. of. G. Act, articles 39 à 48.

I

Les « Remedies » du vendeur aux termes du
S. of G. Act 1893.

Les moyens légaux mis à la disposition d'un vendeur pour se protéger contre la défaillance de son acheteur sont différents suivant que le vendeur a conservé la propriété des biens ou l'a déjà transférée à l'acheteur.

Ces moyens légaux sont de deux sortes : une action (en paiement du prix ou en dommages-intérêts) et un certain droit sur les meubles qui appartient au vendeur non payé.

La définition du vendeur non payé se trouve dans l'article 38 du S. of G. Act.

« Est réputé non payé : *a*) le vendeur auquel n'a pas
« été payée ou offerte la totalité du prix ; *b*) celui auquel
« il a été remis en paiement une lettre de change ou tout
« autre effet négociable lorsqu'il n'a pas été fait honneur
« à la traite. »

Remarque. — La deuxième hypothèse : celle de la
traite non payée à l'échéance nous montre qu'en droit
anglais, le paiement par traite ou autre effet de commerce n'est pas assimilé au paiement en espèces. Il est
effectué « prima facie » sous la condition qu'il sera fait
honneur à la traite à son échéance. Cette présomption
peut être combattue par la preuve contraire, mais la
charge de cette preuve incombe à celui qui prétend que
le paiement par traite devait être considéré comme définitif. Cette solution est déjà celle donnée en 1851 dans
l'affaire Valpy c. Oakley (1).

Ceci dit, nous allons examiner les différentes situations qui peuvent se présenter.

1° *Le vendeur a conservé la propriété* (2). — Le vendeur ne peut poursuivre son acheteur en paiement du
prix, mais peut intenter une action en dommages-intérêts (Art. 50 S. of G. Act) dont le montant est fixé dans
l'article 50, § 2 et § 3. En particulier si la marchandise
est cotée dans un marché disponible, ce montant sera la
différence entre le prix du contrat et le cours pratiqué le
jour où les documents auraient dû être acceptés.

A côté et en plus de ce recours, le vendeur a un droit
direct sur les marchandises. Il peut en refuser la délivrance (art. 39, § 2). Ce droit de rétention s'exercera

(1) Kennedy, p. 172.
(2) Kennedy, p. 173 ; J. B. Waite, p. 86 et suiv.

dans une vente caf par la rétention des documents. Remarquons, du reste, que ce droit de rétention n'est pas une innovation dans une vente caf. Ce n'est que la conséquence logique de la clause « Paiement contre documents ».

Ce droit de rétention prend également naissance avant toute violation du contrat par l'acheteur, si celui-ci devient « insolvable ». L'état d'insolvabilité dans le sens du S. of G. Act est une question de fait, que fera apparaître par exemple la cessation des paiements, mais une déclaration judiciaire (de faillite par exemple) n'est pas nécessaire.

Revente par le vendeur. — Le vendeur a toujours conservé la propriété et, si le contrat se trouvant annulé, il revend la marchandise, c'est pour son propre compte. La revente n'est pas obligatoire. Elle constituera sans doute un moyen facile de déterminer sans contestation possible le montant des dommages-intérêts. Mais la loi n'a pas imposé un procédé spécial pour établir ce montant. Le vendeur pourra donc ne pas revendre, et s'il revend, il n'est pas dans l'obligation d'observer des formalités spéciales ou même de prévenir l'acheteur. Mais cette précaution sera utile, car elle mettra celui-ci dans l'impossibilité de protester contre les résultats de la revente une fois effectuée.

2° *Le vendeur a conservé la possession, mais la propriété a été transférée à l'acheteur*. — L'action que le vendeur pourra intenter sera une action en paiement du prix (Art. 49, § 1).

Parallèlement, il aura sur les marchandises un droit appelé un « *lien* ». La traduction du mot « lien » est assez délicate ; si à un point de vue de terminologie pure le mot rétention paraît convenir, les caractéristiques juridiques du « lien » du vendeur de meubles impayé sont telles que M. Lévy-Ullmann a pu employer dans la traduction du Sale of Goods Act que nous suivons le terme « gage » (1). C'est le mot « nantissement » qui a été choisi par les auteurs de la circulaire nº 43 de la Chambre de Commerce Internationale dans la traduction qu'ils donnent de la loi américaine dont l'article 53 — reproduisant l'article 39 du S. of G. Act anglais — contient également ce mot « lien » (2).

Le « lien » du vendeur impayé représente donc quelque chose de plus qu'un simple droit de rétention et se rapproche d'un gage (ou nantissement).

Nous allons voir jusqu'à quel point cette proposition est exacte.

D'une façon générale un « lien » est le simple droit passif de retenir, jusqu'au paiement d'une dette, des marchandises propriété du débiteur (3).

Le « lien » peut être général ou particulier, tant au point de vue des créances garanties qu'à celui des biens sur lesquels il s'étend. Un « lien » général portera sur tous les biens du débiteur dont le créancier se trouvera être possesseur et en garantie de toutes les créances. Un « lien » particulier ne s'applique qu'à un objet particulier, et pour garantir la créance née à l'occasion d'une opération sur cet objet.

(1) S. of G. Act 1893, art. 39 et suiv. Traduction française dans l'*Annuaire de législation étrangère*, 1895, p. 13.

(2) Chambre de Commerce Internationale. Circulaire nº 43. Termes commerciaux. Définition, p. 19, note 1.

(3) Stephen's, p. 164 et suiv. ; Chitty, p. 357 ; Jenks, § 1592 et suiv. ; Kuhn, p. 234 ; Williston, § 545 et suiv. ; J. B. Waite, p. 122 et suiv.

Mais de toutes façons, qu'il s'agisse d'un « lien » général ou particulier, le créancier qui pourra exercer ce « lien » n'aura pas le droit de vendre les biens sur lesquels il porte.

C'est par là que le « lien » se différencie du gage (pawn ou pledge). La mise en gage s'effectue par la remise par le débiteur d'un bien (le gage) à un créancier en garantie d'un emprunt ou de toute autre dette.

La mise en gage donne la possession du gage au créancier, et de plus un certain droit de revente. Si le débiteur ne paie pas sa dette à l'époque fixée ou quand aucune échéance n'a été fixée d'avance, après un temps raisonnable à partir du moment de la demande en paiement, le créancier gagiste peut réaliser le gage. Si le produit de la vente dépasse le montant de sa créance, il tiendra le surplus à la disposition du débiteur. Si, au contraire, le montant de la créance n'est pas entièrement eouvert par la vente, il pourra poursuivre le débiteur pour la différence. Jusqu'à la réalisation du gage, le débiteur a le droit de se le faire restituer moyennant le paiement de la dette (1).

Un « lien » ne diffère donc d'un gage que par le droit de revente que possède le créancier gagiste et qui n'est pas accordé au créancier garanti par un « lien ». Si l'on adjoint donc un droit de vente à un lien, toute différence disparaît entre le « lien » et le « gage ».

Or, le vendeur de meubles non payés a, aux termes de l'article 48 du S. of G. Act et dans certaines conditions, ce droit de revente.

Son droit sur les meubles paraît donc se rapprocher bien plutôt d'un véritable droit de gage que d'un simple droit de rétention.

(1) Stephen's, p. 169.

C'est, du reste, ce que constate Blackburn (1) qui estime que ce droit « est peut-être plus proche du droit du « créancier gagiste avec la faculté de revente, que de tout « autre droit en common law ».

La traduction de l'expression « unpaid seller's lien » par « droit de gage du vendeur impayé » rend donc fort bien compte de la nature spéciale de ce lien.

La seule différence entre un droit de gage ordinaire et ce droit de gage du vendeur impayé sur les meubles, objet de la vente, est donc en définitive que ce dernier a toujours conservé la possession, tandis que, dans la mise en gage (et le mot « mise en gage » exprime cette idée de mouvement), le débiteur en possession se dépouille matériellement de cette possession au profit du créancier. Mais le droit de gage est identique, qu'il y ait eu mise en possession ou conservation de la possession. La possession juridique est composée en effet de deux éléments : *corpus* et *animus*. Le premier correspond à la détention, le second colore cette détention : on peut être détenteur en tant que simple détenteur pour compte (il n'y a pas l'*animus* de la possession) ou en tant que possesseur. Et un possesseur peut être dans cette situation en tant que propriétaire ou simplement à titre de possesseur.

Dans une mise en gage, le créancier deviendra possesseur en recevant la détention (le *corpus*) avec la volonté de conserver l'objet en tant que possesseur (l'*animus*).

Quand un vendeur est à la fois propriétaire et possesseur il exerce la possession avec l'*animus* d'un propriétaire. Dès que la propriété est transférée, il ne l'exerce

(1) Rapporté par Williston, § 544, p. 925.

plus qu'avec l'*animus* d'un créancier gagiste simple possesseur. De toutes façons la détention (le *corpus*) n'a pas varié. Mais il y a eu une interversion dans l'*animus*.

Le mot « lien » correspond fort bien à cette idée de rétention : le créancier a conservé un droit sur le bien.

Conditions de la conservation du « lien ». — Aux termes de l'article 43 du S. of G. Act, « Le vendeur non payé perd son droit de gage :

a) « Par la délivrance des meubles à un voiturier ou à « tout autre dépositaire (ou gardien) à l'effet de les « transmettre sans réserve du droit de disposer des dits « meubles ;

b) « Par l'abandon de la possession à l'acheteur ou à « son représentant ;

c) « Par renonciation volontaire. »

Les deux paragraphes (*b* et *c*) se comprennent d'eux-mêmes.

Le paragraphe (*a*) mérite quelques explications. Nous avons vu en quoi consistait la réserve du droit de disposer aux termes de l'article 19, § 2. Elle est réalisée par la rédaction du connaissement à l'ordre du vendeur.

Si le vendeur fait rédiger le connaissement à l'ordre de l'acheteur, il perd donc son droit de gage.

Si au contraire il prend un connaissement à son ordre, son droit de gage subsiste (1).

Cette solution est tout à fait logique si l'on tient compte des remarques que nous avons faites sur la

---

(1) Kennedy, *op. cit.*, p. 173.

« Les droits du vendeur sont...

« Dans le cas exceptionnel où la propriété ayant été transférée, il « a conservé le droit de disposer des biens, par exemple en pre-« nant le connaissement à son ordre, il a un « lien » sur les biens. »

nature exacte du « droit de disposer ». Nous avons voulu voir dans cette expression la reconnaissance du droit de possession exercé par l'intermédiaire du connaissement, possession qui n'est complète qu'à la condition de la réunion sur la même tête des qualités de détenteur du connaissement et d'endossataire.

Avec cette interprétation, le paragraphe (*a*) s'explique de lui-même et constitue un simple développement du paragraphe (*b*).

Si au contraire nous voulons le considérer à part, et rattacher, avec l'interprétation classique, la notion de « droit de disposer » à celle du droit de propriété (S. of G. Act, art. 18 et 19), le Sale of Goods Act devient incompréhensible et contradictoire. En effet, l'article 43 reconnaît tout au moins implicitement (et la Doctrine confirme cette analyse) (1), que le vendeur, ayant gardé un connaissement rédigé à son ordre, a un « lien » sur les biens vendus.

D'autre part, un « lien » ne peut se concevoir que si la propriété a été transférée (2). « Le « lien » du vendeur « n'existe qu'après l'abandon de la propriété par le ven- « deur, remarque Waite (2) ; il ne peut prendre naissance « si la propriété des biens n'a pas déjà passé à l'ache- « teur ; il serait en effet saugrenu de concevoir qu'un « vendeur pût avoir un « lien » sur sa propre chose. »

Comment concilier ce transfert de la propriété à l'acheteur avec la réserve de ce même droit, soi-disant exercée par le vendeur en détenant un connaissement rédigé à son ordre.

Ces deux notions sont inconciliables. Il faut ou bien

(1) Kennedy, *op. cit.*, cf. note précédente.
(2) Kennedy, *op. cit.*, p. 174 ; Waite, *op. cit.* ; *Stephens's Commentaries*, t. III, p. 110.

admettre que le vendeur dans cette situation n'a pas de
« lien », ou bien renoncer à rattacher le « droit de disposer » à la notion de propriété et n'y voir qu'un élément
possessoire. Nous avons déjà expliqué pourquoi c'est
cette dernière solution qui nous paraît la meilleure,
elle donne des différentes opérations qui ont lieu entre
l'embarquement et l'arrivée une explication simple et
logique.

Droit de revente (Art. 47 et 48, S. of G. Act).

L'exercice par le vendeur de son « lien » n'opère pas
rescision de la vente (S. of G. Act, 48, § 1).

Mais s'il revend les marchandises, l'acheteur acquiert
un juste titre à l'encontre de l'acquéreur primitif (S. of
G. Act, 48, § 2).

En plus de l'hypothèse où le vendeur s'est expressément réservé le droit de revente dans le contrat même,
ce droit lui est reconnu :

« 1° Si les meubles sont de nature périssable ;

« 2° Dans tous les cas après mise en demeure de l'ache-
« teur.

« Si l'acheteur ne paie pas ou n'offre point de payer
« dans un délai raisonnable, le vendeur non payé pourra
« revendre les meubles et obtenir de l'acheteur primitif
« une indemnité pour la perte occasionnée par cette vio-
« lation de contrat (Art. 48, § 3). »

Revente avec bénéfice. — Le S. of G. Act ne prévoit
pas l'hypothèse de la revente laissant un bénéfice. Que
faudra-t-il décider en ce cas : le bénéfice sera-t-il pour
le vendeur ou pour l'acheteur primitif? La question
revient à se demander si la revente effectuée dans les
conditions de l'article 48 entraîne ou non résolution de

la vente primitive. Le vendeur revend-il pour son compte ou pour compte de l'acheteur ? La question est discutée (1). Il semble pourtant qu'en général, on refuse à l'acheteur tout droit à un bénéfice éventuel.

Il en est certainement ainsi quand le vendeur s'est expressément réservé dans le contrat même le droit de revendre (2) en cas de défaut de son acheteur. Aux termes mêmes de l'article 48, § 4 du S. of G. Act, la vente primitive se trouve alors rescindée. Le vendeur peut poursuivre l'acheteur défaillant en dommages-intérêts, mais n'a pas à le faire profiter d'un bénéfice éventuel (3).

Mais hormis ce cas spécial, les dispositions du Sale of Goods Act anglais ne donnent aucune précision à ce sujet. Il est intéressant de noter les développements très complets dont ces questions ont fait l'objet en droit américain.

Droit américain. — Les « remedies » du vendeur impayé sont, aux termes de l'article 53 du S. of G. Act américain, les suivants (quand la propriété a été transférée à l'acheteur) (4) :

a) « un « lien » sur les biens ou droit de les retenir en « garantie du prix, tant qu'il en a la possession ;

b) « en cas d'insolvabilité de l'acheteur, un droit d'ar-« rêter les marchandises *in transitu* après qu'il s'est « départi de leur possession ;

c) « un droit de revente limité par cet Act ;

d) « un droit de rescinder la vente limité par cet Act. » Si l'on suppose maintenant que la revente effectuée en

---

(1) Kennedy, *op. cit.*, p. 174.

(2) Williston, *op. cit.*, § 553, p. 933.

(3) Kennedy, *op. cit.*, p. 175.

(4) Williston, *op. cit.*, § 543 et suiv., p. 922 et suiv ; Waite, *op. cit.*, p. 122 et suiv., p. 127, 129.

vertu du paragraphe *c* ait produit un bénéfice, l'acheteur primitif y aura droit en principe, la revente a été faite pour son compte, puisqu'il est le propriétaire des marchandises vendues.

Mais il en serait différemment si la revente intervenait après que le vendeur eût déjà résolu le contrat par application du paragraphe *d*. Dans ce cas, il a recouvré la propriété, et la revente s'effectue pour son compte. Il pourra demander des dommages-intérêts, si le produit n'atteint pas le montant du prix de la première vente. . Mais il n'aura pas à faire bénéficier l'acheteur primitif d'un profit éventuel.

Bien plus, chaque fois que la revente laisse un profit, il faut présumer que le vendeur a voulu d'abord rescinder le contrat primitif. C'est pourquoi l'article 60 du S. of G. Act américain décide que le vendeur pourra conserver le gain éventuel et précise qu'il en sera ainsi dans tous les cas, que le droit de revente ait été réservé expressément dans le contrat, ou qu'il soit simplement la conséquence de la nature périssable des marchandises ou du retard apporté par l'acheteur à régler le montant de la facture (hypothèses séparées dans le S. of G. Act anglais, art. 48).

Le droit américain admet donc au profit du vendeur la simultanéité de deux sortes de « remedies » :

1° action en résolution du contrat avec dommages-intérêts ;

2° réalisation du gage « enforcement of the lien ».

Si la revente produit un bénéfice, la présomption légale de l'article 60 doit faire conclure à l'exercice par le vendeur de l'action en résolution.

Nous avons insisté sur ces dispositions expresses de la loi américaine bien qu'elles n'aient pas de correspondant formel dans le Sale of Goods Act anglais. Mais si le droit de rescision du contrat de vente n'y est pas reconnu dans tous les cas d'une façon aussi nette, il ressort suffisamment du paragraphe 4 de l'article 48. Il faut donc, croyons-nous, admettre que le droit reconnu formellement dans l'Act américain se trouve implicitement admis dans l'Act anglais avec toutes les conséquences qu'il entraîne en cas de revente avec profit.

3° *Le vendeur n'a plus ni la propriété, ni la possession, droit d'arrêt « in transitu ».*

S. of G. Act, art. 44. — Lorsque l'acheteur de meubles devient insolvable, le vendeur non payé qui s'est départi de la possession des dits meubles a le droit de les faire arrêter *in transitu* (Stopping the goods *in transitu*), c'est-à-dire qu'il peut reprendre la possession des meubles aussi longtemps qu'ils sont en cours de transit et peut les retenir jusqu'à parfait paiement du prix.

Les articles suivants (45 à 47) précisent :

1° Ce qu'il faut entendre par « Transit ». *Grosso modo* : « Les meubles sont réputés en cours de transit dès l'ins- « tant où ils ont été délivrés à un voiturier par terre ou par « eau, ou à tout autre dépositaire (ou gardien) pour être « expédiés à l'acheteur jusqu'au moment où l'acheteur « ou son représentant à cet effet en prend livraison des « mains de ce voiturier dépositaire. » S. of G. Act, art. 45.

Dans une vente caf les marchandises sont donc en transit depuis leur embarquement jusqu'au moment de leur appréhension matérielle par l'acheteur ;

2° La façon dont le vendeur pourra exercer son droit (opposition à délivrance faite au transporteur ou à son mandant).

Nature du droit d'arrêt « in transitu ». — Effets. — Le droit de stoppage *in transitu* ne peut se concevoir (tout comme le lien) que si l'acheteur est déjà devenu propriétaire. Sinon, le vendeur se ferait délivrer les marchandises par le transporteur à titre de propriétaire. L'exercice du droit d'arrêt en transit n'a pas pour effet de rescinder le contrat (1), il faut le considérer comme un prolongement du « lien », il replace en effet le vendeur dans la situation même qu'il avait avant de s'être départi de la possession quand il pouvait encore se prévaloir de son « lien ». Une fois que le vendeur a recouvré la possession par l'exercice de son droit d'arrêt *in transitu*, ses droits sont les mêmes que ceux du vendeur impayé ayant un « lien » sur les biens (droit de revente). Il est inutile d'y revenir.

Insolvabilité de l'acheteur. — Ce droit ne prend naissance qu'en cas d'insolvabilité de l'acheteur, insolvabilité connue du vendeur après l'embarquement seulement. Si au contraire le vendeur connaissait cet état d'insolvabilité de son acheteur au moment de l'embarquement, ou à plus forte raison encore, lors de la conclusion du contrat, il ne pourrait exercer son « droit de stoppage *in transitu* ». L'état d'insolvabilité de l'acheteur est une question de fait (2).

4° Remarque commune au « lien » et au droit d'arrêt « in transitu ».

Article 47 S. of G. Act. — « Nulle vente, nul acte de « disposition portant sur les meubles et émanant de l'ache-

______

(1) Cf. Waite, *op. cit.*, p. 130 et suiv. ; *Stephen's Commentaries*, t. III, p. 110.

(2) Waite, *op. cit.*, p. 131, estime que l'origine de ce droit doit se chercher dans les règles d' « Equity ».

« teur ne saurait préjudicier au droit de gage ou d'arrêt
« *in transitu* du vendeur, sauf l'assentiment de ce dernier.

« Lorsqu'un titre de propriété portant sur des meubles
« a été légitimement transféré à un individu quelconque
« comme un acheteur ou un propriétaire des meubles et
« que cette personne transfère le titre à un autre individu
« qui le reçoit de bonne foi et avec juste titre, si ce der-
« nier transfert s'est effectué par voie de vente, le droit
« de gage ou d'arrêt *in transitu* ne peut plus être exercé
« que sous réserve des droits acquis au concessionnaire. »

Si les documents ont été remis à l'acheteur (contre
acceptation de traites, par exemple), un sous-acquéreur
de bonne foi et à titre onéreux n'aura pas à redouter
l'exercice par le premier vendeur d'un droit de « lien » ou
« d'arrêt *in transitu* ». Son achat régulier sur connaissement le met à l'abri de toute revendication.

II

Les « remedies » du vendeur dans un contrat
de la L.C.T.A.

Après avoir examiné les dispositions générales du Sale
of Goods Act, il nous reste à voir comment elles se
combinent avec les clauses spéciales des formules de la
L.C.T.A. pour constituer l'ensemble du système de protection du vendeur contre la défaillance de son acheteur.

Nous allons, avec les contrats de la L.C.T.A., distinguer suivant que ce dernier est *in bonis* ou dans une
mauvaise situation financière.

1° *Acheteur « in bonis »*.— La première partie de la clause
de défaut doit s'analyser en une action en résolution pour
défaut de paiement du prix avec dommages-intérêts de

résolution. Leur montant sera déterminé par une revente des marchandises effectuée après préavis.

Le vendeur est également garanti par une sûreté, différente suivant que l'exécution du contrat est plus ou moins avancée.

1° *Droit de rétention.* — Tant que la propriété n'a pas été transférée, c'est-à-dire pour un contrat de la L.C.T.A. avant la réception par l'acheteur d'un avis d'application et sans qu'il y ait lieu de distinguer suivant que la marchandise a été embarquée ou non.

2° « *Lien* ». — Une fois que l'acheteur est devenu propriétaire, mais tant que le connaissement émis à l'ordre du vendeur est resté entre les mains de ce dernier.

Au cas où la revente donnerait un gain, le vendeur n'est pas tenu d'en faire profiter l'acheteur défaillant. Il faut présumer qu'il a entendu rescinder le contrat primitif et qu'il ne s'est pas contenté de réaliser son gage (enforce his lien).

La première partie de la clause de défaut de la L. C. T. A. n'est donc qu'une reproduction du droit commun. Elle suit de point en point les dispositions du Sale of Goods Act, article 39 (§§ 1 et 2), articles 41 et suiv., article 48 (§ 4).

2° *Acheteur insolvable.*
Caractéristiques de l'état d'insolvabilité de l'acheteur. — L'état d'insolvabilité de l'acheteur est caractérisé par l'un des faits suivants :
Suspension des paiements ;
Convocation d'une assemblée des créanciers ;
Dépôt du bilan ;

Nomination d'un syndic ;

Convocation d'une assemblée en vue de liquidation volontaire ou autre.

Sûretés du vendeur. — 1° Avant transfert de la propriété à l'acheteur, c'est-à-dire avant réception par ce dernier d'un avis d'application.

Droit de rétention S. of G. Act, article 39, § 2.

2° Entre l'appropriation et la remise des documents à l'acheteur.

Droit de gage [lien] S. of G. Act, article 39, § 1 ; articles 41 et suiv.

3° Après la remise des documents à l'acheteur, mais tant que les marchandises ne lui ont pas été matériellement délivrées, ou qu'il ne les a pas revendues sur connaissement.

Droit d'arrêt en transit S. of G. Act, article 39, § 1 ; articles 44 et suiv.

Ces différentes sûretés ne constituent par elles-mêmes qu'un droit passif. Elles sont complétées par un droit de revente (S. of G. Act, art. 47-48) formellement reconnu dans la clause de défaut.

Revente avec bénéfice. — Aucune différence jusqu'à présent entre les dispositions du S. of G. Act et celles des *proforma* L. C. T. A. Mais, sur un point, le contrat déroge au droit commun. Nous avons vu, bien que cette question soit discutée, que le vendeur n'a pas à rendre compte à l'acheteur défaillant du bénéfice éventuel produit par la revente, il faut présumer que, dans ce cas, il a choisi de préférence la résolution du contrat. Ce droit d'option, reconnu par la L. C. T. A. quand l'acheteur est *in bonis*, disparaît dès qu'il devient insolvable. La revente s'effectuera toujours pour compte de l'acheteur, qu'elle se traduise par un bénéfice ou par une perte.

L'état d'insolvabilité de l'acheteur constitue donc un obstacle à l'action en résolution. Le vendeur ne pourra que procéder à la réalisation de sa sûreté.

Ces dispositions ont donc pour effet de limiter les droits du vendeur impayé au profit de la masse des créanciers de l'acheteur dont elles protègent très énergiquement les intérêts.

Il faut néanmoins observer que si elles se conçoivent très bien quand l'acheteur est devenu propriétaire de la marchandise, elles s'expliquent moins facilement quand la propriété ne lui a pas encore été transférée et qu'il n'exerce qu'un droit de rétention. Sans doute faut-il admettre, dans ce dernier cas, que la revente porte non sur des choses déterminées, mais sur le contrat lui-même. L'état d'insolvabilité de l'acheteur n'entraînant pas résolution de ce contrat, les droits qui y sont attachés peuvent être cédés en bloc à un nouvel acquéreur.

QUATRIÈME PARTIE

Règlement des différends pouvant se présenter à l'occasion des contrats L. C. T. A.

Nous avons vu que toutes les formules contiennent la clause compromissoire. Tous les différends doivent donc se régler par arbitrage. Nous ne reviendrons pas sur cette question que nous avons déjà examinée en analysant les clauses des contrats qui y ont trait, et en particulier celles qui prévoient la détermination des bonifications pour différences de qualité.

La facilité du recours à l'arbitrage donne une grande souplesse au contrat tout entier. La rapidité des solutions, la certitude de voir juger les litiges dans un esprit d'impartialité qui tiendra cependant compte des possibilités commerciales, tels sont les principaux avantages que cette procédure procure aux commerçants de bonne foi.

Sans doute, on pourrait craindre que l'arbitrage constituant une arme à deux tranchants n'occasionne des abus, que la facilité d'obtenir l'abitrage n'entraîne la multiplication des différends. La pratique prouve qu'il n'en est rien, le recours systématique à l'arbitrage n'est pas à craindre. La réputation de « chicaneur », qui s'attache vite au commerçant enclin à soulever des contestations injustifiées, le montant des frais, assez élevés bien qu'inférieurs aux frais de justice, suffisent pour empêcher des recours abusifs.

De ce que le contrat prévoit l'arbitrage, il ne faudrait pas conclure que tout contrat donne lieu à un arbitrage.

CHAPITRE III

Dʀᴏɪᴛ ꜰʀᴀɴçᴀɪꜱ.

Notions préliminaires.

Nous en avons maintenant terminé avec l'examen de l'application et de l'interprétation des contrats de la London Corn Trade Association dans leur pays d'origine : l'Angleterre.

Leur emploi ne donne lieu qu'à peu de difficultés si l'on tient compte du nombre considérable d'affaires journellement traitées à ces conditions. Les raisons de ce fonctionnement facile sont multiples. Tout d'abord, à part quelques imperfections de détail, les contrats sont clairement rédigés et limitent au minimum les chances de voir soulever des chicanes par des commerçants de mauvaise foi voulant se débarrasser d'un marché devenu onéreux pour eux. De plus, on trouve, tant chez les arbitres que les juges, la ferme volonté d'échapper aux subtilités juridiques qui souvent cachent de mauvaises raisons et de voir dans chaque vente caf une affaire honnêtement traitée qui doit être honnêtement exécutée, sans se préoccuper de la faire entrer dans les cadres rigoureux d'un caf idéal et tyrannique analogue à la conception qui régnait en France ces dernières années. Mais, si les critiques que les auteurs ne manquaient pas d'adresser à cette époque à la jurisprudence française pouvaient être exactes, aujourd'hui elles seraient le plus souvent déplacées. Les tribunaux et les cours mani-

festent une tendance très nette à sanctionner l'assou-
plissement de la vente caf. Le contact journalier des
opérations commerciales pratiques a permis au magistrat de se rendre compte de l'aspect suranné de tant de
dispositions qui, récemment encore, pouvaient apparaître comme constituant les « caractères essentiels de
la vente caf ». Et c'est bien plutôt à la Doctrine que l'on
pourrait aujourd'hui faire ce reproche de sacrifier les
besoins des affaires à sa conception théorique de la
vente caf. Une évolution se produit du reste. Elle se
manifeste de la façon la plus nette dans le remarquable
rapport présenté par M. Jean Renard à la Branche française de l'Association internationale de droit au nom de
la Commission du contrat caf de cette Branche, rapport
qui, sur plusieurs points, préconise l'adoption des dispositions des contrats-type et, en particulier, de ceux de
L. C. T. A.

Les théories classiques sur la vente caf s'effritent donc
peu à peu et il n'est pas téméraire, croyons-nous, de
prévoir le moment où l'interprétation française, devenue
aussi large et souple que la notion anglaise, constituera
une armature très simplifiée permettant toutes les
variantes de détail convenues entre les parties.

Mais ce moment n'est pas encore venu et il nous reste
à voir comment un tribunal français, saisi d'une affaire
portant sur un contrat de la L. C. T. A., pourra, dans
l'état actuel de la jurisprudence, distinguer les clauses
valables et celles qui répugnent à la définition du contrat caf.

Une question se présente avant toutes, une question
de compétence (1). Un tribunal français peut-il être vala-

(1) Cf. les difficultés semblables en matière de contrat d'affrètement. Ripert, *op. cit.*, t. II, § 1454 et suiv.

blement saisi d'une affaire concernant l'exécution d'un contrat de la L. C. T. A. ?

Nous avons vu que toute formule de contrat de la L. C. T. A. contient :

1° Attribution de compétence exclusive aux juridictions anglaises (judiciaires ou arbitrales) ;

2° Choix de la loi anglaise comme loi applicable ;

3° Election de domicile en Angleterre ;

4° Clause compromissoire.

Deux commerçants français traitant en France aux conditions de la L. C. T. A., le port de destination étant un port français et le lieu de paiement situé en France, peuvent-ils valablement donner compétence à des juridictions anglaises et adopter la loi anglaise comme loi devant s'appliquer à leur contrat ?

Ces deux questions doivent être séparées : elles constituent les deux grands problèmes du droit international privé : conflits de juridictions et conflits de loi. Leurs solutions sont indépendantes.

I

Compétence des tribunaux français.

1° Un tribunal français doit-il se déclarer incompétent pour juger une affaire relative à l'exécution d'un contrat conclu aux conditions de la L.C.T.A. ?

Notons d'abord que cette incompétence ne pourra être soulevée que par un déclinatoire d'incompétence du défendeur présenté *in limine litis*. Cette exception ne peut pas être relevée d'office, les parties pouvant fort bien renoncer au bénéfice de clauses spéciales de cet ordre.

Supposons donc que le défendeur attaqué devant un tribunal français excipe de la clause du contrat qui accorde compétence exclusive aux juridictions britanniques. Le tribunal français saisi devra-t-il se déclarer incompétent et renvoyer les parties à se pourvoir devant les tribunaux étrangers ?

Doit-il tenir compte de la volonté des parties, clairement exprimée (1), accompagnée d'une élection de domicile en Angleterre, de la déclaration formelle que le lieu de l'offre, de l'acceptation, du paiement, ne doit pas être pris en considération et qu'au contraire le contrat est censé avoir été fait en Angleterre?

Doit-il, au contraire, considérer que la compétence des tribunaux français pour les contestations entre Français est une notion d'ordre public et, en conséquence, déclarer nulles les clauses formelles du contrat qui pré voient la compétence étrangère ?

La jurisprudence est divisée à ce sujet (2).

(1) Nous ne signalerons que pour mémoire un argument souvent présenté devant les tribunaux français à l'occasion de procès portant sur des contrats de la L.C.T.A. Ces contrats sont rédigés presque toujours en langue anglaise, et, souvent, une des parties prétend ne pas connaître cette langue et avoir signé le contrat sans en comprendre le sens et la portée. Cette situation est regrettable et il serait à souhaiter que les contrats signés en France soient rédigés dans la langue nationale, mais fort sagement, à notre avis, les tribunaux ont repoussé les prétentions des contractants voulant faire annuler leurs conventions en raison des erreurs qu'ils ont pu commettre sur leur sens exact par suite de leur ignorance de l'anglais. Du reste, aux termes de l'article 1110 du Code civil, l'erreur n'est une cause de nullité de la convention que si elle tombe sur la substance même de la chose qui en l'objet — et la substance d'une vente est : la chose et le prix.

(2) Pour l'incompétence : Com. Marseille, 20 décembre 1922, *Clunet*, 1923, p. 280 ; Com. Marseille, 5 juin 1925, *Clunet*, 1926, p. 72 ; Com. Dinan, 25 novembre 1925, *inédit* (Jugement anglais de la High Court of Justice King's Bench division du 29 janvier 1926).

Contrà : Trib. civ. d'Ancenis, 17 juillet 1925, *inédit* ; Cour de

Nous croyons, pour notre part, que les tribunaux français peuvent toujours être valablement saisis d'un différend intéressant deux ressortissants français. Sans doute, si les deux parties sont d'accord et dans des cas spéciaux, elles pourront convenir de se soumettre à la décision d'un tribunal étranger (à condition que ce tribunal se reconnaisse à son tour compétent pour des procès entre étrangers). Mais si l'une des parties en cause veut être jugée par les tribunaux de son pays, l'autre, croyons-nous, devra s'incliner. M. Bartin, commentant un arrêt déjà ancien (1), écrit en effet que : « La « nationalité française commune des parties entraîne « naturellement pour elles la juridiction des tribunaux « français. L'une des parties ne peut s'y soustraire con- « tre le gré de l'autre. »

Sans doute, les circonstances dans lesquelles se présentait cette affaire n'étaient pas identiques à celles que l'on rencontrera dans un procès s'élevant à l'occasion d'un contrat de la L. C. T. A. ; les parties n'avaient pas d'avance renoncé à leur juridiction nationale dans une clause formelle. Mais cette clause formelle du contrat de la L. C. T. A. ne peut, croyons-nous, produire d'effet ; elle est contraire à l'ordre public et frappée de nullité absolue. Les tribunaux français sont toujours compétents pour « dire le droit » quand les deux plaideurs sont français.

Supposons donc que la question de compétence réglée, le tribunal français entreprenne l'examen au fond.

Une seconde question se présentera :

Rennes (1re Ch.), 26 juillet 1926, *Gaz. Pal.*, 1927.1.59, *Clunet*, 1927, p. 659 et note anonyme.

(1) Cour de Nancy, 14 novembre 1894, D. P. 1895.2.349 ; Cour de Bourges, 19 janvier 1899, D. P. 1902.2.57 et note très importante de M. E. Bartin.

Schwob. L. C. T. A.   16

II

Loi applicable.

Le tribunal français compétent devra-t-il appliquer la loi française normalement compétente ou la loi anglaise expressément choisie par les parties ?

Cette question est absolument indépendante de celle précédemment examinée : un tribunal peut fort bien appliquer une loi qui n'est pas sa loi nationale ; plus aucune contestation ne peut s'élever sur ce point (1).

Ceci étant posé, est-il possible à deux Français de convenir que le contrat qu'ils sont en train de conclure sera gouverné par une loi étrangère ?

Cette question est classique et la solution qu'on lui a donnée en droit international est connue sous le nom du principe de « l'Autonomie de la volonté » (2).

Il est possible pour deux Français, lors de la conclusion d'un contrat, de renoncer à l'application de leur loi nationale pour adopter en bloc les dispositions d'une loi étrangère (3).

La Doctrine est absolument unanime à ce sujet et la jurisprudence la suit (4).

---

(1) Cour d'appel de l'Afrique Equatoriale française, 22 février 1921, *Clunet*, 1924, p. 390, S. 1923.2.41.

« Il n'y a aucune indivisibilité entre la loi applicable au contrat « et la compétence du tribunal appelé à statuer sur les difficultés « qui peuvent naître de son exécution. »

(2) Aubry, *Clunet*, 1896, p. 465 ; Pillet, *Traité pratique de droit international privé*, § 488, p. 188.

(3) Jules Valéry, *Manuel de droit international privé*, p. 503 et suiv.

S'il a été stipulé dans une vente conclue en France et entre des Français qu'elle produira les effets que la loi allemande lui attribue, c'est d'après cette loi qu'en cas de contestation les obligations respectives des contractants devront être déterminées.

(4) *Parmi les décisions récentes* : Com. Marseille, 20 décembre 1922,

La loi étrangère doit donc s'appliquer en principe, mais deux conditions doivent néanmoins être observées :

1° La convention des parties doit permettre de découvrir aisément la loi applicable ;

2° Les dispositions de la loi étrangère choisie pour régir les effets de la convention ne doivent pas être contraires à la conception connue sous le nom de « l'ordre public international », conception assez vague à la vérité et essentiellement variable suivant les pays et les époques.

Sur le premier point aucune difficulté ne peut se présenter : les contrats conclus aux conditions de la L. C. T. A. prévoient en termes exprès que « tous différends éventuels seront résolus conformément à la loi anglaise ».

Il n'existe donc aucune équivoque sur la loi choisie par les parties.

Au contraire, il est très possible, et nous en verrons des exemples, que le tribunal français considère que certaines dispositions de la loi étrangère sont inapplicables en France parce que contraires à l'ordre public international français ; dans ce cas, il écartera l'application de la loi étrangère sur ce point particulier et la remplacera par les dispositions correspondantes du droit français.

Mais, hormis cette exception, nous estimons que les contrats de la L. C. T. A. doivent être interprétés à la lumière du droit anglais (droit écrit et jurisprudence).

Une dernière question se pose encore : l'application de la loi anglaise doit-elle être demandée par les parties ou bien, au contraire, le juge français devra-t-il de lui-

Clunet, 1923, p. 280 ; Com. Douai, 23 octobre 1923, *Clunet*, 1924, p. 389 ; Cass. req., 8 janvier 1924, *Clunet*, 1924, p. 974 ; Trib. civ. Casablanca, 25 février 1926, *Clunet*, 1926, p. 692, *R. V. T.*, 1926, p. 197.

même, quand les parties n'y auraient pas songé, introduire cet élément nouveau dans les débats? Cette question se rattache à l'un des problèmes les plus ardus du
Droit international privé : la recherche du caractère de
l'application de la loi étrangère en France. Signalons
simplement qu'un arrêt de la Cour de cassation de
1908 (1) a considéré que l'application de la loi étrangère
devait être en appel considérée non pas comme un fait
nouveau (c'est-à-dire une demande nouvelle non recevable), mais comme un moyen nouveau (donc admissible).
Or, le juge pouvant de lui-même introduire les « moyens »
dans les débats, on peut en déduire qu'il pourra également de lui-même appliquer la loi étrangère. Notons
également que la non-application de la loi étrangère,
quand son application est prescrite par la loi ou la coutume française, donne ouverture à cassation.

Nous croyons donc que le juge français pourra et
devra même de lui-même appliquer la loi anglaise aux
contestations portant sur l'exécution de contrats de la
L. C. T. A. (2).

Les tendances de la jurisprudence française.

Si nous passons maintenant à l'examen des décisions
de jurisprudence rendues dans des affaires portant sur

(1) Cass. req., 23 juin 1908, *Clunet*, 1909, p. 470. Cours de M. Bartin à la Faculté de droit de Paris, 1923-1924.

(2) *Faillite d'un contractant.*

Les dispositions du contrat, qui prévoient — en cas de contestations éventuelles — attribution de compétence aux tribunaux
anglais qui devront les résoudre conformément à la loi anglaise,
peuvent-elles être encore invoquées en cas de faillite d'un des contractants ? La question a été notée par la Cour de Paris, mais laissée
sans réponse [C. d'appel Paris (1re Ch), 7 janvier 1927, S. 1927.2.
37, *D. H.*, 1927, p. 139 ; *Semaine juridique*, 1927, p. 523 et suiv.].

des marchés conclus aux conditions de la London Corn Trade Association, nous devons reconnaître que les tribunaux ou les cours ont rarement appliqué la loi anglaise (1).

Le plus souvent même la clause du contrat faisant choix de la loi anglaise n'est même pas retenue, soit qu'elle ait échappé à l'examen des magistrats, soit que sa discussion leur ait paru inutile.

Nous devrons donc examiner les décisions telles qu'elles ont été rendues, en application des dispositions du droit français, non sans toutefois signaler que cette jurisprudence pourrait se trouver modifiée dans l'avenir si les juridictions françaises, abandonnant leur attitude actuelle, se prenaient à tenir compte de cette modification conventionnelle de la loi applicable.

Mais avant de noter les solutions que comporte en droit français l'emploi d'un contrat de la L. C. T. A., il nous paraît utile de rappeler brièvement l'interprétation traditionnelle attachée en France à l'insertion du mot « caf » dans un contrat de vente maritime.

Un premier point est à retenir : aucun texte de loi ne règle la vente caf, qui n'est donc qu'une création de la pratique et de la jurisprudence.

Le magistrat ne pourra jamais appuyer sa décision sur un texte de droit écrit, mais devra tenir compte des « usages commerciaux » (2).

Les usages commerciaux qui gouvernent la vente caf sont essentiellement variables : suivant les époques, les ports, les commerces particuliers.

(1) Décisions appliquant le droit britannique : Trib. civ. de Mont-fort-sur-Meu (Ille et-Vilaine), jugeant commercialement, 26 février 1926, *inédit* ; Trib. civ. de Châlons-sur-Marne. 14 avril 1926, *inédit* ; Trib. civ. de Casablanca, 25 février 1926, *R.V.T.*, 1926, p. 197.

(2) Cour d'Aix, 2 février 1920, D. P. 1921.2.97.

Aussi, la jurisprudence française en a-t-elle retenu quelques-uns seulement, les plus importants, qui peuvent servir d'armature à la vente caf idéale et théorique et sont connus sous le nom général de « Principes essentiels de la vente caf » (1).

On en distinguera le plus couramment trois :

1° L'acheteur caf devient propriétaire lorsque, après accord avec son vendeur sur la chose et le prix, la marchandise aura été individualisée ;

La charge des risques lui incombera dès ce moment ;

2° Le vendeur doit spécialiser l'objet du contrat avant l'ouverture des panneaux pour le déchargement ;

3° Le vendeur doit présenter à l'acheteur des documents réguliers.

En l'absence de stipulations contraires, une vente caf devra donc respecter ces principes (2).

Mais la jurisprudence s'est montrée assez embarrassée quand, à côté de la clause portant fixation du prix caf, le contrat contient des dispositions paraissant contraires aux principes essentiels du caf.

Certaines décisions s'attachant exclusivement à ce mot« caf » estiment que l'insertion de clauses dérogatoires ne peut se concevoir et que tout manquement aux « Règles esssentielles » du caf absolu doit être sanctionné par la résolution. C'est admettre que les « Règles essentielles » sont d'ordre public et que la convention des parties ne peut les modifier.

Cette attitude intransigeante qui fut celle de la jurisprudence dans ses premières décisions ne se retrouve plus dans les jugements et les arrêts plus modernes, ou

---

(1) Godret, *op. cit.*, p. 16 et 110.

(2) Cour d'Aix, 12 mai 1920, D. P. 1921.2.97 ; Com. Marseille, 26 septembre 1924, *R.V.T.*, 1925, p. 63.

tout au moins elle s'est notablement modifiée dans un sens libéral.

Cette nouvelle tendance se manifeste très clairement dans un jugement de Marseille de 1921 (1).

« Attendu, dit-il, qu'il faut en effet prendre et inter-
« préter les accords tels qu'ils ont été libellés, sans s'en
« tenir à la dénomination de caf qui a été conservée et
« de laquelle il serait excessif de déduire des conséquen-
« ces juridiques en contradiction avec les clauses déro-
« gatoires, qu'il s'agit avant tout d'appliquer à peine de
« méconnaître la volonté des parties contractantes. »

Ce même souci de tenir compte de l'intention des parties clairement exprimée se retrouve dans un grand nombre d'autres décisions. Mais, si le but est unique, les moyens sont différents et nous trouvons la jurisprudence séparée en deux faisceaux divergents.

Les uns, négligeant complètement le mot caf introduit dans les contrats, estimeront que les clauses dérogatoires transforment radicalement le contrat. Le marché devra être exécuté (et c'est là que se marque la différence entre cette conception et l'interprétation primitive des tribunaux), mais il devra être exécuté non en tant que vente caf, mais comme une « vente à livrer date d'embarquement » (2) ou une « vente par navire désigné » (3).

D'autres décisions, au contraire, conservent au marché son caractère de vente caf à condition, toutefois, que les stipulations des parties n'emportent pas de modification dans la charge des risques qui doit toujours incomber à l'acheteur (4). C'est la consécration d'une

---

(1) Marseille, 11 janvier 1921, *J. M.*, 1921 1.282.
(2) Marseille, 7 juillet 1921, *J. M.*, 1922.1.283.
(3) Cass. req., 12 janvier 1925, *R.V.T.*, 1925, p. 119.
(4) Marseille, 25 janvier 1924, *D.R.H.*, 1924, p. 367 ; Marseille, 31 décembre 1924, *R.V.T.*, 1925, p. 160.

nouvelle forme de traiter en caf, bien différente sans doute de la conception classique, mais qui n'en reste pas moins une opération dont les caractéristiques suffisent à la différencier profondément des autres types de ventes maritimes et lui faire mériter une place à part dans le domaine juridique.

S'il nous fallait choisir entre ces deux conceptions, c'est à la seconde, bien certainement, qu'iraient nos préférences, mais la première, si elle paraît moins satisfaisante, n'en constitue pas moins un progrès considérable sur la solution trop fréquente de l'intransigeance absolue en matière caf.

Ceci dit, il serait, croyons-nous, fastidieux et sans intérêt d'examiner successivement toutes les difficultés qui ont pu se présenter en jurisprudence à l'occasion des contrats de la L.C.T.A. Nous nous bornerons aux points réellement typiques et envisagerons seulement les questions ne pouvant se poser qu'au sujet de ces contrats.

C'est ainsi que nous allons insister plus spécialement sur les points suivants :

1° La spécialisation dans les contrats de la L.C.T.A. ;

2° La régularité des documents et de leur présentation ;

3° Les clauses des contrats de la L.C.T.A. qui paraissent contraires au principe des « risques pesant sur l'acheteur » ;

4° Clause défaut des contrats de la L.C.T.A. envisagée particulièrement au point de vue des recours du vendeur.

SECTION I

LA SPÉCIALISATION DANS LES CONTRATS DE LA LONDON CORN TRADE ASSOCIATION.

I

Rôle de la spécialisation dans une vente caf.

Avant de préciser comment et à quel moment doit se faire la spécialisation (1), il faudrait s'entendre sur le rôle exact qu'elle joue dans une vente caf. D'une façon générale, la notion de spécialisation n'est pas liée d'une façon assez étroite à celle du transfert de la propriété.

La vente caf, dira-t-on, est une vente à livrer à l'embarquement. Le transfert de propriété s'opère dès l'embarquement de la marchandise et, dès ce moment aussi, les risques sont pour le compte de l'acheteur. Parallèlement à cette règle « hors de conteste » (2) se développe la notion de la « spécialisation ». Le droit de propriété exige une spécialisation de l'objet sur lequel il porte. Dans une vente caf cette spécialisation est réalisée par l'embarquement des marchandises à bord et constatée par la remise d'un connaissement au vendeur par le chargeur ou son préposé (3). En d'autres termes, « la spécialisation des marchandises vendues s'opère par la délivrance et la délivrance a lieu par l'embarquement du lot vendu » (4). Mais « le lot embarqué doit être spécialisé par la création d'un connaissement distinct et spécial

---

(1) Crémieu, *L'individualisation de la marchandise dans la vente caf*; J. Renard, *op. cit.*, 44 et 76 ; Godret, *op. cit.*, p. 31 et suiv. et 116 ; Winkelmolen, *op. cit.*, p. 20 et suiv., 50 et suiv. ; Ripert, *op. cit.*, § 1899 et suiv. ; Aubrun, *op. cit.*, § 9, 17 à 20 ; Abram, *op. cit.*, § 282 ; Gaubert, *op. cit.*, § 292 et suiv., p. 294 et suiv.

(2) Aubrun, § 11.

(3) Godret, p. 17 et p. 31.

(4) Ripert, *op. cit.*, § 1900.

afin de le séparer de la cargaison, car toute la cargaison d'un navire est quelquefois composée de marchandises de même nature expédiées par le même producteur » (1).

De plus, ce document doit être remis à l'acheteur avant l'ouverture des panneaux et cette obligation du vendeur est connue sous le nom de « spécialisation avant l'ouverture des panneaux » (2). Si bien que, dans cet état premier de la jurisprudence, il devient impossible de comprendre quel fait constitue la spécialisation proprement dite : est-ce l'embarquement, est-ce la remise au vendeur d'un connaissement distinct par le chargeur, est-ce seulement la présentation de ce document à l'acheteur ? Mais un fait subsiste : la propriété est transférée dès l'embarquement à l'acheteur, qui supporte les risques du voyage maritime. Et l'ensemble des règles réunies sous la dénomination commune d'obligation de « spécialiser avant l'ouverture des panneaux » ne représente qu'un effort pour corriger en faveur de l'acheteur les rigueurs d'une interprétation trop absolue de ce principe.

L'acheteur ne doit pas être à la merci d'un vendeur peu scrupuleux. Il ne faudrait pas qu'après l'arrivée du navire et l'examen de la marchandise un lot avarié pût être attribué à un acheteur donné, tandis que le vendeur se réserverait la disposition de lots en bon état pour les appliquer à un contrat plus avantageux ou en faire sa propre affaire. L'acheteur a le droit de savoir avant le débarquement quelle est la partie de la cargaison qui a voyagé à ses risques ; si elle arrive en bon état, tout est

(1) Ripert, *op. cit.*, § 1900.

(2) Le Tribunal de Marseille (11 janvier 1921, *J. M.*, 1921.1.282) admet que, par une clause expresse du contrat, la spécialisation puisse n'avoir lieu qu'après l'ouverture des panneaux, à charge par le vendeur de prouver qu'il n'a pu y procéder avant.

pour le mieux ; si, au contraire, elle sort des cales endommagée par fortune de mer, il aura, néanmoins, la certitude de ne pas avoir joué le rôle de dupe dans le marché. Le vendeur doit présenter avant l'ouverture des panneaux le connaissement spécialement émis pour le lot affecté à l'acheteur, qui pourra ainsi s'assurer de la mise à bord de ses marchandises et de leur individualisation.

Mais, envisagée de ce point de vue, l'émission d'un connaissement distinct et sa remise à l'acheteur ne constituent rien d'autre qu'une preuve de l'individualisation des marchandises.

Ces deux formalités cessent d'être les conditions mêmes de la spécialisation, contrairement à la doctrine absolue exposée par Crémieu (1).

Si la preuve de cette individualisation peut être réalisée d'une façon différente, tout en restant aussi précise, il deviendra donc inutile d'exiger un connaissement spécialement créé pour le lot particulier de chaque acheteur. La jurisprudence (2) est définitivement fixée dans ce sens. En particulier, l'arrêt de Cassation du 4 juin 1923 décide que :

« Si, d'après les usages commerciaux, la vente dite caf
« impose au vendeur l'obligation essentielle de spéciali-

(1) Crémieu, *op. cit.*, p. 171.
(2) Décisions récentes : Com. Marseille, 23 octobre 1919, D. P. 1921.2.97 ; Com. Marseille, 19 mars 1919, *J. M.*, 1919.1.200 et Cour d'Aix, 2 février 1920, D. P. 1921.2.97 ; Cour d'Aix, 12 mai 1920, D. P. 1921.2.97 ; Cour d'Aix, 24 octobre 1921, *J. M.*, 1921.1.154 et Cass. req., 4 juin 1923, D. P. 1923, chronique, p. 32, *Gaz. Pal.*, 1923.2.463 ; Com. Bordeaux, 6 mars 1924, *R. V. T.*, 1925, p. 55 ; Cass. req., 8 décembre 1924, *R. V. T.*, 1925, p. 24, *D. R. H.*, 1925, p. 2, sur Com. Havre, 14 novembre 1921 et Cour Rouen, 7 février 1923, D. P. 1923.2.137 ; Cour de Rennes, 9 juin 1926 *inédit* ; Cour de Paris, 7 janvier 1927, S. 1927.2.37, *D. H.*, 1927, p. 139 ; *Semaine juridique*, 1927, p. 523 ; *Gaz. Pal.*, 1927.1.453.

« ser la marchandise et de la transformer en corps cer-
« tain avant l'ouverture des panneaux, de telle sorte que
« devenue la propriété de l'acheteur par sa mise à bord
« elle voyage à ses risques et périls, cette spécialisation
« peut être effectuée soit par le connaissement, soit par
« tous autres documents déterminant la consistance de
« la marchandise et l'individualisant pour permettre à
« l'acheteur d'en obtenir la délivrance. »

Et le 8 décembre 1924, la Cour suprême statue à nouveau en employant presque les mêmes termes :

« Attendu que si, d'après les usages commerciaux, la
« vente dite caf impose au vendeur l'obligation essen-
« tielle de spécialiser avant l'ouverture des panneaux la
« marchandise qui est devenue la propriété de l'ache-
« teur par sa mise à bord, cette spécialisation peut, con-
« trairement aux prétentions de la société demanderesse
« au pourvoi, être effectuée soit par la remise du con-
« naissement, soit par tous autres documents individua-
« lisant la marchandise et permettant d'en obtenir la
« délivrance. »

Deux conditions sont donc nécessaires pour que la
marchandise devenue propriété de l'acheteur par sa mise
à bord voyage à ses risques :

1° Qu'elle ait été spécialisée et que des documents
prouvant cette spécialisation soient remis à l'acheteur
avant l'ouverture des panneaux ;

2° Que ces documents permettent d'obtenir la délivrance.

Chargement en grenier (1). — Des difficultés considé-

(1) Com. Marseille, 4 août 1897, *R. I. D. M.*, t. 13, p. 132 ; Cour
d'Aix, 20 janvier 1898, *R. I. D. M.*, t. 13, p. 623 et note Abram,
p. 627 ; Com. Marseille, 3 août 1898, *R. I. D. M.*, t. 14, p. 514 ;

rables se sont présentées au sujet de la spécialisation des marchandises chargées en « grenier », c'est-à-dire en vrac dans les cales. Ce cas se présente très fréquemment : céréales, oléagineux, charbons, etc. Si l'on pouvait facilement parler de spécialisation quand il s'agissait de cargaisons en sacs portant chacun un numéro et une marque distinctifs, cette conception paraît se heurter ici à un obstacle d'ordre matériel. Remarquons du reste que, pour les chargements en sacs non numérotés (et c'est la situation la plus commune en fait), le problème se présente exactement de la même façon.

D'un côté, il est indispensable, pour éviter les fraudes, que l'acheteur sache avant le débarquement quel lot lui est destiné. D'autre part, toute individualisation est impossible avant la mise à terre, puisque les lots des différents réceptionnaires se trouvent étroitement mêlés dans les flancs du navire.

Sans doute, l'on pourrait concevoir qu'au cours des opérations d'embarquement le chargeur fasse mettre entre les différentes parties de la cargaison des séparations (nattes ou toiles). Mais cette spécialisation rudimentaire (à supposer même que le chargeur puisse dès l'embarquement connaître exactement le nombre et la quotité des différents lots) ne pourrait être qu'illusoire. Par gros temps — et tout navire peut en rencontrer — cette séparation de fortune ne résisterait pas longtemps et l'ouverture des panneaux pourrait réserver des surprises au réceptionnaire qui s'attendrait à recevoir un lot bien distinct du reste de la cargaison. Du reste, les

Com. Marseille, 24 décembre 1901, *J. M.*, 1902.1.126 ; Abram. *R. I. D. M.*, t. 23, p. 154, § 37 : Gaubert, *op. cit.*, § 296 et suiv. ; Aubrun, *op. cit.*, § 18 ; Renard, *op. cit.*, p. 22, note 3 : Crémieu, *op. cit.*, p. 172 : Ripert, § 1900, note 3 ; Godret, p. 36.

inconvénients pratiques d'un tel procédé sont tels qu'il n'est même pas question de l'utiliser et les chargements en grenier s'effectuent sans aucune séparation. Les acheteurs ne sont cependant pas sacrifiés et une protection très efficace leur est accordée par l'usage qui a prévalu de répartir à l'arrivée la marchandise débarquée au prorata de la quantité à laquelle chacun d'eux aurait eu droit ; les manquants sont donc également supportés par tous les réceptionnaires d'une même cargaison. Il en est de même des lots avariés, les parties endommagées sont équitablement distribuées entre tous les acheteurs.

Ces usages ont été consacrés d'assez bonne heure par la jurisprudence. Le vendeur qui fournit un connaissement distinct à son acheteur a satisfait à ses obligations quant à la spécialisation, même si ce connaissement distinct indique que la marchandise est à prendre sur un lot plus important. La séparation matérielle de chaque lot est donc inutile quand le chargement est en grenier.

Une séparation matérielle est inutile. — L'arrêt de la Cour d'Aix du 20 janvier 1898 (1), infirmant le jugement du 4 août 1897 du Tribunal de commerce de Marseille, constitue la décision la plus complète sur ce point :

« Attendu, dit-il, qu'il n'est pas contesté que le contrat
« de vente caf régulièrement exécuté confère à l'acheteur
« un droit de propriété sur la marchandise dès le moment
« de l'embarquement, qu'il est reconnu aussi de part et
« d'autre que pour avoir cet effet et ne pas autoriser
« l'acheteur à prétendre que le contrat est résilié, il faut
« que la marchandise soit spécialisée, c'est-à-dire qu'elle
« soit de la part du chargeur l'objet d'un connaissement

(1) Cour d'Aix, 20 janvier 1898, *R. I. D. M.*, t. 13, p. 623.

« et d'une police d'assurance particuliers, que le litige
« réside sur le point de savoir si, s'agissant d'une mar-
« chandise transportée en grenier, le chargeur a l'obli-
« gation de l'emmagasiner séparément ou bien s'il peut,
« sans contrevenir aux conditions du contrat, la placer
« dans un grenier avec d'autres produits de même nature
« et de qualité égale ;

« Attendu que les intimés prétendent qu'il y a obliga-
« tion de séparer, que ce n'est qu'à cette condition qu'on
« peut dire qu'il y a corps certain et que l'acheteur
« devient propriétaire ;

« Attendu que les premiers juges, en consacrant cette
« prétention, ont été déterminés par l'application rigou-
« reuse des principes du Droit civil auxquels le droit
« commercial déroge pourtant si souvent ; que, suivant
« les appelants, pour qu'il y ait spécialisation répondant
« aux conditions du contrat, il suffira que la marchandise
« soit l'objet d'un connaissement et d'une police d'assu-
« rance particuliers, une pratique constante, disent-ils,
« ayant de tout temps autorisé le chargeur à placer dans
« un même grenier des marchandises de même nature et
« d'égale qualité ;

« Attendu qu'il y a lieu de rechercher si cet usage dont
« se prévalent les appelants et qui serait la loi des par-
« ties existe réellement ;

« Attendu qu'il importe de remarquer d'abord que la
« faculté de non-séparation a pour effet de donner de
« grandes facilités au commerce maritime, qu'on est dis-
« posé à admettre qu'elle soit d'une pratique constante
« si d'ailleurs elle ne peut éveiller aucun soupçon de
« fraude, si on ne peut dire en quoi elle serait contraire
« à l'intention des parties contractantes et quel préjudice
« pourrait en résulter pour l'acheteur ;

« Qu'il y aura spécialisation de la marchandise dès le
« moment que la chose vendue aura fait l'objet d'un con-
« naissement et d'une police d'assurance particuliers,
« qu'avec ou sans séparation le destinataire à la faveur
« d'un connaissement pourra disposer de la marchandise,
« que dans ce cas comme dans l'autre, toutes les autres
« conditions du marché étant remplies d'ailleurs, il ne
« sera pas exposé à ce qu'on lui livre une marchandise
« autre que celle qui a été chargée à son intention ; que
« dans le cas de non-séparation, au lieu d'être proprié-
« taire d'un lot déterminé, il aura non pas comme il a
« été dit un droit de créance, mais un droit de propriété
« sur un lot d'ensemble, et c'est en quoi l'usage com-
« mercial sera venu déroger aux principes de la loi civile ;
« qu'en cas d'avarie de ce lot d'ensemble la seule objec-
« tion qui ait pu être faite à une pratique dont on ne
« peut méconnaître les avantages, c'est que le règlement
« sera fait au prorata entre les divers co-propriétaires,
« solution équitable qui profite à chacun autant qu'elle
« peut lui préjudicier. »

La Cour, estimant par ailleurs que des parères versés
aux débats établissent d'une façon certaine que la faculté
de non-séparation accompagnée de la répartition au prorata est d'une pratique courante, rend donc son arrêt en
faveur du vendeur qui a rempli tous ses engagements
quant à la spécialisation.

Cette solution de la Cour d'Aix est adoptée quelques
années plus tard par le Tribunal de commerce de Marseille (1) qui, du reste, se défend d'avance dans ses attendus contre le reproche possible de suivre simplement la
jurisprudence d'Aix :

(1) Com. Marseille, 24 décembre 1901, *J. M.*, 1902.1.126.

« Attendu que le tribunal de céans, sans se croire en
« principe lié par une décision d'appel intervenue dans
« une instance précédente, doit reconnaître néanmoins
« aujourd'hui, après avoir fait des recherches et études
« personnelles, que les usages visés dans l'arrêt précité
« sont bien ceux de la place et du marché international
« en matière de ventes, c'est-à-dire que dans ces ventes
« il est d'une pratique constante de donner et de recevoir
« sans difficulté des connaissements comme celui qui fait
« l'objet du présent litige ;

« Attendu que les usages commerciaux, lorsqu'ils sont
« nettement établis et dûment constatés, ont force de loi
« et suffisent à obliger le juge ; que la matière commer-
« ciale sujette à des transformations rapides résultant
« d'une évolution incessante répugne en quelque sorte à
« une codification trop rigoureuse, que les usages créés
« par la pratique journalière des affaires doivent préva-
« loir quand ils sont en opposition, sur les principes abs-
« traits et purement théoriques du droit civil ; qu'on ne
« saurait, ainsi que l'a déjà apprécié le tribunal à propos
« de ces mêmes ventes caf, prétendre enfermer une forme
« de marché dans des règles immuables qui, d'un jour à
« l'autre, ne répondraient plus aux besoins de la pratique
« non plus qu'à l'esprit nouveau des transactions, qu'il
« appartient à la jurisprudence de suivre les transforma-
« tions des contrats et usages commerciaux avec pru-
« dence, mais avec souplesse, de manière à en sanction-
« ner l'évolution sans la contrarier arbitrairement ;

« Attendu..., en résumé, qu'il y a lieu d'admettre, con-
« formément aux appréciations émises par l'arrêt de la
« Cour d'Aix sur la question de principe, que le ven-
« deur caf peut valablement offrir un connaissement
« distinct d'une marchandise à prendre sur un grenier,

« que la répartition en doit être faite par les soins du
« capitaine au prorata de la quantité désignée par cha-
« que connaissement et qu'en cas d'avarie ou de manquant
« le dommage est supporté dans la même proportion
« avec recours respectifs des intéressés, les uns à l'en-
« contre des autres, pour faire établir cette répartition
« proportionnelle dans le cas où elle n'aurait pas eu lieu
« au moment de la livraison. »

La solution est définitivement acquise : pour des marchandises chargées en grenier, une spécialisation suffisante résulte de l'émission et de la présentation à l'acheteur d'un connaissement distinct, spécial à son lot, la
séparation matérielle est inutile. Mais, si un connaissement distinct est suffisant, il est aussi indispensable,
juge le Tribunal de Marseille le 12 juin 1901 (1) :

« Attendu que le sieur D... demande l'exécution de la
« vente, qu'il prétend n'avoir pu remettre un connaisse-
« ment spécial à ces parties de marchandises, les ayant
« comprises avec d'autres dans un connaissement global,
« mais avoir suppléé à cette lacune en insérant dans les
« factures le bon à délivrer ;

« Attendu qu'il est de l'essence du contrat caf de
« remettre à l'acheteur, en même temps que les traites,
« les connaissements et les polices d'assurance, que ces
« documents seuls spécialisent la marchandise et per-
« mettent aux porteurs d'en disposer, qu'un bon à déli-
« vrer ne saurait avoir la même portée, que dans ces cir-
« constances c'est à bon droit que P... se sont refusés à
« prendre livraison de la marchandise. »

Cette dernière décision, si elle rend bien l'état de la
jurisprudence en 1901, n'est sans doute plus d'actualité.

(1) Com. Marseille, 12 juin 1901, *J. M.*, 1901.1.321.

Les arrêts plus récents de la Cour de cassation admettent dans tous les cas le remplacement du connaissement par ses équivalents, sans distinguer suivant que le chargement a été effectué en grenier ou non (1). Le jugement de Marseille présente néanmoins un grand intérêt car, rapproché de l'arrêt d'Aix précédemment cité, il peut permettre de se rendre compte du rôle exact que la jurisprudence fait jouer à la « spécialisation » dans un contrat caf. C'est pour cette raison du reste que nous insistons sur la façon dont s'effectue la spécialisation dans les chargements en grenier.

Théorie de la co-propriété. — Si nous reprenons les attendus de l'arrêt d'Aix de 1897, nous en distinguerons deux :

1° Droit de co-propriété des différents réceptionnaires ;
2° Usages commerciaux établis par plusieurs parères concordants.

Le jugement postérieur de Marseille (24 déc. 1901) fonde sa décision uniquement sur le second de ces motifs, la reconnaissance des usages, et néglige l'argument du droit de co-propriété des porteurs de connaissements distincts se rapportant à une même cargaison dont la répartition s'effectuera au prorata.

Il échappe ainsi aux critiques formulées contre la théorie du droit de co-propriété et se trouve, par cela même, « légalement inattaquable », suivant l'expression d'Abram (2). Mais devons-nous également nous borner à constater ces usages sans essayer de trouver une

(1) Cf. en ce sens pour des chargements en grenier : Com. Marseille, 16 janvier 1922 et 23 janvier 1922, *J. M.*, 1923.1.178 ; Com. Marseille, 16 février 1922, *J. M.*, 1923.1.243.
(2) Abram, note précitée sous Aix, 20 janvier 1898.

explication juridique et « renoncer à expliquer et concilier avec la théorie du caf » (1) la faculté accordée au
vendeur de ne pas spécialiser matériellement les marchandises en grenier ? Le problème sans doute est assez
complexe, mais la solution ou plutôt l'absence de solu -
tion qu'il comporte jusqu'à présent consacre la ruine de
toute la théorie classique de la spécialisation.

Il ne faut pas oublier que les chargements en grenier
(ou en sacs non numérotés) constituent la majorité des
cargaisons. L'hypothèse du connaissement distinct correspondant à des marchandises parfaitement distinctes
ne constitue plus qu'un cas particulier de la vente caf.
Une théorie juridique, si elle doit pouvoir s'appliquer
aux cas particuliers, ne peut pourtant pas reposer uniquement sur leur examen.

Dans la plupart des cas, le connaissement remis à
l'acheteur ne représente donc pas une partie bien distincte de la cargaison. Comment peut-on encore dans
ces conditions parler d'un droit de propriété distinct ?
Faudra-t-il alors admettre que cette propriété ne sera
transférée que lorsque les marchandises auront été
pesées, comptées ou mesurées (art. 1585 du Code civil) ?
Mais comment concilier ce résultat avec le principe
même de la vente caf qui veut que la cargaison voyage
aux risques de l'acheteur (2) ? Le transfert de propriété
ne peut donc être reculé jusqu'au débarquement.

Seule, la théorie de la co-propriété exposée par la
Cour d'Aix permet d'expliquer deux résultats assez peu
conciliables en apparence :

1° Le vendeur est dessaisi de la propriété des marchandises embarquées ;

(1) Gaubert, *op. cit.*, p. 300.
(2) Cf. Aubrun, *op. cit.*, § 18.

2º Aucun acheteur n'est personnellement investi, avant le débarquement, de la propriété d'un lot distinct.

Ce système seul peut donner des résultats satisfaisants et c'est à lui que de toutes façons il faut aboutir. Quand on se contente d'admettre qu'un connaissement distinct suffit pour spécialiser des lots que rien ne différencie dans les cales de navire, on ne fait que s'arrêter aux apparences. Au point de vue de la spécialisation, le connaissement distinct ne joue aucun rôle ; s'il peut paraître satisfaisant, c'est uniquement en raison du fait matériel de la répartition de la cargaison au prorata. Et cette pratique dont le rôle est primordial rend l'émission d'un document distinct parfaitement inutile. La garantie de l'acheteur repose sur ce partage proportionnel et non pas sur un connaissement particulier qui, à défaut de cette répartition, ne lui servirait absolument de rien puisqu'à cette spécialisation apparente ne correspondrait aucune individualisation réelle.

Rôle attribué au connaissement. — L'exigence d'un document personnel à l'acheteur repose sur une notion absolument différente de celle de la spécialisation, mais que la jurisprudence a pris l'habitude de lui adjoindre.

Dans toutes les décisions, et en particulier dans les arrêts de la Cour suprême, nous lisons en effet que l'obligation de spécialiser est remplie par le vendeur quand il remet à son acheteur « des documents individualisant la marchandise et permettant d'en obtenir la délivrance ». Un document pour réaliser l'individualisation de la marchandise doit donc en même temps permettre d'en obtenir la possession.

Deux notions totalement distinctes en droit français

se trouvent ainsi arbitrairement réunies : la propriété et la possession (1).

Il est hors de doute que les obligations du vendeur caf sont doubles : il doit assurer à son acheteur le transfert de la propriété et le transfert de la possession. Mais ce sont là deux opérations juridiques essentiellement différentes : la première se réalisant par l'individualisation des marchandises, la seconde par leur livraison (2).

Ce n'est pas le moment de rechercher les conditions dans lesquelles s'effectue la livraison dans une vente caf. Il est admis que la possession résulte de la détention d'un connaissement (C. com., art. 92).

Dans toute vente caf, à un moment donné, le vendeur devra remettre à son acheteur un connaissement qui lui permettra de se présenter à l'arrivée du navire en qualité de réceptionnaire de la marchandise. La jurisprudence admet même que le connaissement pourra être remplacé par des documents équivalents. Mais cette remise de documents contre lesquels, en général, l'acheteur sera tenu d'effectuer le paiement doit être complètement séparée de l'individualisation des marchandises et peut intervenir à un moment tout différent.

La jurisprudence semble confondre ces deux opérations quand elle prétend faire résulter la spécialisation des marchandises de la remise de documents permettant d'en obtenir la délivrance.

L'idée qui paraît prédominer dans l'ensemble est le désir fort légitime en soi de permettre à l'acheteur de disposer ou de mettre en gage les marchandises avant leur arrivée, de lui assurer en un mot la possibilité d'ef-

(1) Cf. sur ce point les opinions de Ripert, *op. cit.*, t. II, § 1911, et Renard, *op. cit.*, p. 87.

(2) Cf. Winkelmolen, *op. cit.*, p. 21 et p. 52.

fectuer les opérations sur documents connues sous le nom de crédit documentaire. C'est de là que proviennent tous les malentendus. Il est très exact qu'en général dans une vente caf on trouvera trace d'opérations sur les documents, mais il est exagéré de prétendre qu'une « vente caf est une vente combinée avec une opération de crédit documentaire » et, surtout, il est exagéré de vouloir transformer en principe juridique dominant toute la matière cette simple constatation de fait (1). L'acheteur en possession de documents « représentant la marchandise », suivant une formule consacrée, pourra en faire un usage fructueux, mais il ne faudrait pas en déduire qu'une vente caf n'est régulière que si elle permet à l'acheteur de telles opérations.

L'individualisation de la marchandise doit être envisagée en dehors de toute préoccupation de cette sorte. La livraison et le transfert de possession qu'elle réalise ont une fonction bien déterminée dans un contrat de vente. Des questions importantes se présentent quand il s'agit de déterminer les modalités de leur exécution ; mais ces questions n'ont rien de commun avec celles qui se rapportent à la spécialisation et son rôle dans le transfert de la propriété.

C'est après cette mise au point nécessaire que nous allons examiner les conditions dans lesquelles s'effectue la spécialisation des marchandises vendues sous contrat de la L. C. T. A.

---

(1) G odret, *op. cit.*, *passim* et p. 40 ; Aubrun, *op. cit.*, S 17 et S 19.

II

Les clauses de spécialisation des contrats de la L. C. T. A.

Ces clauses, nous l'avons vu, sont connues sous le titre de Clauses d'appropriation.

Il faut leur adjoindre la clause de « Prorata » qui fait partie de tous les contrats « Parcels » de la L. C. T. A. et sans laquelle tout transfert de propriété deviendrait inconcevable.

Rappelons d'abord brièvement les différentes circonstances dans lesquelles peuvent se trouver un vendeur et un acheteur caf.

Supposons, pour fixer les idées, que le 1er mai un vendeur A... cède à un acheteur B... 100 tonnes de blé en vrac, embarquement première quinzaine juin.

Le vendeur A... embarque dans la première quinzaine juin de la marchandise pouvant convenir à ce contrat sur deux navires : 1.000 tonnes sur le *Paris* et 1.000 tonnes sur le *Marseille* ; le premier part le 10 juin, le second le 12 juin.

Un acheteur C... conclut le 15 juin un contrat de 100 tonnes blé en vrac « marchandise flottante », sans préciser le nom du navire.

Le 20 juin, l'acheteur B... reçoit un avis d'application lui faisant connaître que son contrat sera exécuté par le *Paris*, dont les connaissements sont datés du 10 juin et qui transporte 100 tonnes pour son compte. Cet avis est régulier et définitif. Il ne peut plus être retiré par le vendeur. Le contrat est dès maintenant fixé. L'objet de la vente est spécialisé. Sans doute l'acheteur ne sait pas quelle portion donnée de la cargaison lui sera attribuée au débarquement, mais il peut se désintéresser dès à présent du sort du *Marseille* ou de tout autre navire. Seuls les événements qui peuvent toucher le *Paris* pourront avoir une influence sur l'état de la marchandise qui lui est destinée. La spécialisation n'est pas complète sans doute. Il se peut qu'une partie de la cargaison soit endommagée au cours du voyage maritime, que l'autre reste intacte. Mais la clause de prorata (1) répartit les risques sur tous les réceptionnaires. « Toute quantité « détachée, endommagée, balayures, tout surplus ou « manquant dans la quantité délivrée seront partagés au « prorata parmi les différents receveurs achetant sous le « contrat contenant cette clause. »

Il devient donc indifférent à un acheteur donné de connaître exactement la position occupée dans la cale par le lot qui lui est destiné. Qu'il se trouve à l'avant, à l'arrière, à bâbord ou à tribord, en surface ou tout au fond, la situation est identique. Toute modification dans la quantité totale, toute avarie, sera supportée également par tous les acheteurs. Il n'est donc pas exagéré d'admettre que l'acheteur de 100 tonnes de blé devient, par la seule désignation du nom du navire, propriétaire d'une part aliquote de la cargaison tout entière représentant dans le cas particulier choisi les 100/1.000 de la quantité totale du blé chargé par le vendeur A... Ce droit sur une portion de la cargaison est bien plus fort qu'un simple droit de créance ; il offre tous les caractères d'un véritable droit de propriété, — limité sans doute par le droit de propriété similaire exercé par les autres acheteurs, —

(1) Il faut remarquer à ce propos la rédaction des plus défectueuses de la clause de prorata qui pourrait faire croire qu'elle ne s'applique qu'aux chargements en sacs. Il n'en est rien, comme le montre le reste de la clause : « soit en sacs, soit en vrac ».

mais qui n'en a pas moins une assiette bien déterminée. L'acheteur B... pourrait par exemple, dès ce moment, exercer une revendication si son vendeur tombait en faillite. Ce droit de co-propriété exercé par tous les acheteurs d'un même vendeur ne constitue pas sans doute l'équivalent du droit de propriété exercé individuellement par un réceptionnaire qui saurait, par exemple, que sur le *Paris* les 200 sacs portant les numéros 201 à 400 voyagent pour son compte. Mais, tel qu'il est, il représente la seule solution pratique trouvée au problème de la spécialisation de marchandises chargées en grenier ou en sacs non numérotés. Si on n'admet pas l'existence de ce droit de co-propriété, il devient impossible d'expliquer comment dans une vente caf la marchandise voyage aux risques de l'acheteur et cesse d'être la propriété du vendeur avant les opérations de pesée, mesures effectuées au débarquement.

La jurisprudence récente, sans se prononcer expressément sur cette théorie de la co-propriété, admet cependant en général que dans un contrat de la L. C. T. A. la spécialisation résulte suffisamment de l'envoi d'un avis d'appropriation, en raison des garanties spéciales offertes par la clause de prorata (1).

Dès que l'acheteur connaît le nom du navire transporteur et la date des connaissements, il devient propriétaire (dans les limites que nous avons indiquées).

---

(1) Cf. plus particulièrement : Cour d'Aix, 2 février 1920, D. P. 1921.2.97 ; Com. Bordeaux, 6 mars 1924, *R. V. T.*, 1925, p. 55 ; Cour de Rennes, 26 juillet 1926, *Gaz. Pal.*, 1927.1.59, *Clunet*, 1927, p. 659 ; Cour de Paris, 7 janvier 1927, S. 1927.2.37 ; Cour de Douai, 27 janvier 1927, *R. V. T.*, 1927, p. 46.

Contra : en l'absence de la clause de prorata : Cour d'Aix, 12 mai 1920, D. P. 1921.2.97.

Question des risques. — Le transfert de propriété réalisé par l'individualisation de l'objet du contrat résulte de la réception d'un avis d'appropriation.

Dans l'exemple choisi, l'acheteur B... sera réputé propriétaire à partir du 20 juin.

Comment expliquer alors que la marchandise voyage à ses risques depuis le 10 juin, date de son embarquement ?

La situation paraît encore plus bizarre quand la vente porte sur une cargaison flottante. L'acheteur C..., dont le contrat est du 15 juin, reçoit lui aussi un avis d'appropriation le 20 juin et devient propriétaire à partir de ce moment. C'est pourtant également depuis le 10 juin qu'il supporte les risques, avant même qu'il n'ait procédé à son achat !

Remarquons que ces difficultés ne peuvent se présenter avec la théorie habituelle qui fait résulter la spécialisation de l'embarquement et ne voit dans la présentation des documents qu'une preuve de la spécialisation déjà effectuée. Il est compréhensible que, dans de telles conditions, le transfert de propriété ne soit pas reculé jusqu'au moment de la remise des documents constatant cette spécialisation. La propriété est transférée à l'acheteur dès l'embarquement. La Cour d'Aix, dans son arrêt du 20 janvier 1898 déjà cité (1), précise bien ces notions :

« Attendu qu'il n'est pas contesté que le contrat de
« vente caf régulièrement exécuté confère à l'acheteur
« un droit de propriété sur la marchandise dès le
« moment de l'embarquement, qu'il est reconnu aussi
« de part et d'autre que pour avoir cet effet et ne pas
« autoriser l'acheteur à prétendre que le contrat est rési-

____

(1) Cour d'Aix, 20 janvier 1898, *R. I. D. M.*, t. 13, p. 623.

« lié, il faut que la marchandise soit spécialisée, c'est-
« à-dire qu'elle soit de la part du chargeur l'objet d'un
« connaissement et d'une police d'assurance parti-
« culiers. »

Mais comment peut-on encore parler d'un transfert
de la propriété dès l'embarquement, dans des circonstances analogues à celles que nous avons choisies à
titre d'exemple? Le vendeur a chargé deux navires : le
Paris et le *Marseille*. Les deux peuvent également convenir aux contrats conclus avec B... et C... La désignation faite par lui du *Paris* et non du *Marseille* constitue
bien la spécialisation, puisque jusqu'à ce moment il
aurait pu tout aussi bien fixer son choix sur le *Marseille*.
Il paraît impossible d'admettre dans un cas pareil que
la spécialisation résulte de la mise à bord et que l'avis
donné par le vendeur à son acheteur n'en constitue que
la preuve.

Du moment que le vendeur pouvait aussi bien désigner
le *Marseille* que le *Paris*, il devient impossible de situer
l'appropriation à un moment différent de celui où il aura
fait connaître son option et avisé son acheteur de l'exécution par le *Paris*.

Faut-il donc admettre qu'une fois faite, la spécialisation des marchandises opère rétroactivement le transfert
de la propriété dès l'embarquement?

Est-il, au contraire, suffisant de ne conserver du droit
de propriété que sa caractéristique la plus importante
et de déclarer que tout en ne devenant propriétaire que
par la spécialisation l'acheteur supporte les risques dès
l'embarquement? Cette distinction est concevable comme
le fait remarquer Aubrun (1) : « La libre convention des

(1) Aubrun, note sous Cour Paris, 21 janvier 1920, D. P. 1921.2.97.

« parties qui peut, dans une vente de corps certain, met -
« tre par dérogation aux règles ordinaires les risques à
« la charge du vendeur (Cass. civ., 8 juin 1904, D. P.
« 1905.1.455) peut, à l'inverse, les rejeter sur l'acheteur
« dans une vente de choses déterminées seulement quant
« à leur espèce. »

Cette question est des plus embarrassantes, mais des circonstances de fait exigent que l'acheteur supporte les risques dès l'embarquement, même si la propriété ne lui est transférée que bien plus tard (1). Il serait pratiquement très difficile de discerner à l'arrivée du navire le moment exact auquel se sont produites les avaries. Si les risques étaient partagés dans le temps, des discussions interminables s'élèveraient sans cesse sur le problème insoluble de distinguer entre les avaries antérieures ou postérieures à la date de la spécialisation. Il est bien plus simple de décider que l'acheteur qui supporterait de toutes façons les risques à partir de la spécialisation les supporte depuis la mise à bord.

Si cette solution s'impose absolument pour les détériorations ou manquants dont la cause directe ne peut être retrouvée (gros temps continu, infiltrations, etc...), on pourrait à la rigueur concevoir que le vendeur supporte les risques des accidents dont la date peut être facilement retrouvée.

Les contrats Tale quale de la L.C.T.A. paraissent tenir compte de cette observation. La clause avaries porte en

---

(1) La jurisprudence admet que les risques sont à la charge de l'acheteur à compter de l'embarquement, en raison de l'effet rétroactif de la spécialisation : Com. Havre, 24 octobre 1917 ; Cour Rouen, 1er mai 1918, *Rec. Havre*, 1918-1919.1.72 ; Com. Havre, 16 juillet 1919, *Rec. Havre*, 1918-1919.1.113, ce dernier jugement rendu en matière de marchandise flottante.

effet que « toute avarie commune antérieure à la date du contrat sera pour compte du vendeur » (1). Une avarie commune peut en effet facilement être située dans le temps ; le livre de bord gardera trace de la décision du capitaine à la suite de laquelle elle aura été volontairement supportée.

Mais, s'ils prévoient le cas d'une avarie commune, ces contrats ne mentionnent pas les avaries particulières qui devraient donc toujours rester pour le compte de l'acheteur. Une distinction s'impose pourtant.

Elle a été formulée par les tribunaux français à l'occasion du torpillage du navire *Chaschill* (2). Les magistrats, tenant compte de la bonne foi du vendeur, ont décidé que la spécialisation faite par lui dans l'ignorance du sinistre était valable. Mais, bien entendu, « si au « moment de la spécialisation le vendeur connaissait la « perte de la marchandise, la fraude vicierait le contrat « dans son essence et permettrait de décider que les « marchandises sinistrées n'étaient pas celles destinées « à l'acheteur.

« La fraude ne se présumant pas, il incombe à l'ache-« teur de prouver d'une manière certaine que le vendeur « connaissait la perte de la marchandise au moment où « la spécialisation a eu lieu. »

Si cet élément de la « *bonne foi* » doit dominer cette matière, il faut aussi l'étendre aux accidents moins importants que la perte totale. Si le vendeur n'a pas le droit d'appliquer à un contrat donné des marchandises se trouvant à sa connaissance au fond de la mer, il ne doit pas

(1) Il faut remarquer la formule : date du contrat ; ceci ne s'applique donc qu'aux ventes « en flottant ».

(2) Com. Seine, 4 janvier 1918, D. P. 1919.2.23 ; Cour Paris, 21 janvier 1920, D. P. 1921.2.97, note Aubrun.

plus pouvoir appliquer une cargaison qu'il sait avariée(1).

Remarquons que les contrats de la L. C. T. A. ne font aucune place à cette distinction fondée sur la bonne ou mauvaise foi du vendeur. Les formules « tale quale » que nous avons citées prévoient le cas d'avarie commune antérieure à la date du contrat de vente et non pas à la date de l'avis d'appropriation. *A contrario* une avarie commune ayant eu lieu entre la date du contrat et cette dernière date serait donc supportée par l'acheteur, ce qui tend à prouver que l'avis d'appropriation produit un effet rétroactif qui, dans les ventes ordinaires, reporte la date de la prise en risques par l'acheteur à l'embarquement et dans les contrats sur « marchandises flottantes » ne la ramène qu'à l'époque de la conclusion du contrat. Mais cette séparation dans le temps ne s'appliquerait qu'aux avaries communes, les avaries particulières restant toujours pour le compte de l'acheteur, quel que soit le moment où elles se seraient produites.

Il faudrait donc distinguer suivant que le contrat porte sur des marchandises flottantes ou à embarquer et entre les avaries communes et les avaries particulières. Ces complications nous paraissent inutiles et la règle formulée par la jurisprudence française est des plus sages. Elle doit produire ses effets les plus étendus : chaque fois que le vendeur saura, au moment de donner l'avis d'appropriation, que les marchandises ne sont plus dans le même état qu'à l'embarquement, il ne pourra plus les appliquer à un contrat quel qu'il soit (2).

(1) Com. Marseille, 25 juillet 1916, *J. M.*, 1917.1.224 ; Cour de Lyon, 3 avril 1917, *Gaz. Pal.*, 1916-1917, p. 646 ; Com. Havre, 24 octobre 1917 et Cour de Rouen, 1er mai 1918, *Rec. Havre*, 1918-1919. 1.72 ; Com. Havre, 16 juillet 1919, *Rec. Havre*, 1918-1919.1.113.

(2) Cette solution de la jurisprudence française est, remarquons-

Les communications sont rapides de nos jours entre les différentes parties du monde et un sinistre, quel qu'il soit, est bien vite connu dans les milieux intéressés. La bonne foi et la mauvaise foi du vendeur peuvent être vérifiées assez facilement.

Moment de la spécialisation. — Les clauses d'appropriation des contrats de la L. C. T. A. contiennent toutes l'indication d'un certain délai à partir de la date des connaissements, dans lequel le vendeur doit donner à son acheteur l'avis d'appropriation. Ces délais sont différents suivant les pays de provenance et tiennent ainsi compte de la plus ou moins longue durée du voyage maritime. Encore ne sont-ils pas de rigueur et peuvent être allongés en raison de circonstances exceptionnelles justifiant un retard.

Mais, bien que les contrats ne le prévoient pas, un fait met certainement obstacle à toute appropriation ultérieure : l'arrivée du navire et l'ouverture des panneaux en vue du déchargement. Cette règle érigée en principe absolu du caf par la jurisprudence est, en effet, nécessaire pour empêcher toute fraude possible du vendeur. Mais elle ne peut se comprendre qu'avec l'interprétation que nous avons donnée de l'étendue de l'obligation du vendeur de spécialiser la marchandise. Au contraire, si on entend par spécialisation la remise de documents par le vendeur à l'acheteur, cette soi-disant obligation de remettre les documents avant l'ouverture des panneaux ne repose sur aucun fondement juridique (1).

Mais, bien entendu, si on restitue au mot « spéciali-

le, en contradiction formelle avec les décisions rendues par les tribunaux britanniques sur le même point. Cf. p. 141 et suiv.

(1) Cf. Winkelmoleu, p. 52 et suiv.

sation » son vrai sens, si on en restreint les conséquences à la transformation d'une chose *in genere* en un corps certain et au transfert de la propriété, il devient tout à fait normal d'exiger que le vendeur y procède avant l'ouverture des panneaux. Ce dernier n'a pas le droit de déclarer à son acheteur que la marchandise qu'il lui destine est déjà arrivée depuis plusieurs jours et peut-être même débarquée. La vente caf n'est pas une vente au débarquement, l'acheteur a le droit strict de connaître le plus tôt possible, et en tout cas avant l'ouverture des panneaux, le navire qui doit lui amener l'objet de son contrat. Cette garantie est indispensable pour que la vente caf ne dégénère pas en une loterie dans laquelle l'acheteur n'aurait que les mauvais numéros.

III

Appendice.

1° *La désignation du nom du navire transforme-t-elle la vente caf en une vente par navire désigné* (1)? — Une fois que le vendeur caf a donné à son acheteur le nom du navire qui doit exécuter son contrat, il ne peut plus apporter de modification à cette désignation et remplacer ce navire par un autre. Or, il en est de même dans une vente par navire désigné et la désignation du nom du navire une fois faite ne peut plus être retirée.

---

(1) Cf. Godret, *op. cit.*, p. 47 ; Ripert, *op. cit.*, t. II, n° 1870 et suiv. ; Delayen, Homburg, Chotiau, *op. cit.*, § 393 ; Com. Havre, 14 novembre 1921, D. P. 1923.2.137, note Chéron ; Cour Rouen, 7 février 1923 et Cass. req., 8 décembre 1924, *D. H.*, 1925, p. 2, *R. V. T.*, 1925, p. 24 ; Cass. req., 12 janvier 1925, *R. V. T.*, 1925, p. 119 ; Cour d'Aix, 7 mai 1925, *Revue de droit français*, 1925, p. 79 ; Com. Marseille, 31 décembre 1924, *R. V. T.*, 1925, p. 160.

Cette observation a pu faire croire que la vente caf et la vente par navire désigné pouvaient se ramener l'une à l'autre. Mais cette conclusion serait bien hâtive et des plus inexactes. La vente caf et la vente par navire désigné sont essentiellement différentes, puisque dans l'une les risques sont pour le vendeur, tandis que dans l'autre, c'est l'acheteur qui les supporte. L'élément conditionnel de la bonne arrivée du navire qui constitue l'essence même de la vente par navire désigné est totalement absent de la vente caf. La désignation du navire dans une telle vente n'intervient qu'à titre de spécialisation des marchandises. Sans doute, si le vendeur n'a pas fait dans son avis d'application les réserves d'usage pour le cas d'erreur ou si les clauses des connaissements ne peuvent pas être invoquées par lui contre son acheteur, il devra supporter les conséquences de cette négligence. S'il ne livre pas les marchandises par le navire désigné, il pourra encourir la résolution du marché à ses torts et griefs, quelle que soit par ailleurs sa bonne foi. Dans cette mesure seulement, il est permis de dire qu'une vente caf peut se transformer à un moment donné en une vente par navire désigné.

La Cour de cassation exprime cette opinion dans son arrêt du 12 janvier 1925 quand elle estime « que les parties « avaient entendu transformer leur marché en vente par « navire désigné dans le seul but d'interdire désormais « aux vendeurs toute modification aux conditions du « transport et sans porter atteinte aux conditions essen- « tielles du contrat ».

En d'autres termes : « Lorsque la spécialisation de la « marchandise sur un navire désigné a été régulièrement « et définitivement fixée, aucune modification ne peut y « être apportée sans le consentement de l'acheteur.

« Celui-ci peut refuser de prendre livraison de la mar-
« chandise lorsque, la spécialisation ayant été faite sur
« un seul navire, la marchandise a été postérieurement
« répartie par le vendeur sur deux navires. » (1)

Cette situation de fait ressemble à celle des parties
dans une vente par navire désigné. Mais cette analogie
toute de surface doit s'arrêter là. En tirer d'autres
conséquences serait méconnaître la nature même de la
vente caf.

2° *Suite de contrat* (2). — Nous n'avons jusqu'à présent envisagé que les relations du vendeur primitif : le
chargeur, avec ses acheteurs.

Ces acheteurs peuvent avoir l'intention de prendre
effectivement réception de la marchandise qu'ils emploie-
ront dans leur industrie ; ce seront par exemple des
minotiers qui achètent du blé pour leur moulin, des
malteurs qui se procurent de l'orge. Mais, fréquemment
aussi, ces acheteurs sont des négociants qui n'ont acheté
les marchandises qu'en vue de la revente. A leur tour,
ils vont prendre la situation de vendeurs dans leurs relations avec leurs propres acheteurs, et ainsi de suite, car
l'opération peut bien entendu être répétée un grand nombre de fois. Chacun des marchés intermédiaires peut
être conclu sous la forme d'une vente caf et il est cer-

---

(1) Cass. req., 8 décembre 1924, *D. R. H.*, 1925, p. 2.

(2) Cour Paris, 2 février 1924, *Gaz. Pal.*, 1924.2.591 ; Com. Seine,
31 décembre 1920, *Gaz. Pal.*, 1921.1.605 ; Cour Rouen, 26 décembre 1924 confirme Com. Havre, 28 décembre 1923, *R. V. T.*, 1925,
p. 132, *Clunet*, 1925, p. 968 ; Com. Marseille, 8 juin 1925, *J. Mars.*,
1926.1.350, *R. V. T.*, 1925, p. 347, *Gaz. Pal.*, 1927, *Som.*, p. 61 ;
Com. Marseille, 24 février 1926, *R. V. T.*, 1926, p. 228 ; Com. Marseille, 3 juin 1926, *R. V. T.*, 1926, p. 295 ; *Dor*, 1926, t. 4, p. 598 ;
Cour de Rennes, 4 juin 1926, *inédit*.

tain que toutes les conditions exigées pour la régularité de la vente caf originale doivent également se retrouver dans ces nouveaux contrats. Supposons donc que tous les contrats successifs aient été conclus suivant les formules de la L. C. T. A. ; tel est du reste le cas le plus fréquent en pratique. Il reste à voir comment les vendeurs intermédiaires rempliront leurs obligations, en particulier celles qui se rapportent à la spécialisation des marchandises.

Cette situation est prévue dans le contrat de la L. C. T. A. et la clause d'appropriation fixe les délais dans lesquels un vendeur subséquent doit faire parvenir à son propre acheteur l'avis d'application. Ces délais dépendent du moment où le vendeur précédent leur a fait lui-même connaître le nom du navire et les autres renseignements indispensables. Le rôle des vendeurs intermédiaires est donc des plus effacés et le contrat s'exécute finalement entre le chargeur, premier vendeur, et le dernier des acheteurs.

Toutes les difficultés qui peuvent se présenter au sujet de la spécialisation, en particulier la question délicate de savoir si un vendeur peut appliquer à un contrat des marchandises voyageant sur un navire déjà sinistré au moment de cette application, paraissent résolues quand il s'agit d'un vendeur intermédiaire : simple agent de transmission. Il fera connaître à son propre acheteur les renseignements reçus de son vendeur et, du moment que l'avis d'appropriation donné par le chargeur au premier acheteur est valable, tous les autres le seront à condition qu'ils aient été transmis en temps dû.

La spécialisation effectuée par un vendeur subséquent, sachant qu'un sinistre s'est produit depuis le moment où lui-même a reçu du chargeur un avis d'application, serait donc régulière à la seule condition qu'elle ait été faite dans les délais prévus au contrat.

Telle paraît être la solution que donne le simple examen des formules de la L. C. T. A.

La jurisprudence française, saisie de cette question, s'est à bon droit montrée plus exigeante.

Elle n'attache cet effet à la vente subséquente qu'à la condition formelle que le sous-acquéreur ait su, au moment de la conclusion du contrat, que son exécution devait dépendre de celle du marché primitivement passé entre le chargeur et le premier acheteur.

Cette condition ne sera remplie que si les termes du contrat lui-même sont assez clairs pour qu'aucun doute ne puisse s'élever sur cet accord du sous-acheteur. La question ne peut être résolue qu'en fait et, à ce titre, il est intéressant de noter que la jurisprudence estime en général insuffisante l'insertion dans un contrat de la formule « suite de contrat » suivie du nom du premier vendeur (1).

« La vente caf portant la clause « suite de contrat »
« avec indication du nom du premier livreur ne peut
« emporter la cession du contrat considéré que si elle
« est accompagnée de la mention à forfait ou d'une men-
« tion équivalente ; sinon, l'insertion de cette clause a
« simplement pour but de faire connaître au sous-ache-
« teur de qui provient la marchandise à livrer et elle
« n'implique nullement que ce sous-acheteur dégage
« son vendeur direct des obligations qui lui incombent
« en cas de défaillance du premier vendeur ou de
« difficultés nées par la faute de celui-ci ; le sous ache-
« teur ne peut se trouver soumis aux clauses du marché

(1) Com. Marseille, 24 février 1926, précité.

« auquel il n'a pas été partie que si son propre contrat se
« réfère exactement aux conditions du contrat antérieur.

« En conséquence, la vente doit être résiliée aux torts
« de l'acheteur ayant revendu avec la clause dite d'appro-
« priation qui oblige le vendeur à désigner le navire trans-
« porteur dans les 21 jours de la date du connaisse-
« ment (1) lorsqu'il ne s'est pas conformé à cette obliga-
« tion et il importe peu que le premier vendeur ait imposé
« la suppression de cette clause : il appartenait à l'ache-
« teur d'attirer l'attention du sous-acheteur sur les diffi-
« cultés susceptibles de se présenter à cet égard (2). »

La Cour de Paris (3) admet au contraire que :

« La clause « suite de contrat » insérée dans une vente
« commerciale peut, suivant les circonstances, être inter-
« prétée comme manifestant l'intention des parties de
« subordonner l'obligation du vendeur à l'exécution par
« son propre vendeur de la livraison des marchandises,
« objet des marchés successifs », et donne à l'appui de sa
décision des arguments tirés d'une série d'autres faits
(correspondance, acquiescement de l'acheteur).

Remarquons du reste que les avantages accordés au
vendeur subséquent par la reconnaissance éventuelle du
lien existant entre les deux contrats trouvent leur contre-
partie dans son obligation de ne livrer que la marchandise même qu'il aura reçue de son propre vendeur. Toute
offre d'une cargaison différente sera sanctionnée par la
résolution du marché. Cette solution résulte *a contrario*
de la décision du Tribunal de Marseille du 8 juin 1925 (4).

(1) Formules d'Australie de la L. C. T. A.
(2) Le terme « acheteur » correspond au premier acheteur-ven-
deur subséquent.
(3) Cour de Paris, 2 février 1924, précité.
(4) Com. Marseille, 8 juin 1925, précité.

« Attendu que, sauf convention contraire, la désigna-
« tion de son propre vendeur donnée par le vendeur en
« caf ne saurait affecter en quoi que ce soit la liberté qu'a
« ce dernier de ne spécialiser la marchandise par lui
« offerte en aliment du marché qu'au moment de l'arrivée
« du navire, que la désignation de son vendeur originaire
« ne pouvant en effet par elle-même constituer en rien une
« application régulière, le vendeur en caf doit être réputé
« ne l'avoir donnée qu'à titre de simple renseignement et
« sous réserve de modification ultérieure. »

Et adoptant ces motifs, le tribunal décide que le fait
de ne pas avoir livré la marchandise du premier vendeur
ne donne pas ouverture au droit du co-contractant de
considérer le contrat comme résolu.

Il est évident que, si le tribunal avait admis que l'indication du nom du vendeur primitif suffisait pour lier les
deux contrats successifs, sa décision aurait été toute
différente.

Cette question ne peut donc recevoir aucune solution
de principe. Les tribunaux rendent leurs décisions uniquement en examinant les conditions de fait de chaque
cause.

Il est donc indispensable qu'en contractant, les parties
manifestent clairement leur intention à ce sujet.

SECTION II

LES DOCUMENTS.

La vente caf n'est pas une vente de documents.

Nous avons déjà vu que l'obligation pour le vendeur
de remettre à l'acheteur les documents est indépendante
de toute opération de spécialisation ou d'appropriation
des marchandises.

Le rôle que jouent les documents dans une vente caf est néanmoins des plus importants et il convient d'examiner tant le but et le résultat de la délivrance des documents que les conditions auxquelles ils doivent répondre pour constituer une offre valable.

Mais ce rôle, il ne faudrait pas l'exagérer ; il ne doit pas finir par masquer le véritable caractère du contrat caf qui est essentiellement une vente de marchandises. Sans doute, il est parfois commode d'employer pour expliquer certains effets d'un marché caf l'expression : vente de documents réguliers (1), mais il ne faudrait pas vouloir transformer cette simple façon de parler en un principe juridique.

Renard, qu'à tort on cite souvent comme un partisan de cette théorie, repousse au contraire d'une façon formelle : « ... la tentation de voir dans la vente caf une « simple vente de documents. Un coup d'œil sur la pra- « tique suffit à convaincre qu'il n'en est rien ; les opéra- « tions effectuées à l'arrivée de la marchandise sont la « source de difficultés nombreuses, ce qui prouve bien « qu'un pareil marché porte sur une réalité autrement « substantielle que des papiers ».

Rôle des documents. — *Possession de la cargaison.* — Mais si les documents ne sont pas toute la vente caf, ils en constituent pourtant une partie essentielle. Leur fonction a déjà été souvent étudiée et il nous paraît inutile de revenir sur ce point. Il est admis en particulier que le rôle du connaissement est multiple ; preuve de l'embarquement et des conditions du transport mari-

____

(1) Cf. Godret, *op. cit.*, p. 11 et suiv. et les décisions citées ; *Revue droit maritime comparé*, t. 7, p. 330 ; Winkelmolen, p. 13 et suiv. ; J. Renard, *Rapport à l'Association internationale de droit*, p. 12.

time, il confère de plus à son détenteur la possession juridique de la cargaison. Gaubert (1) constate que:

« La transmission à l'acheteur d'un connaissement
« distinct et spécial aux marchandises dont il s'est rendu
« acquéreur constitue pour lui une mise en possession
« juridique de celle-ci, la seule qui puisse être effectuée
« avant l'achèvement de la traversée. »

Ripert va même jusqu'à considérer que le connaissement « est la représentation de la marchandise à bord.
« Le chargeur qui remet le connaissement remet l'ins-
« trument de la possession, donc la possession elle-
« même ; il renonce à la possession des marchandises,
« comme il a renoncé à la propriété ; l'acquéreur se
« trouve investi de la propriété par l'échange des con-
« sentements et de la possession par la remise du con-
« naissement. »

Cette explication du rôle juridique du connaissement est du reste conforme à notre droit écrit. Le Code de commerce dans son article 92, au titre du Gage, décide en effet que :

« Le créancier est réputé avoir les marchandises en sa
« possession lorsque. . . . . avant qu'elles soient arri-
« vées, il en est saisi par un connaissement ou par une
« lettre de voiture. »

Cette notion doit donc d'ores et déjà être considérée comme acquise. Il est inutile de nous y attarder.

La remise du connaissement opère donc le transfert de

(1) Gaubert, *op. cit.*, § 295 ; Thaller et Percerou, *op. cit.*, § 1024 et suiv. ; Winkelmolen, *op. cit.*, p. 57 ; Ripert, *op. cit.*, t. II, § 1909 et suiv. ; G. Marais, *op. cit.*, p. 63 et suiv. et *De la nature juridique du D/O, R. I. D. M.*, t. 34, p. 78 ; Terrel et Lejeune, *op. cit.*, p. 226 et suiv.

la possession entre le vendeur et l'acheteur. Cette opération, qui se retrouve dans toute vente, constitue la livraison ou délivrance.

Sans doute, l'acheteur ayant en mains un connaissement n'a pas appréhendé matériellement les marchandises, mais il n'en est pas moins possesseur légitime. Le capitaine n'est qu'un détenteur pour compte sans *animus* possessoire. La possession du porteur de connaissement peut être, si l'on préfère, qualifiée de possession symbolique par opposition à la possession réelle d'un possesseur qui serait également détenteur de l'objet du contrat. Mais cette différence dans les termes employés ne fait que constater un état de fait et ne change en rien la nature de la possession, comme le fait remarquer Marais à plusieurs reprises (1).

Nous retrouvons donc dans la vente caf les deux éléments constitutifs de toute vente : transfert de propriété réalisé par la spécialisation, transfert de la possession opéré par la remise du connaissement.

La comparaison peut se poursuivre quand il s'agit d'établir le moment auquel doit intervenir le paiement. D'une façon générale, aux termes mêmes des articles 1612 et 1651 du Code civil, le paiement du prix et la délivrance de la chose vendue sont deux opérations simultanées. Seules, les conventions librement établies des parties peuvent en décider autrement : dans les ventes à crédit ou ventes avec arrhes par exemple.

Cette symétrie se retrouve dans les contrats caf qui prévoient que le paiement doit s'effectuer contre les documents, c'est-à-dire lors de la délivrance de la mar-

(1) Georges Marais, *op. cit.*, p. 64 et 65 ; *De la nature juridique du D/O*, p. 84.

chandise (1). Tant qu'il n'a pas présenté les documents,
le vendeur ne peut poursuivre le recouvrement du prix
et, réciproquement, tant qu'il n'a pas réglé le montant
de la facture, l'acheteur n'a aucun droit à la détention
des documents.

Moment de la présentation des documents. — Ceci dit,
peut-on trouver dans un contrat caf trace d'un engagement pris par le vendeur de présenter les documents,
c'est-à-dire de livrer la chose vendue dans un certain
délai, avant l'ouverture des panneaux par exemple ?

La jurisprudence, la Cour de cassation en particulier,
ramenant cette question à celle de la spécialisation,
exige que l'acheteur reçoive avant l'ouverture des panneaux des documents qui lui permettront d'obtenir la
délivrance.

Nous avons déjà dit ce que nous pensons de cette con
fusion. La spécialisation est une chose, la remise des
documents en est une autre. La spécialisation est définitive dès le moment où l'acheteur a reçu l'avis d'appropriation lui indiquant le nom du navire, à condition toutefois que le contrat contienne la clause de prorata. Les
documents n'ajoutent rien à cette spécialisation et lui
permettront simplement d'obtenir la marchandise à l'arrivée et, dans l'intervalle, d'en disposer à son profit
grâce aux opérations connues sous le nom de crédit
documentaire.

Le problème consiste donc à rechercher s'il est de
l'essence du contrat caf que l'acheteur se présente personnellement comme réceptionnaire et puisse négocier
les documents avant l'arrivée du navire (2).

(1) Cour de Rouen, 12 août 1925, *R.V.T.*, 1925, p. 448.
(2) Cour de Paris, 9 avril 1924, *Dor, Sup.*, 2.388, juge dans les cir-

Nous allons examiner de ce point de vue les formules de la L. C. T. A.

La clause de paiement de ces contrats prévoit le cas du navire arrivant à destination avant les documents. Le vendeur devra fournir des documents de remplacement qui permettront à l'acheteur d'obtenir délivrance des marchandises. Mais cette obligation n'est pas substantielle ; son inexécution par le vendeur n'entraînera d'autre résultat que de mettre à sa charge les frais supplémentaires qui pourront grever la cargaison du fait de l'absence des documents réguliers (mise à quai et en entrepôt pour le compte de qui il appartiendra) (1). Elle ne pourrait être sanctionnée par la résolution du contrat. De même, l'acheteur refusant de payer contre de tels documents ne s'exposera pas à la résolution du contrat à ses torts et griefs. Il a le droit d'exiger des documents réguliers. Mais, néanmoins, ce refus aura pour résultat de mettre à sa charge les frais supplémentaires encourus au moment du débarquement.

Ces dispositions sont donc bien loin de consacrer un droit de l'acheteur à la livraison avant le débarquement, puisque la résolution du contrat n'est pas la sanction de leur inobservation. Leur réunion constitue simplement un ensemble de mesures destinées à assurer dans la pratique un déchargement rapide et diminuer le risque de voir des frais supplémentaires, parfois considérables, s'ajouter aux frais normaux du transport maritime.

La non-présentation avant l'ouverture des panneaux de documents permettant à l'acheteur d'obtenir la déli-

___

constances de fait spéciales que « les parties n'ont pu ni voulu subordonner la validité de la vente à la délivrance des documents avant l'ouverture des panneaux ».

(1) Cf. Van Hissenhoven, *op. cit.*, p. 369.

vrance des marchandises ne constitue donc pas une rupture du contrat par le vendeur.

Mais le rôle du connaissement dans une vente caf est
double. Instrument de la possession, il constitue également la preuve de l'exécution par le vendeur de ses obligations quant au chargement et au transport maritime.
Les autres documents : police ou certificat d'assurance,
certificat d'origine, n'ont pas d'autre but et n'ont rien à
voir avec l'idée de possession. Pourra-t-on prétendre que
le vendeur qui n'a pas pris l'engagement de livrer les
marchandises avant l'arrivée du navire doit, néanmoins,
faire la preuve, avant ce moment, de l'exécution de ses
obligations relatives à l'affrètement et à l'assurance ? Le
résultat pratique serait le même et se traduirait par la
nécessité pour le vendeur de présenter les documents
avant l'ouverture des panneaux. Il est manifestement
impossible de soutenir ce raisonnement. La jurisprudence admet d'une façon unanime que le connaissement
peut être remplacé par un document pratiquement équivalent au point de vue de la délivrance, mais qui, émis
par le vendeur lui-même, ne constituera aucune preuve
des conditions de l'embarquement et du transport. La
faculté reconnue par la L. C. T. A. de présenter des
documents permettant simplement d'obtenir remise de
la cargaison confirme ce point de vue.

Le vendeur n'est pas tenu de rapporter la preuve de
l'exécution de ses engagements contractuels avant l'ouverture des panneaux, puisqu'il est en droit de remettre
à l'acheteur des documents sans aucune indication à ce
sujet. Il ne faudrait pas pourtant en conclure que cette
preuve devient facultative pour le vendeur. L'acheteur
effectuant le paiement contre des documents irréguliers
ne le fait que sous toutes réserves de ses droits, s'il

apparaissait par la suite que le vendeur n'a pas strictement exécuté toutes les conditions du contrat. Mais le
moment auquel cette preuve doit être faite n'est pas fixé
d'avance et il serait arbitraire d'en exiger la production
avant l'ouverture des panneaux.

A aucun titre, l'acheteur ne peut donc prétendre obtenir la remise des documents dans un certain délai. Il ne
faudrait pas croire pourtant que le contrat caf sacrifie
ses intérêts à ceux du vendeur. L'acheteur a le droit de
refuser le paiement tant que des documents réguliers ne
lui auront pas été présentés, et ce droit indéniable constitue pour lui la plus puissante des garanties.

Nous allons maintenant examiner les conditions que
doivent remplir les documents pour être réguliers aux
termes d'un contrat de la L. C. T. A. Successivement,
nous passerons en revue le connaissement, le document
d'assurance, le certificat de qualité.

La facture qui les accompagne ne constitue pas un
document original, spécial aux ventes maritimes ; nous
la laisserons donc de côté.

1o *Connaissement.*

Des difficultés considérables se présentent dans la
recherche du critérium du connaissement régulier. Simple question de fait, que les tribunaux ne peuvent résoudre qu'en fait. Aussi, les parties agiront-elles sagement
en fixant à l'avance dans leur contrat les conditions du
transport maritime et les clauses que pourra ou devra
contenir le connaissement.

Il ne suffit pas de dire que, le connaissement une fois
accepté par l'acheteur, ce dernier ne peut plus être admis
à épiloguer sur sa régularité. Il faut qu'à la présentation

des documents l'acheteur puisse, après un examen rapide, constater s'il est conforme ou non aux conditions du contrat. Les contrats de la L. C. T. A. sont très complets à ce sujet. Sans doute, les clauses que nous avons examinées plus haut sous le nom de « Clauses de navigation » sont un peu confuses et varient sensiblement suivant les formules ; il n'en reste pas moins vrai que si l'on envisage un contrat donné, il sera relativement facile de se rendre compte des caractères que doit présenter le connaissement, des mentions qu'il doit contenir.

Nous ne pouvons pas ici revenir sur ces détails et devons simplement noter que les questions qui tiennent d'ordinaire une si grande place dans les ouvrages sur le caf : « connaissement reçu pour embarquement », « connaissement direct », etc..., ne peuvent pas se présenter dans les ventes conclues aux conditions de la L. C. T. A.

Delivery-order (1). — Par contre, les contrats L. C. T. A. ne prévoient pas le remplacement du connaissement par un « delivery-order ». Mais les parties insèrent fréquemment une clause expresse autorisant cette substitution.

Nous avons déjà insisté sur les différences essentielles qui séparent le connaissement du delivery-order. Ce dernier, s'il peut suppléer à l'absence du connaissement, ne le remplace en rien. Sa détention ne confère pas à l'acheteur la possession juridique de la cargaison, de même qu'elle ne le met pas à même de juger de la régularité de l'embarquement.

(1) Renard, *op. cit.*, p. 81 ; Ripert, *op. cit.*, t. II, § 1575 ; Godret, *op. cit.*, p. 73 et suiv. ; Terrel et Lejeune, *op. cit.*, p. 277 et suiv. ; Aubrun, *op. cit.*, § 17 et 19 ; G. Marais, *op. cit.*, § 46, *De la nature juridique du D/O, R. I. D. M.*, t. 34, p. 78 et suiv. ; Van Hissenhoven, p. 315 et 361.

Les nécessités d'ordre pratique sont telles qu'il a pourtant fallu admettre l'emploi courant du delivery-order.

La jurisprudence n'a pu que s'incliner devant de telles raisons et consacrer cet usage. Mais il nous faut soigneusement distinguer entre les décisions judiciaires déjà relativement anciennes (1921) et celles qui, rendues plus récemment, considèrent la question sous un angle tout différent.

Distinction. — Le Tribunal de commerce de la Seine, dans son jugement du 29 novembre 1921 (1), croit pouvoir distinguer deux titres en général réunis à tort sous la dénomination commune de bons de livraison :

1° *Le delivery-order ou bon de livraison à valoir sur connaissement,* « titre qui n'est en réalité que la représentation d'une partie du connaissement auquel il se « réfère et transmet à celui à qui il a été remis une partie « des droits afférents au dit connaissement et, notamment, « en matière de vente caf, celui d'agir contre le vendeur, « le porteur du connaissement général, son représentant, le consignataire chargé de la distribution des « lots, ou même dans certains cas contre les assureurs, « lorsque des avaries constatées n'ont pas été préalablement réglées » ;

2° « *Le bon de livraison* qui, émis par un vendeur, « fût-il porteur d'un delivery-order, n'est autre chose « qu'un ordre donné par le propriétaire d'une marchandise à l'entrepositaire qui l'a sous sa garde de remettre « ladite marchandise à celui qui lui présentera ce bon ; « qu'il est constant que ces sortes de bons, appelés aussi

---

(1) Com. Seine, 29 novembre 1921, *R. I. D. M.,* t. 34, p. 181 ; Godret, p. 76.

« bons d'enlèvement, ne donnent à ceux qui les ont reçus
« d'autres droits que celui de se présenter chez le déten-
« teur de la chose achetée pour en prendre livraison ou
« de refuser la marchandise si elle n'est pas conforme à
« la vente. »

Critique. — Cette distinction ne nous paraît pas décisive. Il n'existe, croyons-nous, qu'une sorte de bon de
livraison et la différence essentielle qui le sépare du
connaissement, c'est qu'il ne permet aucun recours contre le navire, puisqu'il ne constitue pas la preuve de la
réception de la cargaison par le capitaine et ne constate
pas l'obligation de la transporter et de la remettre à destination. On a beau appeler un delivery-order une « coupure de connaissement », la situation de son détenteur
n'en sera pas modifiée pour si peu ; il n'a pas la possession juridique de la marchandise que lui assurerait la
remise d'un connaissement.

Il n'y a donc pas lieu, croyons-nous, de distinguer
entre deux sortes de bons de livraison ; aucun d'eux ne
donne l'action directe contre le transporteur maritime
qui constitue la caractéristique même du connaissement.
Il faut cependant reconnaître que la distinction faite par
la jurisprudence présente un grand intérêt pratique. Elle
repose entièrement sur le rôle de la détention du connaissement par l'émetteur du delivery-order ; si le vendeur a le connaissement entre ses mains, le D/O qu'il
met en circulation sur base de ce document sera valable ; si, au contraire, il n'est déjà porteur lui-même que
d'un D/O, il ne pourra délivrer qu'un bon de livraison
sans grande valeur.

Mais, n'est-ce pas bien compliquer les choses pour
reconnaître une idée, assez simple en soi : que le D/O

émis par le premier vendeur est préférable à celui éventuellement émis par le second, que les garanties attachées à ces titres diminuent au fur et à mesure que l'on s'éloigne du connaissement. Il est parfaitement normal de classer les D/O les uns relativement aux autres. Mais, si le premier D/O émis est supérieur aux suivants, il ne s'ensuit pas qu'il soit l'égal du connaissement. Bien au contraire, l'on trouvera plus de points de ressemblance entre les différents D/O successifs qu'entre ce premier D/O et le connaissement. D'un côté, il n'y a que des différences de degré dans l'appréciation de la qualité commerciale d'un document ; de l'autre, une différence de nature.

Nous n'admettrons donc la solution du Tribunal de la Seine qu'en partie : la hiérarchie établie envers les différents D/O est des plus normales et donne des résultats pratiques intéressants. Mais, par contre, il est impossible d'assimiler un D/O, serait-il même le premier émis, à une coupure de connaissement et lui attribuer des effets que, seul, peut produire un connaissement.

Jurisprudence récente. — Du reste, le jugement précité du Tribunal de la Seine ne paraît pas avoir fait jurisprudence. Les décisions plus récentes ne font plus cette distinction entre « bon de livraison à valoir sur connaissement » et « bon de livraison pur et simple ». Il n'est plus question d'assimiler un D/O, quel qu'il soit, à un connaissement. Chacun de ces deux titres présente ses caractéristiques propres. Néanmoins, il faut bien admettre, les nécessités de la pratique l'exigent, que le connaissement puisse quelquefois être remplacé par un D/O. Mais cette substitution doit être entourée de garanties : elle ne doit pas donner au vendeur l'occasion de frauder son acheteur. Le D/O devra donc, pour constituer un document présentable, contenir, outre l'engagement personnel du vendeur de livrer. les marchandises, la garantie du transporteur, ou tout au moins d'une banque, tiers contre lesquels, en cas de difficultés, l'acheteur pourra éventuellement se retourner.

Le Tribunal de Marseille et la Cour de Rouen ont, à plusieurs reprises, adopté cette solution (1). Le jugement de Marseille du 25 mars 1924 résume fort clairement les motifs de ces décisions :

« L'ordre de livraison afférent à une marchandise ven-
« due caf pour être valablement substitué au connais-
« sement doit porter le visa du transporteur certifiant
« que la marchandise se trouve toujours en sa possession
« à la disposition du détenteur de l'ordre de livraison ou,
« à son défaut, le visa d'une maison de banque caution-
« nant le vendeur pour la bonne exécution du marché.

« S'il n'en était pas ainsi, l'acheteur n'aurait qu'une
« seconde promesse de vente et n'aurait de recours
« que contre le vendeur à qui il n'est pas tenu de faire
« cette confiance. »

Un D/O répondant à ces exigences, c'est-à-dire portant la signature du transporteur ou d'une banque, peut donc être présenté aux lieu et place du connaissement, mais il faudrait se garder d'en conclure qu'il constitue un titre du même ordre que le connaissement et ayant la même valeur. La solution admise par la jurisprudence doit être envisagée comme un compromis entre deux

---

(1) Com. Marseille, 25 janvier 1924, *J. M.*, 1925.1.308 ; Com. Marseille, 25 mars 1924, *Le droit maritime français (Dor, Sup.)*, 2.368 ; Cour d'Aix, 17 novembre 1924, *R. V. T.*, 1925, p. 45 ; Com. Marseille, 4 janvier 1926, *R. V. T.*, 1926 p. 137 ; Cour de Rouen, 10 février 1926, *R. V. T.*, 1926, p. 222.

tendances opposées : 1° le désir légitime de l'acheteur d'avoir un document dont la valeur est indépendante de la confiance qu'il accorde à son vendeur, désir dont la réalisation complète ne peut être obtenue que par la remise d'un connaissement ; 2° l'impossibilité d'exiger du vendeur la production d'un connaissement spécial au lot de chaque acheteur, étant donné qu'au moment de l'embarquement il ignorera encore en général à quel acheteur il destine un lot donné.

Cette solution n'est guère autre chose qu'un procédé de fortune. Il faut espérer qu'une solution définitive sera donnée un jour ou l'autre à cette question des plus importantes. Ce sera, par exemple, une modification dans la forme des connaissements ou l'obligation d'émettre des connaissements distincts pour des fractions assez petites de la cargaison : 100 ou 200 tonnes, par exemple.

2° Document d'assurance (1).

Les contrats de la L. C. T. A. prévoient d'une façon très complète les différentes conditions de l'assurance (étendue des risques, montant de la somme à assurer). Il n'y a donc pas de difficulté à craindre sur ces différents points.

Quant au document qui doit constituer pour l'acheteur la preuve de l'assurance et le titre contre l'assureur, la jurisprudence exige qu'il soit spécial au lot de chaque

---

(1) Aubrun, *op. cit.*, § 15-17-19 ; Delayen, Homburg, Chotiau, *op. cit.*, § 402-404 ; Gaubert, *op. cit.*, § 384 ; Godret, *op. cit.*, p. 82 et suiv. ; G. Marais, *op. cit.*, § 116 ; Renard, *op. cit.*, p. 67 et suiv. et p. 82 ; Ripert, *op. cit.*, t. II, n° 1894 ; Terrel et Lejeune, *op. cit.*, p. 263 ; Van Hissenhoven, *op. cit.*, p. 318 et suiv. ; Winkelmolen, *op. cit.*, p. 72 et suiv.

acheteur (1) et établisse, d'autre part, que le vendeur a effectivement contracté une assurance auprès d'un assureur professionnel. Le vendeur caf n'a pas en effet le droit de se présenter lui-même comme assureur vis-à-vis de son client (2).

La forme de ce document paraît être laissée au choix des parties. Le contrat de la L. C. T. A. porte que le vendeur devra fournir des polices ou certificats d'assurance. Nous avons vu avec quelle sévérité la jurisprudence britannique rejette les documents qui ne donnent pas à l'acheteur les mêmes garanties que la police elle-même et les conditions rigoureuses auxquelles elle subordonne la validité d'un certificat d'assurance.

En France, la question ne s'est pas encore posée, car, nous dit Renard, « les parties n'éprouvant pas de diffi-« cultés à se faire indemniser avec ces titres n'ont jamais « pensé à mettre en discussion leur validité ».

Une seule décision (3) reconnaît que les parties ont le droit de déclarer en contractant que la police d'assurance sera remplacée par un certificat (c'est le cas des formules de la L. C. T. A.).

Mais, si le contrat était muet sur ce point, la question pourrait très bien se poser un jour devant nos tribunaux. Il est impossible de prévoir à l'avance dans quel sens ils rendraient leur décision. La doctrine est divisée, mais paraît en général plutôt favorable à la jurisprudence bri-

---

(1) Com. Marseille, 10 décembre 1895, *J. M.*, 1896.1.68 ; Com. Marseille, 30 mars 1914, *J. M.*, 1914.1.257.

(2) Com. Marseille, 30 novembre 1885, *J. M.*, 1886.1.48 ; Cour d'Aix, 8 juin 1886, *J. M.*, 1886.1.287, *R. I. D. M.*, t. II, p. 410 ; Com. Marseille, 3 août 1898, *R. I. D. M.*, t. 14, p. 514.

(3) Com. Marseille, 11 janvier 1921, *J. M.*, 1921.1.282.

tannique et ses solutions rigides. Renard (1), en particulier, estime que « les documents destinés à circuler
« de mains en mains doivent être nets et fixer leurs por-
« teurs successifs sur l'étendue de leurs droits et de leurs
« devoirs. Rien de semblable avec un titre qui certifie
« l'existence d'une assurance sans éclairer sur ces condi-
« tions ».

Remarquons que cette dernière raison ne peut pas être
prise en considération dans les contrats de la L. C. T. A.:
les conditions de l'assurance y sont fixées à l'avance et
bien connues (2).

3° *Certificat de qualité* (3).

L'utilité du certificat de qualité se conçoit très bien
dans les ventes *tale quale*. L'acheteur qui doit recevoir
les marchandises dans l'état où elles arrivent pourrait
parfois craindre que le vendeur ne les ait embarquées
déjà détériorées. D'autre part, tenu de payer contre les
documents sans avoir pu voir la marchandise, il peut
également se demander si leur qualité se révélera à
l'arrivée identique à celle qu'il avait compté recevoir.

Tous les apaisements seront donnés à l'acheteur sur
ces deux points, qualité et conditionnement, par la production d'un certificat dressé à l'origine par une autorité impartiale, document constatant la qualité et l'état
de la marchandise au moment de l'embarquement.

(1) Rapport présenté à la branche française de l'Association internationale de droit, p. 10.

(2) Pour toute cette question, cf. p. 182 et suiv., l'examen de la
jurisprudence britannique.

(3) Godret, *op. cit.*, p. 88 et suiv. et p. 121 ; Renard, *op. cit.*,
p. 74, 97 ; Aubrun, § 30 ; Van Hissenhoven, *op. cit.*, p. 358, 362, 261 ;
Ripert, *op. cit.*, t. II, § 1890 ; Delayen, Homburg, Chotiau, § 417.

Comme le fait remarquer Godret : « le rôle de ce cer-
« tificat est double : il donne l'assurance au vendeur que
« l'acheteur n'a pour ainsi dire plus la possibilité de sou-
« lever à l'arrivée des contestations abusives sur la qua-
« lité ; il enlève à l'acheteur toute appréhension sur la
« qualité des marchandises qui lui parviendront ».

L'importance du rôle joué par ce certificat dans la
vente caf a tout naturellement amené la jurisprudence à
se montrer sévère dans l'examen des conditions qu'il
doit remplir.

Quand le contrat prévoit la production d'un certificat
de qualité, elle en fait un document indispensable au
même titre que le connaissement ou le document d'assurance, et dont l'absence donne à l'acheteur le droit
de refuser le paiement et considérer le marché comme
résolu (1).

La garantie du vendeur ne peut remplacer ce docu-
cument, comme le fait remarquer la Cour de Rennes dans
un arrêt du 4 juin 1926 (contrat n° 14 de la L. C. T. A.) :

« La vente caf. . . exige pour sa validité que les docu-
« ments qui comprennent pour le moins le connaisse-
« ment, la police d'assurance et aussi le certificat de
« qualité, quand ce dernier est stipulé, soient réguliers
« en eux-mêmes, la jurisprudence décidant que la garan-
« tie personnelle du vendeur ne peut en aucun cas rem-
« placer la pièce quasi officielle qu'est un certificat de
« qualité, encore moins les autres pièces. »

La même sanction est attachée à l'irrégularité du certificat de qualité :

(1) Cour de Bordeaux, 27 juillet 1893, *R. I. D. M.*, t. 9, p. 184 ;
Com. Marseille, 5 juillet 1910, *R. I. D. M.*, t. 26, p. 71, *J. M.*, 1910.
1.128 ; Cour de Marseille, 11 janvier 1921, *J. M.*, 1921.1.281, la garantie
donnée par le vendeur de l'existence du certificat de qualité ne
pourrait remplacer ce document.

« Pour que l'acheteur caf devienne propriétaire de la
« marchandise vendue dès son embarquement sans l'avoir
« vérifiée, il faut que les documents qui lui ont été remis
« et qui sont destinés à représenter entre ses mains la
« possession de la marchandise soient absolument régu-
« liers et il n'en est pas ainsi, les parties ayant convenu
« que la constatation des qualités et conditionnement
« serait faite par les soins du vendeur à l'embarquement
« suivant les certificats d'usage qui devaient de toute
« nécessité attester les diverses conditions expressément
« stipulées dans le contrat, lorsque le certificat de qualité
« présenté par le vendeur ne porte pas l'indication d'une
« de ces conditions, en l'espèce, la proportion de grains
« jaunes contenue dans le riz vendu. Dans ces conditions,
« c'est à bon droit que les juges du fond ont prononcé la
« résiliation aux torts et griefs du vendeur qui a manqué
« à une obligation essentielle du contrat (1). »

La présentation d'un certificat de qualité complet et
régulier est donc de rigueur pour le vendeur s'il a pris
cet engagement dans le contrat de vente.

Mais il ne faudrait pas croire que la remise de cette
pièce coupe court à toutes les contestations possibles.
Les droits de l'acheteur sont sauvegardés par la faculté
qui lui est reconnue de prouver que le certificat est enta-
ché de dol, fraude, ou erreur grossière des experts. De
même, une contestation sur la « nature » de la marchandise peut encore être soulevée à l'arrivée (2). Mais le

____

(1) Cass. req., 3 mars 1924, sur Cour de Paris, 22 décembre 1922
et Com. Seine, 30 janvier 1922, *Dor*, 7, p. 324, note Renard. Il
s'agissait d'un contrat de la « London Rice Brokers Association » ;
la marchandise offerte par le vendeur était de la qualité prévue au
contrat. Seul, le certificat était irrégulier.

(2) Cf. les nombreuses décisions citées par Aubrun, *loc. cit.* ;
Renard, p. 98, et Godret, p. 95.

vendeur qui a fourni le document incriminé ne peut plus être mis en cause. Le seul droit de l'acheteur est de se retourner contre l'autorité qui a fourni le certificat dont il peut prouver l'inexactitude.

4° *Autres documents* (1).

A côté de ces trois documents principaux, d'autres documents peuvent également s'ajouter à la traite documentaire.

Il faut, croyons-nous, leur attribuer les mêmes effets qu'au certificat de qualité et décider que leur non-présentation autorisera l'acheteur à refuser le paiement du prix.

Citons simplement parmi les plus courants :

1° *La facture consulaire* qui constate l'origine de la marchandise et présente une certaine importance dans le décompte des droits de douane et d'importation dont les tarifs peuvent varier suivant les pays d'origine en raison des traités commerciaux ;

2° *Le certificat de grève* dressé par une Bourse de commerce ou autre établissement de caractère plus ou moins officiel qui certifie l'existence d'une grève ou d'un lock-out au port d'embarquement et en fait connaître la durée. Nous avons vu son rôle dans la faculté éventuelle de prolonger le délai d'embarquement reconnue au vendeur (2).

(1) Van Hissenhoven, p. 357 ; Terrel et Lejeune, p. 236.
(2) Cf. p. 68.

Le paiement contre documents (1). — *Examen
des documents.*

Les contrats de la L. C. T. A. prévoient des modalités différentes pour le paiement par l'acheteur du montant de la facture : comptant, par traite, etc...

De toutes façons, le paiement se fait toujours « en échange contre les documents ».

Cette présentation des documents constitue, suivant Renard, le « point culminant » de la vente caf. Elle présente en effet une très grosse importance, car c'est à ce moment que l'acheteur devra examiner les documents et constater s'ils répondent aux conditions du contrat. L'acceptation de documents irréguliers rend irrecevable toute protestation ultérieure à ce sujet (2).

Les contrats ne prévoient pas de délai dans lequel l'acheteur doit prendre parti. Cette question ne peut être résolue qu'en fait, mais il faut admettre qu'un silence prolongé de l'acheteur vaut acceptation tacite (3).

Le vendeur a-t-il le droit de réparer les irrégularités des documents refusés parce qu'irréguliers, ou bien leur présentation est-elle définitive et donne-t-elle immédiatement le droit à l'acheteur de considérer le contrat comme résolu ? La jurisprudence paraît admettre la première de ces solutions ; elle exige en effet que l'acheteur fasse connaître immédiatement l'irrégularité dont il se plaint :

(1) Cf. Renard, *op. cit.*, p. 84 ; Godret, p. 105 ; Delayen, Homburg, Chotiau, § 406-408 ; Winkelmolen, *op. cit.*, p. 79 et suiv. ; Terrel et Lejeune, p. 257, 300.

(2) Com. Marseille, 30 mars 1920, *J. M.*, 1920.1.311.

(3) Cf. les décisions citées par Renard, p. 84.

« ... Attendu qu'une jurisprudence bien affirmée main-
« tenant décide que l'acheteur en caf qui entend contes-
« ter la régularité des documents qu'on lui présente doit
« préciser, au moment de leur présentation, les motifs
« exacts sur lesquels il appuie son refus, que faute de ce
« faire il est plus tard irrecevable à les discuter.

« Attendu que cette jurisprudence se justifie pleine-
« ment, qu'en effet les marchés en coût, fret, assurance
« concernent généralement des denrées périssables et
« dont les cours sont sujets à de brusques variations,
« qu'il est donc indispensable que le vendeur soit de
« suite informé des irrégularités qu'on lui oppose afin de
« pouvoir, suivant le cas, réparer ces irrégularités ou
« revendre pour limiter sa perte (1). »

Le Tribunal de Marseille (2) décide de même que :
« en matière de vente caf, et pour le cas où des documents
« irréguliers sont présentés à l'acheteur et refusés, ce
« dernier doit préciser à son vendeur le motif du refus de
« façon que l'irrégularité commise puisse être aussitôt
« réparée. La résiliation est donc encourue par l'acheteur
« qui a observé le silence ».

Cette obligation dans laquelle se trouve l'acheteur de
préciser le motif de son refus présente également un
autre intérêt, car si le vendeur démontre l'inanité de ce
motif, l'acheteur ne pourra pas soulever d'autres causes
de résiliation fondées sur des irrégularités différentes et
peut-être réelles. L'acheteur devra donc se montrer très
prudent, quand il veut refuser un contrat sous prétexte
d'irrégularités dans les documents ; une fausse manœu-

____

(1) Cour de Bourges, 14 juin 1926, *Revue de droit français*, 1926,
p. 101, *R. V. T.*, 1926, p. 289, arrêt rendu sur un contrat L. C. T. A.,
blés d'Australie.

(2) Com. Marseille, 18 février 1926, *R. V. T.*, 1926, p. 126.

vre peut lui faire perdre le droit de se prévaloir de motifs légitimes et entraîner la résolution du marché à ses torts et griefs.

SECTION III

CLAUSES PARAISSANT MODIFIER L'INCIDENCE DES RISQUES.

Le principe essentiel de la vente caf est que « la mar- « chandise voyage pour compte de l'acheteur qui sup- « porte les risques depuis l'embarquement, à condition « bien entendu que son lot ait été l'objet d'une spéciali- « sation régulière ». Cette ajoute est nécessaire pour tenir compte de la jurisprudence française qui ne permet pas au vendeur d'appliquer au contrat une cargaison qu'il sait déjà endommagée ou disparue (1). Compte tenu de cette observation, une marchandise correctement spécialisée est donc aux risques de l'acheteur, qui ne pourrait refuser de payer la facture sous le prétexte que depuis sa mise à bord elle a souffert une avarie ou s'est perdue dans un sinistre.

Mais ce principe une fois posé, et ne prêtant plus à discussion, il nous faut examiner certaines clauses des contrats de la L. C. T. A. qui paraissent le battre en brèche.

C'est ainsi que nous allons successivement et rapidement passer en revue : la clause de paiement contre documents à l'arrivée du navire ; différentes clauses relatives à la qualité, à la quantité, au conditionnement des marchandises et aux avaries qui peuvent les atteindre.

______

(1) Il en est différemment en droit anglais, cf. plus haut, p. 141 et suiv., p. 270 et suiv.

1° *Clause « Paiement contre documents*
à l'arrivée du navire » (1).

Certaines formules de contrats de la L. C. T. A. prévoient le paiement contre documents à l'arrivée du navire. Faut-il en déduire logiquement, comme le fait remarquer Aubrun, que la non-arrivée du navire (disparu dans un sinistre maritime par exemple) dispense l'acheteur du paiement du prix ? Cette solution reviendrait à mettre les risques de route à la charge du vendeur. L'obligation de l'acheteur de payer contre les documents ne serait plus que conditionnelle, sujette à la bonne arrivée du navire transporteur. La vente caf disparaîtrait pour céder la place à la vente par navire désigné.

Les « proformas » de la L. C. T. A. donnent eux-mêmes la réponse à cette question. L'arrivée du navire n'intervient que pour fixer la date du paiement. Si le navire sombre, le paiement deviendra exigible dès que la perte sera officiellement connue. S'il disparaît dans des circonstances inconnues, trois mois après la date des connaissements, l'acheteur devra régler le montant de la facture.

Nous croyons, du reste, qu'en l'absence même de clauses aussi nettes, c'est cette solution qui s'impose, la seule qui soit compatible avec la vente caf. La Cour de cassation paraît adopter ce point de vue (2) :

« Les juges du fond interprétant un marché conclu

---

(1) Godret, *op. cit.*, p. 1o5 ; Delayen, Homburg, Chotiau, § 4o9 ; Aubrun, note D. 1921.2.100 et *op. cit.*, § 33.

(2) Cass. req., 27 janvier 1922, D. P. 1922.1.71 ; Cass. req., 24 mars 1925, *D. H.*, 1925, p. 3o8.

« avec la clause caf décident souverainement qu'il pré-
« sente un caractère définitif et que la modalité « à bonne
« arrivée du navire » qu'il contient, relative seulement
« aux possibilités de transport et à la date précise de la
« livraison, n'a pu le transformer en vente condition-
« nelle. »

2° Clauses relatives à la « qualité » (1).

La qualité, qu'il ne faut pas confondre avec le conditionnement de la marchandise, peut être déterminée de
diverses façons. « Les proformas » de la L. C. T. A. prévoient entre autres la référence à un échantillon type : le
standard de la récolte, ou à un échantillon spécial cacheté.
Ce peut être tout simplement la qualité moyenne des
embarquements de la saison. Certains contrats garan-
tissent un poids naturel.

Il ne faut pas perdre de vue que la qualité (exception
faite du poids naturel) ne peut pas varier pendant le
voyage. Si, au départ, une marchandise contient un
certain pourcentage de corps étrangers, cette même
proportion se retrouvera au débarquement. Les qualités
nutritives d'une céréale ne peuvent être modifiées par le
transport, à condition bien entendu que son état n'ait
pas été altéré.

L'examen de la marchandise à l'arrivée ne pourra donc
donner d'autre résultat au point de vue de la qualité que
son analyse au départ. Toutes les clauses qui serviront
à la déterminer peuvent donc être insérées dans un contrat caf. Une différence dans la qualité ne peut être consi-

______

(1) Cf. Aubrun, § 81 ; Godret, op. cit., p. 122 ; Benard, op. cit.,
p. 193.

dérée comme un risque du voyage maritime, puisque le voyage ne peut avoir aucune influence sur elle.

Une exception doit cependant être faite pour le poids naturel, qui peut changer pendant le voyage (dessiccation ou absorption d'humidité). Si le poids naturel garanti à l'embarquement est constaté à l'arrivée seulement, il est certain que le résultat peut différer ce qu'il aurait été si l'on avait procédé à cette détermination au port de charge. A plus forte raison, si le contrat garantit un poids naturel donné au débarquement, c'est le vendeur qui supporte les changements que la traversée aura pu provoquer. Néanmoins, on ne peut considérer ce point de détail comme une dérogation essentielle au contrat caf et, à vrai dire, les différences de poids naturel entre le départ et l'arrivée sont assez faibles pour être négligeables : les franchises admises par les contrats les couvrent et bien au delà (1). En effet, si le poids des marchandises varie pendant le voyage, leur volume est modifié dans le même sens ; le poids naturel, simple rapport de ces deux éléments, ne peut grandement varier.

Quoi qu'il en soit, si à l'arrivée l'acheteur constate que la qualité ne correspond pas aux stipulations du marché, il ne pourra pas, aux termes des contrats de la L. C. T. A., la refuser purement et simplement.

Son droit se réduit à présenter une demande d'arbitrage dont la procédure est minutieusement réglée à l'avance. Bien entendu, si la vente est faite sur certificat à l'embarquement final quant à la qualité, toute réclamation au sujet de la qualité est irrecevable si l'acheteur ne rapporte pas d'abord la preuve d'une fraude ou d'une erreur dans la rédaction de ce document.

(1) Cf. Aubrun, § 24 ; Renard, *op. cit.*, p. 93 ; Delayen, Homburg, Chotiau, § 419.

Les arbitres pourront soit accorder, suivant les cas et si la qualité est réellement inférieure à celle promise, une bonification à l'acheteur, soit, plus rarement, l'autoriser à refuser la marchandise.

Pour certaines questions qui se présentent journellement, il est inutile de procéder à un arbitrage. Par exemple, les différences dans le poids naturel, les pourcentages de corps étrangers (dans les contrats des Indes), toutes choses facilement déterminables, donnent lieu à des bonifications établies d'avance et réunies dans des barêmes annexés aux formules de contrats.

Il est intéressant de noter que les contrats de la L. C. T. A. sont, sur cette question de la qualité, parfaitement en harmonie avec la jurisprudence française, qui admet bien qu'une expertise puisse avoir lieu à l'arrivée, mais à la condition qu'elle ne serve qu'à déterminer le montant des bonifications ou réfactions, sans pouvoir jamais entraîner la résolution du contrat.

Cette dernière règle, que l'on fait découler de la nature même du contrat caf entraînant le transfert de propriété avant l'arrivée des marchandises à destination, ne nous semble du reste pas être absolument commandée par ce principe du caf. Le vendeur ne remplit pas plus ses obligations en embarquant une marchandise de qualité inférieure qu'il ne le fait en présentant un connaissement irrégulier. La sanction pour ces deux manquements devrait être la même : la résolution du contrat. La vraie raison qui fait admettre qu'une simple infériorité de qualité ne donne pas lieu à résiliation doit être cherchée dans les nécessités pratiques. Tout d'abord, comme le fait remarquer un arrêt de Rouen (1) :

(1) Cour de Rouen, 22 juillet 1872, *Rec. Havre*, 1872.2.253.

« Le vendeur ne connaît pas plus les marchandises
« que l'acheteur ; tous deux traitent sur le vu de lettres
« ou de dépêches transmises au vendeur des pays loin-
« tains où se fait l'expédition. »

La faculté de refuser la marchandise dégénérerait bien
vite en abus. Il est préférable de poser le principe des
simples bonifications, quitte à admettre des exceptions,
et reconnaître que la résiliation peut être accordée à
l'acheteur au cas « d'infériorité tellement importante
« qu'elle dénature pour ainsi dire la marchandise, la
« vicie dans sa substance, la rend impropre à l'usage
« auquel elle est destinée, de telle sorte qu'on peut la
« considérer comme autre que celle qui a fait l'objet
« du contrat » (1).

Cette distinction entre la différence de qualité et la
différence de nature, sans grande valeur juridique en
soi, constitue la réaction de la pratique contre un principe trop absolu. Il est évident qu'enserré dans ces limites étroites, le droit de résolution pour qualité ne présente guère d'inconvénients. Du reste, la jurisprudence
se montre extrêmement difficile dans l'appréciation des
différences de qualité pouvant entraîner résiliation du
marché ; en particulier, la Cour d'Aix a jugé qu'une
réduction de 25 0/0 de la valeur de la marchandise ne
pouvait suffire pour entraîner cette conséquence (2).

Remarquons, pour en terminer avec la question de la
qualité, que le vice caché est à la charge de l'acheteur
dans les contrats L. C. T. A. qui contiennent tous une
clause spéciale à cet effet.

---

(1) Cour d'Aix, 26 février 1896, *J. M.*, 1896.1.228 ; *R. I. D. M.*,
t. II, p. 740 et les critiques d'Abram, *op. cit.*, p. 152, n° 35. Cf.
Achats et Ventes, p. 248.
(2) Cour d'Aix, 15 juillet 1920, D. P. 1921.2.97.

Schwob. L. C. T. A.   20

Il n'y a donc pas lieu de retenir dans ce cas la distinction faite en général par la jurisprudence française entre le vice caché supporté par le vendeur et le vice propre qui incombe à l'acheteur (1).

Au point de vue de la qualité, il n'y a donc pour ainsi dire pas de clause des contrats de la L. C. T. A. qui puisse paraître contraire au principe des risques supportés par l'acheteur. Bien mieux, la jurisprudence française se rencontre sur presque tous les points avec les clauses des formules : les solutions sont identiques.

La question devient plus délicate si nous passons à l'examen des clauses de quantité, conditionnement et avaries.

3° *Clauses relatives à la quantité* (2).

Nous n'envisageons ici, bien entendu, que les clauses relatives à la quantité débarquée. Les clauses fixant les latitudes de chargement (environ, etc...) n'ont rien à voir avec l'incidence des risques.

Nous avons distingué jusqu'à présent entre le manquant normal (freinte de route) et le manquant extraordinaire, suite d'accident de mer, tout en signalant les difficultés soulevées par l'interprétation de la clause « manquant » des contrats de la L. C. T. A. (3).

Une question analogue s'est posée pour les tribunaux français quand on leur a soumis des contrats caf contenant la clause « Paiement sur poids délivré » ou des clau-

---

(1) Renard, *op. cit.*, p. 93.

(2) Winkelmolen, *op. cit.*, p. 40 ; Godret, *op. cit.*, p. 108 ; Renard, *op. cit.*, p. 98 et suiv. ; Aubrun, *op. cit.*, § 34 ; Ripert, *op. cit.*, § 1905 ; Delayen, Homburg, Chotiau, *op. cit.*, § 420.

(3) Cf. plus haut, p. 43.

ses similaires, aux termes desquelles l'acheteur n'est obligé de payer que sur la quantité exacte reçue. Une telle clause doit-elle voir ses effets limités aux manquants normaux (déchets, dessiccation), ou doit-elle s'appliquer même aux pertes par accident de mer (pertes partielles et logiquement aussi pertes totales) ?

Les deux interprétations ont du reste pour effet de modifier l'incidence des risques, tout au moins en partie. En droit strict, l'acheteur devrait supporter tous les risques depuis l'embarquement, y compris les déchets de route. Toute différence entre le poids débarqué et le poids du connaissement devrait être pour son compte. Mais ce serait attribuer une valeur exagérée aux mentions du connaissement, l'insertion des clauses « quantité, nombre, poids inconnus » et « que dit être » leur a ôté toute valeur probante quant à la quantité embarquée. Il a donc bien fallu admettre que dans l'intérêt de l'acheteur, ce soit le vendeur qui supporte les différences entre les poids débarqué et embarqué, tant qu'elles ne sont pas dues à un événement de mer et proviennent simplement d'une erreur de pesage ou de la freinte de route normale Cette modification à l'incidence des risques peut être valablement introduite dans un contrat caf. Mais il n'en est plus de même si l'on adopte la seconde interprétation possible de la clause manquant, celle qui en étend l'application aux pertes provoquées par un événement de mer. Dans ces conditions, cette clause modifiant radicalement l'incidence des risques est contraire au principe de la vente caf.

Les décisions de la jurisprudence paraissent contradictoires à première vue : parfois elles admettent que l'insertion dans un contrat caf de la clause « Paiement sur poids débarqué » est possible, parfois au contraire elles considèrent qu'une telle clause enlève au marché son caractère de vente caf.

Ces divergences s'expliquent facilement. Ces décisions toutes rendues en fait reposent sur la recherche et l'interprétation de la commune volonté des parties (1). Cette intention commune n'est pas toujours la même. La clause manquant ne s'applique, suivant les cas, qu'aux manquants normaux ou s'étend également aux pertes extraordinaires. Le jurisprudence doit tenir compte de ces différences dans l'analyse de la clause litigieuse et, suivant le résultat de cet examen, décider si elle est compatible ou non avec un contrat caf.

4° Clauses relatives au conditionnement
et aux avaries (2).

Nous réunissons dans un même paragraphe les clauses relatives au conditionnement et celles qui traitent des avaries. Elles ne présentent, en effet, aucune différence de nature ; si le conditionnement de la marchandise est garanti à l'arrivée, c'est parce que le vendeur prend à sa charge les avaries qui pourront survenir durant le voyage maritime. Mais le terme « avaries », s'il s'applique aux détériorations, comprend également les manquants extraordinaires : la clause « avaries » est donc d'un effet plus étendu que les clauses de « conditionnement ».

Nous avons déjà vu (3) que les contrats de la L. C.

----

(1) A ce titre elles échappent au contrôle de la Cour de cassation. Cass. req., 4 mai 1926, *D. H.*, 1926, p. 297 ; *R. V. T.*, 1926, p. 170 ; *Revue droit français*, 1926, p. 100.

(2) Aubrun, *op. cit.*, § 26 et suiv. ; Ripert, *op. cit.*, § 1906 ; Renard, *op. cit.*, p. 48.

(3) Cf. plus haut, p. 149 et suiv.

T. A. peuvent se diviser en deux groupes principaux :

1° Les contrats « tale quale » et « marchandises endommagées prises comme saines » ;

2° Les contrats « Rye terms » et « marchandises endommagées restant pour compte du vendeur » ou « prises moyennant bonification ».

La combinaison des différentes clauses qu'ils contiennent aboutit à des résultats totalement différents que nous avons essayé de rassembler en deux tableaux.

Il est facile de constater que le type « vente tale quale » n'apporte aucune modification à la répartition normale des risques dans un marché caf. Manquant et détérioration de la marchandise sont finalement supportés par l'acheteur, à l'exception toutefois du manquant non remboursé par les assureurs et qui reste à la charge du vendeur. Sous réserve de cette dernière règle, dont nous examinerons la portée un peu plus loin, les stipulations d'un marché « tale quale » ou similaire ne dérogent en rien au principe de l'incidence des risques.

Les ventes des types « Rye terms » ou similaires contiennent par contre des clauses qui, à première vue, semblent détruire complètement ce principe, en particulier la formule : « *Toute avarie pour le compte du vendeur* ».

La jurisprudence française, à plusieurs reprises, s'est trouvée amenée à examiner la possibilité de l'insertion de clauses semblables dans un contrat de vente caf.

Elle admet dans certains cas que la clause « marchandise saine, loyale et marchande » n'altère pas les caractères essentiels du caf (1). D'autres fois, au contraire, elle la considérera comme incompatible avec ce

____

(1) Cour d'Aix, 15 juillet 1920, D. P. 1921.2.97 (4ᵉ espèce).

type de vente (1). Ces divergences trouvent leur explication, tout comme pour la clause paiement sur poids
délivré, dans l'interprétation de la volonté des parties,
différente dans chaque contrat. Si cette clause ne vise
que l'état de la marchandise à l'embarquement, elle peut
se concilier avec une vente caf ; si au contraire elle
aboutit à mettre les avaries dues aux événements du
voyage à la charge du vendeur, elle change le caractère
du marché.

En effet, et sur ce point la jurisprudence est absolument fixée, les clauses qui mettent les avaries à la charge
du vendeur détruisent la vente caf dans son essence (2).

L'arrêt de la Cour d'Aix du 2 février 1920 déclare en
particulier que :

« Les premiers juges ont vu à bon droit dans la vente
« consentie... une dérogation essentielle au contrat caf
« ordinaire à raison de la stipulation par laquelle les par-
« ties sont expressément soumises aux conditions du
« contrat n° 4 (3) de la L. C. T. A., conditions qui ont eu
« pour résultat notamment de laisser certaines avaries
« de route à la charge du vendeur », et que « la clause
« incontestée du contrat anglais par laquelle le vendeur
« demeure responsable de certaines avaries particulières
« suffirait à elle seule pour modifier dans son essence le
« contrat caf ordinaire. »

(1) Com. Marseille, 4 avril 1919. *J. M.*, 1919.1.237 ; Com. Marseille, 16 février 1922, *J. M.*, 1923.1.243.

(2) Com. Marseille, 13 mars 1919, *J. M.*, 1919.1.193 ; Com. Marseille, 4 avril 1919, *J. M.*, 1919.1.237 ; Com. Marseille, 19 mars 1919,
J. M., 1919.1.200, confirmé par Cour d'Aix, 2 février 1920, D. P.
1921.2.97.

(3) Contrat « marchandises autres que le blé en provenance de
Chine et ou Mandchourie » avec clauses : « parties endommagées
prises moyennant bonification à fixer d'accord ou par arbitrage »
et « toute avarie pour compte du vendeur ».

A suivre cette jurisprudence à la lettre, les contrats
« Rye terms » ou similaires de la L. C. T. A. ne seraient
donc pas des contrats caf.

Mais avant tout, et pour nous rendre compte de la
portée exacte de ce refus d'accorder le caractère d'une
vente caf à ces marchés, il nous faut examiner les circonstances de fait dans lesquelles sont intervenues ces
décisions.

La plupart du temps elles se présentent de la façon
suivante : Un acheteur refuse de lever les documents en
alléguant une irrégularité quelconque, le plus souvent
la spécialisation insuffisante, les connaissements ou
delivery-orders présentés ne contenant pas, par exemple,
les marques et numéros du lot qui lui est spécialement
destiné. Le vrai motif de ce refus doit être cherché dans
une baisse des cours intervenue depuis la date du contrat et le désir de l'acheteur de se défaire d'un marché
devenu désavantageux pour lui. Cette manœuvre
n'échappe pas aux magistrats et la Cour d'Aix en particulier (1) relève cette circonstance dans ses attendus :
« Dans ces conditions, il est permis de conjecturer que
« son attitude (de l'acheteur) a été dictée moins par le
« souci de respecter les conventions que par le désir
« d'éviter les conséquences d'une baisse des cours sur-
« venue au moment du débarquement. »

Les tribunaux, dont la mission est tout en disant le
droit d'assurer le respect de l'honnêteté commerciale et
des engagements pris, même s'ils se révèlent désavantageux, essaient dans toute la mesure du possible de faire
obstacle à ces tentatives.

Ils estiment donc que la clause « toute avarie à la

____

(1) Cour d'Aix, 2 février 1920, précité.

charge du vendeur », *détruisant la vente caf dans son essence*, a pour résultat d' « affranchir le vendeur des « conditions rigoureuses du contrat caf relatives à la « spécialisation des marchandises et à la remise des « documents » (1).

Le marché qui aurait donc dû être annulé si on lui appliquait simplement les règles strictes du caf peut produire ses effets, sous un nom différent il est vrai, mais il n'en reste pas moins que la manœuvre de l'acheteur trop adroit a pu être ainsi déjouée.

Il ne faudrait donc pas, croyons-nous, s'exagérer la portée de cette jurisprudence. Ces décisions, rendues dans des circonstances spéciales, seraient peut-être différentes avec une interprétation plus souple de la clause : « spécialisation », qui permettrait de faire produire son effet au contrat litigieux sans l'intervention de ce changement de nature juridique. La formule la plus employée pour caractériser cette vente qui ne serait plus une vente caf est celle de « marché à livrer avec une clause d'embarquement » (2). Il faudrait en déduire que la propriété ne sera transmise à l'acheteur qu'au débarquement, par la remise d'une marchandise en bon état. Les décisions judiciaires ne précisent pas ce point et, pour notre part, nous ne croyons pas que leur pensée aille jusque-là, car cette vente sur embarquement est infiniment plus différente de la vente type « Rye terms » que cette dernière ne l'est de la vente caf classique.

Aussi bien, il ne nous paraît pas impossible de concilier le type de vente « Rye terms » avec la vente caf type qui met tous les risques à la charge de l'acheteur.

(1) Cour d'Aix, 2 février 1920, précité.
(2) En particulier Com. Marseille, 13 mars 1919, *J. M.*, 1919.1.193 ; Com. Marseille, 4 avril 1919, *J. M.*, 1919.1.237 ; Com. Marseille, 16 février 1922, *J. M.*, 1923.1.243.

Jusqu'à présent, nous n'avons envisagé que la question des risques, en dehors de toute notion d'assurance. C'est là que nous trouverons peut-être la clef du problème.

Essai de conciliation de la vente type Rye terms avec la vente caf classique. — En vertu du contrat de la L. C. T. A., le vendeur doit présenter à son acheteur une police (ou autre document d'assurance) faisant preuve de l'assurance effectuée.

Les conditions de l'assurance sont prévues : elles doivent contenir la clause F. P. A., franc d'avaries particulières sauf celles provenant de collision, échouement, incendie ou naufrage. Un certain nombre d'avaries particulières, celles dont la cause est inconnue (embarquement d'eau de mer, etc...), ne sont donc pas couvertes. L'acheteur n'est donc pas sûr d'être toujours indemnisé. Mais il n'est pas fondé à s'en plaindre. Il n'est pas indispensable que, dans une vente caf, l'assurance souscrite par le vendeur pour le compte de l'acheteur couvre tous les risques. Il faut tenir compte sur ce point des conventions des parties ou, à leur défaut, des usages au port d'embarquement (1). Si la pratique courante est de faire assurer aux conditions des polices anglaises, une police F. P. A. constitue un document parfaitement régulier et présentable. Mais, supposons le contrat muet, et que le vendeur ne pouvant prouver cet usage se contente néanmoins d'assurer aux conditions F. P. A. L'acheteur aurait le droit strict d'exiger une police couvrant tous les risques. La jurisprudence ne lui accorde pourtant pas, semble-t-il, la possibilité de refuser le

____

(1) Com. Marseille, 5 avril 1894, *Rec. Havre*, 1895.2.37.

paiement et de considérer le contrat comme résolu par suite de ce manquement du vendeur. Elle ne paraît pas non plus considérer que l'acheteur, en acceptant les documents sans protestation, a perdu tout droit de les discuter à nouveau. Elle adopte une solution mixte que nous constaterons sans essayer de l'expliquer, et condamne simplement dans ce cas le vendeur à rembourser à l'acheteur le montant des avaries non couvertes par l'assurance (1).

A y regarder de près, c'est donc le vendeur et non pas l'acheteur qui supportera le risque des avaries non couvertes par l'assurance. Pourtant, il ne viendrait pas à l'idée de considérer que la condamnation du vendeur ait pu modifier l'incidence générale des risques dans la vente et lui faire perdre son caractère caf. Nous ne voyons pas alors pourquoi il serait impossible pour les parties de stipuler d'avance que les risques non couverts par l'assureur restent à la charge du vendeur.

C'est bien cette convention que nous trouvons dans les contrats « tale quale » et similaires qui précisent qu'en cas d'accident de mer les manquants seront à la charge de l'acheteur (facture provisoire devient finale), à l'exception de ceux non payés par l'assurance en raison de la nature de l'accident (avarie particulière non couverte). Remarquons, du reste, que l'absence de cette clause aboutirait à un résultat choquant : en cas d'accident de mer, on ne peut plus parler de freinte normale de route ; la clause manquant ordinaire ne peut plus jouer. L'acheteur, ayant payé la facture provisoire établie sur base du poids des connaissements, supporterait

---

(1) Renard, *op. cit.*, p. 68 ; Godret, *op. cit.*, p. 84 ; Com. Marseille, 8 juin 1898, *J. M.*, 1898.1.344 ; *Rec. Havre*, 1899.2.25, *R.I.D.M.*, t. 14, p. 383 ; Com. Dunkerque, 7 avril 1924, *Gaz. Pal.*, 1924.1.748.

donc tout le manquant sans avoir même droit au rajustement habituel qui laisse à la charge du vendeur les différences de poids provenant du coulage, de la dessiccation ou de toute autre cause normale, en l'absence même de tout sinistre. Aucune perte n'étant payée par l'assurance, il se trouverait donc dans une situation des plus défavorables, tandis qu'au contraire l'accident profiterait au vendeur, dispensé de rembourser le manquant habituel. Aussi croyons-nous que de toutes façons l'insertion de cette clause dans les contrats « tale quale » ne peut prêter à de grandes critiques.

Quant aux contrats type « Rye terms » ou similaires, ils ne présentent eux-mêmes que l'épanouissement complet, mais normal, de ce système.

Le prix dans une vente « Rye terms » est toujours supérieur au prix dans une vente « tale quale ». Quel est l'élément qui a pu varier ? Le coût de la marchandise est identique, le fret n'a pas changé. Il faut donc admettre que c'est la prime d'assurance qui a été modifiée. Mais les obligations du vendeur au point de vue des polices qu'il doit présenter sont demeurées les mêmes : il fournit une police contenant la clause F.P.A. de la L.C.T.A., semblable en tous points à celle que pourra exiger de lui un acheteur sous un contrat « tale quale ». La différence dans le prix correspond donc à l'engagement pris par le vendeur de garantir l'acheteur contre tous les risques que peut courir la marchandise pendant le voyage maritime. Mais, puisque l'acheteur consent à payer plus cher un contrat contenant cette garantie, il reconnaît par cela même qu'à défaut d'une telle convention, c'est lui qui devrait supporter ces risques, que ces risques sont à sa charge.

La convention entre l'acheteur et le vendeur ressemble

en tous points à un contrat d'assurance en vertu duquel
le vendeur prend à sa charge tous les risques qui ne sont
pas couverts par l'assurance ordinaire prévue au contrat.
La prime A payée par l'acheteur dans le prix forfaitaire
correspond à une prime A^1, représentant la prime normale payée par un acheteur « tale quale » et une prime
supplémentaire A^2 correspondant à la garantie supplémentaire du vendeur.

Rien n'empêche le vendeur, s'il l'estime utile, de conclure une assurance avec une Compagnie régulière pour
se couvrir à son tour des risques nouveaux qu'il assume.
Mais ceci ne constitue pour lui qu'une simple faculté ;
son obligation est la même dans tous les contrats de la
L.C.T.A. ; la police qu'il doit fournir est du type F.P.A.
Pour le surplus, tout se passe comme s'il pouvait se
porter propre assureur.

L'acheteur sera donc toujours indemnisé des pertes
qu'il peut subir. Il lui est à la vérité indifférent de savoir
qui en supportera finalement le poids : vendeur, assureur ou transporteur. Ainsi s'explique l'introduction
dans les formules de la clause : « toutes avaries pour le
compte du vendeur ». L'acheteur n'aura jamais de relations qu'avec son vendeur et n'aura pas à se préoccuper
de recours éventuels contre l'assurance ou le navire (1).
Le vendeur le créditera dans la facture finale des sommes représentant les différentes pertes (manquant, dommages) et, en échange, recevra les polices d'assurance
conservées jusqu'à ce moment par l'acheteur à titre de
garantie. Il n'est pas inutile en effet pour l'acheteur
d'avoir ces documents entre ses mains, même quand le
vendeur s'engage à régler tous les dommages. Les ris-

(1) Cf. Renard, *op. cit.*, p. 48 et suiv.

ques les plus graves (par leur fréquence, par leur importance), tels qu'échouement, naufrage, incendie, collision, doivent être couverts auprès d'un assureur de métier. Ce n'est que pour toutes les autres avaries particulières que l'acheteur peut se dispenser de présenter un document d'assurance. Il serait illogique de priver l'acheteur de la garantie que lui donne la détention de la police, garantie commune à tous les contrats, quand les termes mêmes du contrat spécial qu'il a conclu font ressortir son intention d'avoir une protection supérieure à celle que lui donnerait une formule quelconque.

Le rôle d'assureur joué par le vendeur dans une vente « Rye terms » ne peut donc, croyons-nous, être mis en doute. Une formule, inexacte sans doute comme toutes les formules, mais qui a le mérite de la simplicité, peut résumer assez bien, à notre avis, les situations respectives du vendeur et de l'acheteur dans une vente conclue aux conditions « Rye terms ; le vendeur joue le rôle de l'assureur, mais doit se réassurer contre les risques principaux et fournir la preuve de sa réassurance. L'acheteur ne lui fait confiance que pour le surplus.

Or, dans toute assurance, il est évident que c'est l'assuré qui a la charge des risques ; c'est même la seule raison qui le fasse recourir à un assureur qui, lui, ne fait que couvrir les risques moyennant une prime.

De même, dans un contrat « Rye terms », l'acheteur a la charge des risques. Si le vendeur les supporte, c'est en contre-partie de la somme payée par l'acheteur dans son prix d'achat forfaitaire à titre de prime d'assurance. Une partie de cette somme sera versée à un assureur professionnel, l'autre servira à couvrir le vendeur des risques qu'il garantit personnellement et constitue la différence de prix entre deux ventes d'une marchandise identique conclues l'une aux conditions « tale quale » et l'autre aux conditions « Rye terms ».

Envisagée de ce point de vue, la vente type « Rye terms » ou similaire peut donc être parfaitement considérée comme une vente caf au sens classique, c'est-à-dire comprenant les risques à la charge de l'acheteur et le transfert de propriété sur sa tête dès le moment de l'embarquement (par l'effet rétroactif de l'avis d'application). Il est, du reste, absolument indispensable que la jurisprudence soit définitivement et rapidement fixée sur ce point. La vente type « Rye terms » est devenue le marché le plus normal et tend de plus en plus à remplacer dans le commerce de céréales la vente « tale quale ». Aucun type de vente officiellement catalogué ne peut en expliquer les différents effets. Seule, la vente caf peut y parvenir, sous réserve des observations ci-dessus. La jurisprudence admettra-t-elle ce système ou préférera-t-elle homologuer la naissance d'une nouvelle sorte de vente maritime hybride entre la vente sur embarquement et le caf (1)? Rien ne peut faire prévoir l'attitude qu'elle adoptera.

Quant à la solution actuelle, elle est nettement insuffisante et laisse les parties dans l'incertitude la plus complète sur l'étendue de leurs droits et de leurs devoirs.

SECTION IV

CLAUSE « DÉFAUT » DES CONTRATS DE LA L. C. T. A. ENVISAGÉE PLUS SPÉCIALEMENT AU POINT DE VUE DES RECOURS DU VENDEUR.

La clause de défaut contenue dans les formules de la L. C. T. A. est la suivante :

(1) Cf. Renard, p. 162.

« Le fait que l'une des parties contractantes ferait dé-
« faut dans l'exécution de ce contrat donnerait à l'au-
« tre le droit de revendre ou de racheter, suivant le cas,
« ceci après en avoir donné avis par télégramme ou lettre
« à la partie qui aura fait défaut, et cette dernière devra
« indemniser l'autre pour toute perte subie dans la
« revente ou le rachat s'il y en a et ceci immédiatement
« sur demande.

« Au cas où l'une des parties aurait suspendu ses paie-
« ments, convoqué une assemblée de créanciers, déposé
« son bilan, ou (s'il s'agit d'une compagnie) demanderait
« au tribunal ou aux actionnaires la nomination d'un
« syndic, convoquerait une assemblée en vue d'une
« liquidation volontaire ou autre, elle sera considérée
« comme ayant fait défaut, et l'autre partie, après notifi-
« cation par lettre ou télégramme à la partie défaillante
« et nonobstant faillite ou liquidation, aura immédiate-
« ment le droit de revendre ou de racheter suivant le cas,
« de recevoir paiement et d'être admise à la faillite,
« liquidation ou autre pour toute perte, s'il en est, ou
« devra rendre compte de tout profit s'il en est, résultant
« de telle revente ou rachat. »

Ces dispositions s'appliquent indifféremment à l'acheteur ou au vendeur qu'elles protègent contre la carence
de son co-contractant.

I. — *Défaut du vendeur.*

Mais, si les droits qu'elles confèrent à l'acheteur ont
été sanctionnés sans grande peine, il n'en est pas de
même des avantages correspondants qu'elles accordent
au vendeur.

Il est en effet admis que l'acheteur aura le droit de

« se remplacer» dès que son vendeur aura manqué à ses obligations contractuelles (1). Ce rachat immédiat sera effectué en général à un prix plus onéreux que l'achat primitif et l'acheteur pourra demander la différence entre les deux prix au vendeur défaillant.

Le contrat original se trouve donc résolu au profit de l'acheteur qui peut poursuivre son vendeur en dommages-intérêts. Ce droit, non contesté quand le vendeur est *in bonis* (première partie de la clause de défaut), peut s'exercer même quand ce dernier se trouve en difficultés (faillite, liquidation judiciaire déjà déclarée ou non). L'acheteur aux termes d'une jurisprudence bien établie a, en effet, le droit de produire dans la faillite de son vendeur pour ces dommages-intérêts de résolution (2) (seconde partie de la clause de défaut).

Remarquons toutefois que l'assimilation faite par cette clause de défaut de la faillite (ou autre situation similaire) à une défaillance formelle du vendeur ne doit pas être admise sans restrictions.

La faillite n'opère pas de plein droit la résolution des contrats. L'acheteur devra donc mettre son vendeur en demeure de s'exécuter, avant de se remplacer. Du reste, il aura bien souvent avantage à revendiquer, dans la faillite, l'objet de la vente s'il en est déjà devenu le propriétaire (après spécialisation) (3).

---

(1) Delayen, Homburg, Chotiau, *op. cit.*, § 169, p. 181.

(2) Cass., 15 janvier 1900, D. P. 1901.1.25, S. 1900.1.433 ; Nîmes, 21 janvier 1907, D. P. 1907.2.311 ; Alger, 22 juillet 1909, *Le Droit*, 31 octobre 1909. Cf. Thaller et Percerou, *op. cit.*, § 1989 ; Percerou, *Des effets de la faillite sur les contrats synallagmatiques antérieurs.* *Ann. dr. comm.*, 1909, p. 401 et suiv. ; Delayen, Homburg, Chotiau, *op. cit.*, § 215, p. 236.

(3) Cf. Thaller et Percerou, *op. cit.*, § 1938.

II. — *Défaut de l'acheteur.*

Si nous passons maintenant à l'examen de la situation du vendeur en face de la défaillance de son acheteur, nous rencontrons des difficultés bien plus considérables. Nous allons distinguer avec la clause de défaut, suivant que l'acheteur se trouve *in bonis*, ou au contraire au-dessous de ses affaires.

I

Acheteur « in bonis ».

L'acheteur *in bonis* refusant de lever les documents sans motif légitime encourt la résolution du contrat à ses torts et griefs, simple application de l'article 1184 du Code civil et des articles correspondants au titre de la vente (C. civ., art. 1654 et suiv.). En principe la résolution doit être demandée en justice, mais une clause spéciale du contrat peut prévoir que la résolution aura lieu de plein droit après préavis donné à l'acheteur défaillant (C. civ., art. 1656) (1). L'insertion de cette clause résolutoire expresse ou pacte commissoire est parfaitement licite dans un contrat de vente. La revente effectuée par le vendeur sert uniquement à déterminer sans contestations possibles la différence de cours et le montant des dommages-intérêts de résolution (2).

Aussi peut-on s'étonner des contestations qui ont été soulevées devant les tribunaux sur la validité de la

(1) Cf. Colin et Capitant, *Cours élémentaire de droit civil français*, 3ᵉ édit., t. 2, p. 348 et 489.

(2) Cette revente sera régulièrement effectuée par adjudication publique par le « ministère des courtiers » ; loi du 28 mai 1858 sur les ventes publiques de marchandises en gros.

clause de défaut des contrats de la L. C. T. A. La question pourtant s'est posée à plusieurs reprises et a même pu faire l'objet d'un recours devant la Cour suprême.

Les différentes décisions donnent du reste toutes la même solution et reconnaissent la parfaite régularité des reventes exécutées en vertu des dispositions des contrats de la L. C. T. A.

Tribunal de commerce de Bordeaux, 16 décembre 1925 (*R. V. T.*, 1926, p. 187) :

« Attendu que les vendeurs, en faisant vendre par l'in-« médiaire de R..., courtier assermenté, le blé dont B... « n'avait point pris livraison à l'arrivée du navire, n'ont « fait qu'user d'une des conditions du contrat de Londres » (formule n° 30 en l'espèce) « qui les dispense d'avoir « recours aux formalités judiciaires prévues en pareil « cas ; qu'ils ont donc agi conformément aux stipulations « du contrat de vente. »

Cour de Caen, 10 juin 1926, s. jugement de Honfleur du 4 novembre 1925 (*R. V. T.*, 1926, p. 258) :

« Attendu que la vente traitée à Londres aux condi-« tions et usages de la L. C. T. A. spécifiait que : .... « (reproduction de la clause de défaut).... ;

« Attendu que D... a scrupuleusement exécuté toutes « les obligations de son contrat conformément aux usages « de la L. C. T. A. ;

« Que les dommages-intérêts qui lui ont été accordés « sont ceux fixés forfaitairement par ledit contrat..... »

Cour de Rennes, 26 juillet 1926 (*Gaz. Pal.*, 1927.1.59, *Clunet*, 1927, p. 659) :

« Considérant que les conditions particulières de la « L. C. T. A. contiennent la clause suivante..... (repro-« duction de la clause de défaut)..... ;

« Que M... et Cie partie non défaillante avaient incon-

« testablement le droit de revendre la marchandise, qu'ils
« ont fait cette revente en Bourse sur adjudication publi-
« que par courtier assermenté et que M... (l'acheteur) a
« été avisé par lettre recommandée de la date à laquelle
« devait avoir lieu cette adjudication (1). »

Et la Cour de cassation (Req., 13 décembre 1926,
R. V. T., 1927, p. 29, S. 1927.1.91, *Gaz. Pal.*, 1927.1.355)
ajoute que la prohibition du pacte commissoire en matière
de gage ne peut être étendue à la vente :

« Attendu qu'il est fait grief à l'arrêt attaqué d'avoir
« condamné X... par application d'une clause de marché
« dont ils invoquent la nullité en vertu des articles 2078
« du Code civil et 93 du Code de commerce, en se bor-
« nant à affirmer que la validité de cette clause ne saurait
« être contestée (2) ;

« Mais attendu que les dispositions exceptionnelles
« des articles 2078 du Code civil et 93 du Code de com-
« merce qui interdisent le pacte commissoire en matière
« de gage sont de droit étroit et ne peuvent être éten-
« dues à la vente dans laquelle l'article 1584 du Code
« civil permet au contraire aux parties de modifier
« comme elles le jugent convenable, à l'aide de clauses

---

(1) La Cour de Rennes reconnaît en outre le droit du vendeur
original de se porter acheteur à la vente publique de la marchandise
objet du litige.

(2) *C. civ., art.* 2078. — Le créancier ne peut, à défaut de paiement, disposer du gage, sauf à lui à faire ordonner en justice que ce
gage lui demeurera en paiement et jusqu'à due concurrence, d'après
une estimation faite par experts, ou qu'il sera vendu aux enchères.

Toute clause qui autoriserait le créancier à s'approprier le gage
ou à en disposer sans les formalités ci-dessus est nulle.

C. com., art. 93. — Toute clause qui autoriserait le créancier à
s'approprier le gage ou à en disposer sans les formalités ci-dessus
prescrites est nulle.

« spéciales, les obligations qui procèdent naturellement
« de ce contrat ;

« Que par suite, en déclarant incontestable la validité
« de la clause litigieuse par laquelle les parties avaient
« stipulé que tout retard dans l'exécution du marché
« donnerait au vendeur le droit de revendre les mar-
« chandises aux risques et périls de l'acheteur, l'arrêt
« attaqué, loin de violer les dispositions de la loi, en
« fait une exacte application ;

« Par ces motifs,

« Rejette le pourvoi formé contre l'arrêt rendu le
« 7 novembre 1925 par la Cour de Paris. »

La validité de l'application de la première partie de la
clause de défaut aux relations entre le vendeur et son
acheteur défaillant *in bonis* ne peut donc être mise en
doute.

II

Acheteur ayant suspendu ses payements, etc...

La question devient bien plus délicate quand il s'agit
de déterminer l'étendue des droits que le vendeur possède en vertu d'un contrat de la L. C. T. A à l'encontre
de la faillite (ou liquidation judiciaire) de son acheteur.

Avant d'examiner les droits particuliers que ce contrat confère au vendeur, nous allons, pour plus de clarté,
rappeler brièvement quelle est, aux termes du droit
commun, la situation du vendeur caf de meubles impayés
dans la faillite de son acheteur (1).

(1) Cf. Thaller et Percerou, *op. cit.*, § 1941 et suiv. ; Percerou,
Des effets de la faillite sur les contrats synallagmatiques antérieurs,
Ann. dr. com., 1909, p. 401), *Traité de la faillite*, t. II, n° 873 et suiv. ;
Georges Marais, *Du Crédit documentaire,* p. 123 et suiv. ; Delayen,
Homburg, Chotiau, *op. cit.*, § 528, p. 543.

A. — *Droit commun.*

Les articles 550 (*in fine*), 576, 577, 578 du Code de commerce — titre de la faillite — règlent cette matière (1).

Les solutions sont différentes suivant que l'on se trouve à un stade plus ou moins avancé de l'exécution par le vendeur de ses obligations contractuelles.

1° *Le contrat n'a pas encore reçu de commencement d'exécution*, c'est-à-dire dans une vente caf si les marchandises n'ont pas encore été embarquées : le vendeur pourra exercer le droit de rétention de l'article 577.

2° *La marchandise se trouve en cours de route, au moment où éclate la faillite, mais n'est pas encore entrée dans les magasins du failli ou de son commissionnaire chargé de les vendre* : le vendeur peut exercer un droit de

(1) *C. com., art.* 550, *in fine.* — Le privilège et le droit de revendication établis par le n° 4 de l'article 2102 du Code civil, au profit du vendeur d'effets mobiliers, ne peuvent être exercés contre la faillite.

C. com., art. 576. — Pourront être revendiquées les marchandises expédiées au failli, tant que la tradition n'en aura point été effectuée dans ses magasins, ou dans ceux du commissionnaire chargé de les vendre pour le compte du failli.

Néanmoins la revendication ne sera pas recevable, si avant leur arrivée, les marchandises ont été vendues sans fraude, sur factures et connaissements ou lettres de voiture signés par l'expéditeur.

Le revendiquant sera tenu de rembourser à la masse les acomptes par lui reçus ainsi que toutes avances faites pour fret ou voiture, commission, assurances, ou autres frais, et de payer les sommes qui seraient dues pour mêmes causes.

C. com., art. 577. — Pourront être retenues par le vendeur les marchandises par lui vendues qui ne seront pas délivrées au failli, ou qui n'auront pas encore été expédiées soit à lui, soit à un tiers pour son compte.

C. com., art. 578. — Dans le cas prévu par les deux articles précédents, et sous l'autorisation du juge-commissaire, les syndics auront la faculté d'exiger la livraison des marchandises, en payant au vendeur le prix convenu entre lui et le failli.

revendication (1). Il fera opposition auprès du capitaine à la livraison de la cargaison à l'acheteur (2).

Cette revendication sera possible si les trois conditions suivantes se trouvent réunies (art. 576) (3) :

1° La marchandise doit avoir conservé son identité ;

2° Elle ne doit pas être déjà détenue matériellement par l'acheteur ou le commissionnaire chargé de la vendre pour son compte (entrée dans les magasins) ;

3° Elle ne doit pas avoir été revendue, durant son voyage sans fraude, sur facture et connaissement. La revendication n'est donc pas éteinte par la remise à l'acheteur du connaissement. Seule la revente par cet acheteur à un acquéreur de bonne foi avec transfert à son profit de la possession juridique (sur facture et connaissement) fait obstacle à l'action du vendeur. Cette disposition ne constitue qu'une application de l'article 2279 du Code civil et de la règle : « En fait de meubles, possession vaut titre. »

3° *La marchandise est entrée dans les magasins du failli*

---

(1) Cf. en droit anglais le droit d'arrêt en transit (right of stoppage in transitu), p. 230 et suiv.

Il faut remarquer qu'en droit anglais, si le vendeur ne s'est pas encore séparé des documents et s'ils sont à son ordre, il exercera contre la faillite le « lien » et non pas le « right of stoppage in transitu ». La possession n'est pas en effet perdue par la remise à un transporteur avec la réserve du droit de disposer (reserve of right of disposal).

La distinction du droit français repose sur la détention matérielle plutôt que sur la possession (argument art. 576 et 577), ce dernier considérant que « l'expédition » fait perdre au vendeur le droit de rétention, bien qu'il puisse encore être possesseur par l'intermédiaire du connaissement.

(2) Cf. Thaller et Percerou, *op. cit.*, § 1950.

(3) Cf. Thaller et Percerou, *op. cit.*, § 1953 et suiv., en particulier sur le sens du mot « magasins ».

ou a été valablement revendue par lui : le vendeur se voit privé de l'action résolutoire du vendeur non payé et doit se contenter de produire dans la faillite pour le montant du prix non payé. Il sera colloqué comme créancier chirographaire et ne touchera qu'un dividende, excepté bien entendu si sa créance est garantie par une sûreté spéciale : gage, hypothèque (1).

Revenons maintenant aux articles 576 et 577.

Le vendeur a exercé son droit de rétention ou de revendication. Cette situation n'est que provisoire. Le contrat de vente n'a pas été résolu de plein droit par la faillite ou l'exercice par le vendeur d'un de ces droits.

Aux termes de l'article 578 le syndic a le droit d'exiger l'exécution de la vente et la livraison des marchandises. Mais il devra payer le plein prix. Le vendeur n'a pas à se contenter de la monnaie de dividende. Cette faculté accordée au syndic sera exercée par lui chaque fois que les prix auront monté et que le contrat se révélera avantageux.

Au contraire, si le syndic ne profite pas des dispositions de l'article 578, la vente se trouvera résolue. Cette situation se présentera chaque fois que le marché sera en baisse. La revente de la marchandise se soldera toujours par une perte. Si l'acheteur était *in bonis*, le vendeur obtiendrait remboursement de cette différence de cours, en l'attaquant en dommages-intérêts de résolution.

Mais en cas de faillite, le vendeur ne pourra pas produire pour ces dommages-intérêts et en obtenir le paiement, tout au moins au marc le franc.

(1) Cf. Thaller et Percerou, *op. cit.*, § 1946.

Une jurisprudence bien établie lui refuse ce droit (1) et peut se formuler de la façon suivante :

« En cas de faillite de l'acheteur, le vendeur au comp-
« tant qui n'a pas encore livré la marchandise ne peut
« pas, tout en reprenant par la résolution de la vente la
« libre disposition des objets vendus, produire en même
« temps au passif de la faillite pour des dommages-inté-
« rêts représentant le préjudice que lui cause l'inexécu-
« tion du marché. Il n'a d'option qu'entre la livraison des
« marchandises moyennant son admission à la faillite
« pour le prix stipulé ou la résolution pure et simple de
« la vente sans dommages-intérêts. »

La doctrine n'accepte pas cette jurisprudence sans critique : sous prétexte de conserver l'égalité entre les différents créanciers, elle aboutit à consacrer au contraire une inégalité choquante aux dépens du vendeur impayé. Les critiques se font particulièrement vives contre l'application de cette règle au vendeur qui exerce le droit de rétention (art. 577). Les auteurs admettent, au contraire, que le vendeur exerçant le droit de revendication de l'article 576 puisse se voir privé de tous dommages-intérêts en raison de la faveur qui lui est déjà accordée de pouvoir reprendre les meubles vendus tant

______

(1) Cass. civ., 16 février 1887, Syndic de l'Union Générale c. la Compagnie de Terrenoire, S. 1887.1.45, note Labbé, D. P. 1887.1. 201 ; Amiens, 13 juillet 1887, D. P. 1888.2.228 ; Nancy, 23 mai 1893, D. P. 1894.2.227 ; Cass. civ., 8 avril 1895, S. 1895.1.268, D. P. 1895.1.481 ; Cass., 15 janvier 1900, *Pandectes*, 1901.1.227 ; Douai, 31 octobre 1901, D. P. 1902.2.325 ; Cass. req., 24 avril 1903, D. P. 1904.1.229, avec le rapport de M. le conseiller Alphandéry ; Douai, 30 janvier 1912, S. 1913.2.203 ; Cass. req., 2 juillet 1912, *Gaz. Pal.*, 1912.2.351, S. 1913.1.145 ; Douai, 23 février 1922, S. 1923.2.113, note M. Bourcart.

Contrà : Cass. Belgique, 7 février 1889, D. P. 1891.2.286, S. 1890. 4.1 ; Cass. Luxembourg, 4 août 1893, D. P. 1895.2.49, note M. Pic.

qu'ils sont en cours de voyage, sans avoir à supporter la loi du dividende (1).

Cette opposition de vues entre la Doctrine et la Jurisprudence appelle une solution législative. Une proposition de loi Thierry, tendant à modifier l'article 578 du Code de commerce en lui ajoutant un paragraphe consacrant le droit du vendeur à des dommages-intérêts, avait été adoptée en 1905 par la Chambre des députés, puis rejetée par le Sénat en 1906. Une nouvelle proposition dans ce sens adoptée en 1909 par la Chambre fut également repoussée par le Sénat en 1912.

La question vient d'être reprise et fait l'objet d'une nouvelle proposition de loi actuellement soumise aux Chambres (2).

Mais nous ne pouvons nous préoccuper des solutions de l'avenir, et pour le moment, il est bien certain que toute production d'un vendeur impayé pour dommages-intérêts de résolution de contrat est impossible. L'insertion dans le contrat d'une clause spéciale lui accordant ce droit est nulle, d'une nullité absolue, comme pour toutes les questions qui touchent à la faillite, la notion d'ordre public intervient (3).

---

(1) Cf. Thaller et Percerou, *op. cit.*, § 1957 ; Percerou, article précité ; Lyon-Caen et Renault, *Manuel de droit commercial*, 4ᵉ partie, chapitre 5 ; Labbé, note sous Cass., 16 février 1887, S. 1887.1.45.

(2) Le projet de loi Coty qui ajoute à l'article 576 le paragraphe suivant : « Si le marché n'est pas exécuté, le vendeur peut produire « à la faillite, en concours avec les créanciers chirographaires pour « dommages-intérêts à raison du préjudice résultant pour lui de « cette inexécution » a été adopté sans discussion par la Chambre des députés dans sa 2ᵉ séance du 12 mai 1927 (*J. off.*, 13 mai 1927, p. 1406).

(3) Cf. Godret, *op. cit.*, p. 127 et la note.

B. — *Contrats L. C. T. A.*

Après ce résumé de la situation du vendeur de meubles impayé dans la faillite de son acheteur, nous allons revenir au vendeur caf sous contrat de la L. C. T. A. et examiner, en particulier, les droits que lui confère la clause de défaut contenue dans les formules.

Supposons donc que l'acheteur tombe en faillite avant que les marchandises ne lui aient été matériellement délivrées. Le vendeur pourra immédiatement revendre après préavis. Les cours auront très probablement changé et cette revente s'effectuera avec perte. Fort des dispositions de la clause « Défaut » qui lui donnent le droit de produire à la faillite (ou liquidation judiciaire) pour cette perte (comme elles le mettent dans l'obligation de verser à la masse un bénéfice éventuel), le vendeur voudra faire admettre cette créance par le syndic (ou le liquidateur). Très justement celui-ci lui opposera la jurisprudence citée plus haut, et la nullité d'ordre public qui frappe toute clause permettant au vendeur de réclamer à la faillite de son acheteur des dommages-intérêts de résolution du contrat de vente. Cette solution s'impose si l'on considère que la clause de défaut n'accorde d'autre droit au vendeur que ceux qu'il tient déjà des articles 576 et 577 du Code de commerce et qui peuvent s'analyser en une action en résolution pour défaut de paiement du prix limité à la durée du voyage maritime (1).

(1) **Thaller et Percerou,** *op. cit.,* § 1952.

Théorie du gage du vendeur caf [contrats L. C. T. A.].

Mais une analyse différente du contrat de la L. C. T. A. s'appuyant sur le jeu combiné de ses diverses clauses a été récemment proposée à l'examen des tribunaux. Le vendeur caf sous contrat de la L. C. T. A. aurait, pour garantir la créance de son prix de vente, un gage sur la marchandise exercé par l'intermédiaire du connaissement qu'il a conservé entre ses mains (clause paiement contre documents).

Cette théorie est exposée par M. Percerou, professeur à la Faculté de Droit de Paris, dans une consultation publiée dans la *Revue pratique de législation et de jurisprudence* du Tribunal de commerce de la Seine, 1926, n° 1, p. 5 et suiv.

Pour comprendre tout l'intérêt que présente pour le vendeur la reconnaissance de ce droit de gage, il faut se rappeler quelle est, aux termes des articles 547 et 548 du Code de commerce, la situation du créancier gagiste dans la faillite de son débiteur.

C. com., art. 547. — « Les syndics pourront à toute « époque, avec l'autorisation du juge-commissaire, retirer « les gages au profit de la faillite, en remboursant la « dette. »

C. com., art. 548. — « Dans le cas où le gage ne sera « pas retiré par les syndics, s'il est vendu par le créancier « moyennant un prix qui excède la créance, le surplus « sera recouvré par les syndics ; si le prix est moindre « que la créance, le créancier nanti viendra à contribu-« tion pour le surplus dans la masse comme créancier « ordinaire. »

La faillite ne modifie donc pas les droits du créancier

gagiste. Il réalise son gage dans les conditions habituelles (C. com., art. 93) et peut venir à contribution dans la masse comme créancier ordinaire pour la différence entre le montant de la créance garantie et la somme obtenue par la réalisation du gage.

« Sans doute, comme le fait remarquer M. Percerou (1), « il y a ici quelque chose de particulier, à savoir que la « créance garantie par le gage (consistant dans les marchandises vendues) est précisément la créance du prix « de vente et que celle-ci est assortie généralement d'autres sûretés. Mais pour être exceptionnelle, cette situation n'en est pas moins régulière. »

La jurisprudence reconnaît en effet que le vendeur d'effets mobiliers non payés peut, si le contrat lui confère ce droit en vertu d'une clause spéciale, avoir un gage sur l'objet de la vente jusqu'au parfait paiement du prix. En cas de faillite de l'acheteur, il pourra faire vendre ce gage aux enchères, affecter le produit de la vente à l'extinction de sa créance et se faire admettre, s'il y a lieu, au passif de la faillite pour l'excédent (2).

Dans un arrêt du 25 mars 1902 (D. P. 1903.1.174), la Cour de cassation (Ch. civ.) confirme sa jurisprudence antérieure :

« Le vendeur d'effets non payés n'a, en cas de faillite « ou de liquidation judiciaire de l'acheteur, que le droit « d'opter entre la rétention de la marchandise comme si « la vente était résolue ou sa livraison avec production à « la faillite pour le prix (art. 576 et 577).

« Mais il n'en est ainsi que pour les ventes ordinaires « dans lesquelles le vendeur n'a stipulé aucune garantie

(1) Percerou, consultation citée, p. 10.
(2) Cour de Paris, 26 mars 1858, D. P. 1859.2.24 ; Cass. req., 17 janvier 1859, D. P. 1859.1.229.

« à son profit et a suivi, au contraire, complètement la foi
« de l'acheteur.

« Lorsqu'au contraire, le vendeur a stipulé en sa faveur
« des garanties spéciales, notamment un privilège de
« gage, il peut retenir les marchandises et en cas de non
« paiement les faire vendre aux enchères publiques et
« appliquer le produit de la vente à l'extinction jusqu'à
« due concurrence de sa créance. »

La constitution d'un gage au profit du vendeur sur les
meubles objet même de la vente et en garantie du paiement du prix de la vente est donc parfaitement admise.
En présence d'une telle convention, il faut appliquer
l'article 548 du Code de commerce et non plus les articles 576 ou 577.

Mais pour que ces effets se produisent, il est bien entendu indispensable que le nantissement lui-même ne
fasse l'objet d'aucun doute. Cette condition se trouve-
t-elle réalisée dans les contrats de la L. C. T. A. ?

*Examen des contrats de la L. C. T. A. au point de vue
du droit de gage du vendeur.*

Pour qu'un gage soit valablement et régulièrement
constitué, il faut qu'un objet mobilier (le gage) appartenant au débiteur soit mis et reste en la possession du
créancier qui le conserve avec l'intention de l'affecter à
la sûreté de sa créance. La mise en gage comprend donc
deux éléments :

1° Un élément réel, la dépossession du débiteur en
faveur du créancier ;

2° Un élément consensuel : l'intention des parties (1).

(1) Cf. Thaller et Percerou, *op. cit.*, *Du gage commercial*, § 1057 et
suiv. ; Colin et Capitant, *op. cit.*, p. 755 et suiv.

Ces deux éléments se rencontrent-ils dans le cas présent ?

1° *Elément réel.* — Le vendeur caf est-il en possession d'un objet mobilier appartenant à l'acheteur ?

A. *Objet appartenant à l'acheteur.* — Pour répondre à cette question, il faut avant tout supposer résolu le problème de savoir à quel moment l'acheteur caf est devenu propriétaire de la marchandise qui lui est destinée en exécution de son contrat. Il est impossible, bien entendu, de concevoir un gage avant ce moment.

Nous avons déjà rencontré précédemment cette question et conclu au transfert de la propriété par la spécialisation des marchandises. Dans les contrats de la L. C. T. A., cette spécialisation est réalisée par l'envoi à l'acheteur d'un avis d'application. La propriété est donc transférée au plus tard à ce moment. Faut-il admettre que l'avis d'appropriation produit un effet rétroactif, et que l'acheteur doit être considéré comme propriétaire dès l'embarquement une fois l'individualisation faite ? Nous avons vu que la jurisprudence française semble admettre cet effet rétroactif, mais sous certaines réserves : puisque les risques sont à la charge de l'acheteur dès l'embarquement à condition toutefois que le vendeur n'ait pas eu connaissance, au moment de l'application, de l'existence d'un sinistre ayant frappé le navire et sa cargaison. L'effet rétroactif n'est donc pas absolu, et pour simplifier, nous retiendrons seulement qu'au moment de l'application l'acheteur devient propriétaire.

Difficulté spéciale aux ventes « Rye terms » et similaires. — Encore faut-il que le caractère caf de la vente ne puisse être contesté. La jurisprudence que nous avons cité (1) semble refuser de voir dans une vente type « Rye terms » un marché caf, mais ne se prononce pas expressément sur les conséquences qu'il faut en déduire au point de vue du transfert de la propriété. Faut-il en particulier déclarer que dans une telle vente la marchandise ne devient la chose de l'acheteur que par sa livraison matérielle au port de débarquement. Nous avons déjà signalé ce point, tout en croyant, pour notre part, qu'une vente de cette nature reste néanmoins une vente caf.

Si nous supposons ces différentes questions résolues et admettons que l'acheteur devient propriétaire dès la réception d'un avis d'application, il reste encore à déterminer l'assiette de son droit de propriété.

Assiette du gage. — Nous avons vu qu'en vertu de la clause du prorata, insérée dans les « proformas » pour garantir les acheteurs contre toute fraude dans l'attribution des lots au débarquement, chacun des acquéreurs peut être considéré comme ayant une part de propriété de la cargaison tout entière (1/10 par ex. si la cargaison est de 1.000 tonnes et si le contrat d'un acheteur donné porte sur 100 tonnes).

Un tel droit de propriété limité par les droits correspondants des autres acheteurs pourrait-il éventuellement faire l'objet d'une constitution de gage ? La question ne semble pas s'être posée en jurisprudence de cette façon. Mais nous croyons qu'un gage pourrait être valablement conféré sur cette part de propriété indivise de l'acheteur. Il est bien admis qu'un débiteur pourra donner en nan-

<hr>

(1) Cf. plus haut, p. 3o9.

tissement ses droits dans une succession (Cass. civ., 19 février 1894, D. P. 1894.1.420, S. 1894.1.273). De même un cohéritier peut affecter hypothécairement à la garantie d'une dette sa part indivise dans les immeubles de la succession (Douai, 26 mars 1896, D. P. 1897.2.147).

Du reste, le caractère indivis du droit de propriété de l'acheteur ne met pas obstacle à la mise en possession du vendeur et ne gênerait en rien la revente éventuelle du gage.

B. *Possession du créancier gagiste.* — La dépossession du débiteur est un élément essentiel à la formation du contrat de gage.

C. com., art. 92 (reproduisant l'art. 2076 C. civ.) :

« Dans tous les cas, le privilège ne subsiste sur le « gage qu'autant que ce gage a été mis et est resté en la « possession du créancier ou d'un tiers convenu entre « les parties. »

« Le créancier est réputé avoir les marchandises en sa « possession, lorsqu'elles sont à sa disposition dans ses « magasins ou navires, à la douane ou dans un dépôt pu- « blic, ou si, avant qu'elles soient arrivées, il en est saisi « par un connaissement ou par une lettre de voiture. »

Le déplacement de la possession au profit du créancier, condition indispensable de tout nantissement régulier, se trouve-t-il réalisé dans la vente caf conclue aux conditions de la L. C. T. A.

Nous avons déjà examiné le droit que le vendeur tire de la détention des documents (1) et l'avons analysé en

---

(1) A condition que le connaissement, s'il porte la clause à ordre, soit rédigé à l'ordre de celui qui l'a entre les mains.

La détention d'un connaissement endossé au nom d'un tiers ne

un droit de possession de la marchandise. Nous avons
signalé la différence entre cette possession dite symbolique et la possession réelle dans laquelle le possesseur
se trouve en même temps détenteur de l'objet. Mais au
point de vue juridique, ces deux sortes de possession
sont identiques : cette possession, le vendeur la perd en
remettant les documents à son acheteur. Le droit de
gage, s'il y en a un, disparaîtra donc nécessairement à ce
moment. Mais en général, il n'aurait plus aucune utilité,
le paiement s'effectuant le plus couramment : comptant
contre documents.

Mais pour que le vendeur puisse éventuellement être
considéré comme créancier gagiste, il faut que cette
possession, il l'exerce avec l'*animus* d'un créancier
gagiste et non pas à un autre titre. Or dans la vente caf,
il est évident que le vendeur a eu à un moment donné
les documents entre les mains à un autre titre que celui
de créancier nanti. Au moment de l'embarquement les
marchandises non spécialisées sont mises à bord par le
vendeur qui en est le propriétaire et le reste jusqu'à ce
qu'il ait donné à son acheteur un avis d'application
régulier. Les documents lui sont donc remis par le capitaine au moment de l'embarquement à titre de propriétaire. Il exerce la possession en tant que propriétaire. Au moment de la spécialisation, il se produit
une interversion dans la possession du vendeur. Il perd
la propriété, il n'est donc plus possesseur parce que
propriétaire. Garde-t-il la possession simplement parce
qu'à ce moment personne d'autre ne peut l'avoir ? La
conservation de la possession doit-elle être regardée
comme une simple conséquence du fait de la rétention

confère qu'un droit négatif : elle empêche la possession du tiers
sans la donner au porteur. Cf. plus haut, p. 125.

des documents et n'entraîner aucune conséquence juridique (1). Faut-il au contraire admettre que par une
fiction, l'acheteur est censé avoir reçu la chose et l'avoir
rendue à son vendeur à titre de gage.

L'interversion dans la possession se trouverait alors
expliquée par un « constitut possessoire ». Il faut entendre par là une convention des parties aux termes de
laquelle le vendeur resterait en possession de la chose
vendue non plus à titre de propriétaire, mais en qualité
de créancier nanti (2).

De ces différentes observations, nous devons donc
déduire qu'il n'est pas impossible *a priori* de concevoir
que dans un marché caf conclu aux conditions de la L.C.
T.A. le vendeur se réserve par la détention des documents un droit de gage sur les marchandises, objet de
la vente, ce gage lui servant de garantie du paiement
du prix.

Mais pour qu'il y ait eu effectivement constitution
d'un gage au profit du vendeur, encore faut-il que les
parties l'aient voulu. Le constitut possessoire en particulier ne peut se concevoir sans la volonté des contractants. Il nous reste donc à examiner si l'acheteur et le
vendeur caf ont bien eu, en signant le contrat de la L.C.
T.A., l'intention de faire produire les effets d'un nantissement à la détention des documents par le vendeur
après le transfert de la propriété à l'acheteur.

(1) Si le vendeur tient en sa possession le connaissement, c'est en
sa qualité d'expéditeur l'ayant établi ou fait établir et non à la
suite d'une remise à lui faite par l'acheteur qui ne l'a pas saisi
d'après les termes de l'article 92 du Code de commerce. Trib. civ.
Orthez, 12 mai 1926 (*inédit*).

(2) Théorie du « constitut possessoire ». Dalloz, *Code civil annoté*,
article 1606, n° 13 ; Baudry-Lacantinerie, *Manuel de droit élémentaire*,
t. II, p. 473.

2° *Elément consensuel.* — A la différence de la constitution du gage civil, la constitution d'un gage commercial n'est assujettie à aucune règle de forme. La preuve d'un nantissement commercial peut donc être faite par tous les moyens possibles, y compris la preuve testimoniale ou par présomptions (C. com., art. 91, 109 ; C. civ., art. 1353).

Il n'est pas non plus indispensable que le mot « gage » figure dans le texte de la convention, il suffit que les dispositions du contrat soient assez claires pour permettre d'y découvrir l'intention des parties à cet effet (1).

La question se ramène donc à une interprétation des termes d'une convention et la recherche de la volonté des contractants. Elle échappe ainsi au contrôle de la Cour suprême.

Le rapprochement des différentes clauses des contrats de la L. C. T. A. permet-il de trouver une preuve suffisante de la constitution d'un gage.

M. Percerou (2) estime que cette interprétation s'impose et appuie son opinion en particulier sur la dernière partie de la clause de défaut dont il analyse les effets dans les termes suivants : « Si la réalisation produit une « somme supérieure au prix de vente originaire, le vendeur qui a réalisé est obligé de restituer l'excédent à la « faillite de l'acheteur : ce à quoi il ne serait pas obligé « s'il s'agissait d'une résolution (car la vente une fois « résolue, si le vendeur réalise les objets ainsi devenus « sa propriété, il le fait pour son compte et garde l'excé- « dent au cas où il en existe), ce qui prouve bien qu'il « s'agit de la réalisation d'un gage, le créancier gagiste

(1) Thaller et Percerou, *op. cit.*, § 1074 et suiv. ; Colin et Capitant, *op. cit.*, t. II, p. 761.

(2) Percerou, consultation citée, p. 11.

« étant tenu de restituer au débiteur gagiste, propriétaire
« des objets donnés en gage, l'excédent de la réalisation
« sur le montant de la dette. »

Il insiste également sur le rapprochement que l'on
peut faire entre la situation du vendeur caf et celle d'un
banquier auprès duquel le vendeur aurait escompté la
traite documentaire. Pourquoi admettre, dans ce dernier
cas, l'existence d'un droit de gage (reconnu par la jurisprudence) et en refuser au contraire le bénéfice au vendeur. Les deux situations sont identiques.

Si nous passons maintenant à l'examen de la Jurisprudence abondante rendue sur cette question, nous nous
apercevrons qu'elle est loin d'être concordante (1).

(1) I. — *Décisions reconnaissant l'existence d'un droit de gage* : Trib.
civ. de Redon jugeant commercialement (24 novembre 1925, *inédit*),
confirmé Cour de Rennes, 22 octobre 1926 (*inédit*) ; Trib. com. de
la Seine, 7 janvier 1926 (*Revue pratique de législation et de jurisprudence du Tribunal de commerce de la Seine*, 1926, n° 1, p. 1 ; *Gaz.
Pal.*, 23 mars 1926) ; Trib. civ. de Doullens jugeant commercialement, 19 février 1926 (*inédit*) ; Cour d'appel de Paris (1re Ch.),
7 janvier 1927, quatre arrêts rendus sur conclusions conformes du
Ministère public (jugements attaqués : Seine, 7 janvier 1926 ; Etampes, 10 mars 1926) (S. 1927.2.37 ; *D. H.*, 1927, p. 139 ; *Gaz. Pal.*,
1927.1.453 ; *Semaine juridique*, 1927, p. 523 et suiv.) ; Cour d'appel
de Douai, 27 janvier 1927, s. Calais, 8 juin 1926 (*R. V. T.*, 1927,
p. 46 ; *Semaine juridique*, 1927, p. 523 et suiv.).

II. — *Décisions contraires* : Trib. civ. de Neufchâtel-en-Bray jugeant commercialement, 15 décembre 1925 (*inédit*) ; Trib. civ. de
Monfort-sur-Meu jugeant commercialement, 26 février 1926 (*inédit*) ;
Trib. civ. d'Etampes jugeant commercialement, 10 mars 1926 (*inédit*), infirmé en appel, Paris, 7 janvier 1927 ; Trib. com. de Châlons-
sur-Marne, 14 avril 1926 (*inédit*) ; Trib. de Chollet, 10 mai 1926
(*inédit*) ; Trib. civ. d'Orthez jugeant commercialement, 12 mai 1926
(*inédit*) ; Trib. com. Calais, 8 juin 1926 (*inédit*), infirmé en appel,
Douai, 27 janvier 1927 ; Cour d'appel d'Amiens, 29 janvier 1927,
D. H., 1927, p. 142 ; Cour d'appel de Pau, 15 mars 1927 (sur Orthez,
12 mai 1926) (*inédit*).

Pour notre part, nous reconnaissons bien volontiers que ce droit de gage sur les marchandises non encore livrées explique fort bien les situations respectives du vendeur et de l'acheteur caf et complète heureusement la physionomie générale de la vente caf (1).

Mais il n'en reste pas moins que les clauses du contrat de la L. C. T. A. sont pour le moins ambiguës. Aussi faut-il approuver la pratique récente qui tend à insérer dans les contrats une clause formelle de constitution de gage rédigée dans la forme suivante : « De convention « expresse, les documents restent entre les mains du « vendeur, à titre de gage du paiement du prix. » Cette clause nouvelle ne change en rien la nature du contrat, mais écarte d'avance toute discussion dans l'interprétation de la volonté des parties.

Remarques. — 1° *Formalités de réalisation du gage.* — Si l'on admet qu'il y a un gage, il faut que dans la réalisation de ce gage soient observées les dispositions d'ordre public de l'article 93 du Code de commerce. En particulier le vendeur créancier gagiste devra attendre huit jours après la mise en demeure de l'acheteur débiteur du prix avant de procéder à la revente. La mise en demeure doit se faire par « simple signification », précise l'article 93 du Code de commerce. La Cour de Paris, dans son arrêt précité du 7 janvier 1927 (2° espèce), a admis qu'il ne fallait pas entendre par là un acte extra-judiciaire. « Il semble, dit-elle, qu'on doive se montrer « moins rigoureux quand la loi a prescrit une simple « signification, qu'elle a voulu que le débiteur fût averti « de la menace qui pèse sur lui, mais que ce résultat est

(1) Cf. en droit anglais la solution similaire : « lien » du vendeur, p. 221.

« atteint par la lettre recommandée au même titre que
« par l'exploit d'huissier. »

Une mise en demeure par simple lettre non recommandée ou par télégramme serait-elle inopérante ? La
Cour ne se prononce pas sur ce point.

Quoi qu'il en soit, la clause « défaut » des formules de
la L. C. T. A. prévoit la revente immédiate et n'exige pas
le délai de huit jours de l'article 93 du Code de commerce.
Elle constitue donc sur ce point un pacte commissoire
nul, d'une nullité absolue.

Mais bien entendu, la nullité des dispositions de la
clause « défaut » qui règlent la réalisation du gage n'a
aucune influence sur la validité de la constitution du
gage, si par ailleurs on trouve des éléments suffisants
pour en apporter la preuve. La nullité du pacte commissoire n'entraîne pas la nullité du gage.

2° *Coexistence du gage et de l'action résolutoire.* —
Nous avons vu que l'argument principal retenu par la
jurisprudence pour admettre l'existence du gage est tiré
de la rédaction de la clause de défaut aux termes de
laquelle le vendeur, s'il peut produire à la faillite pour
la perte résultant de la revente, doit rendre compte à la
masse d'un profit éventuel.

Mais cette disposition de la clause de défaut ne s'applique qu'en cas de faillite. La première partie qui prévoit
la défaillance d'un acheteur *in bonis* accorde bien au
vendeur le droit de revendre et de demander remboursement de la perte, mais n'exige pas que le profit éventuel
soit remis à l'acheteur. Peut-on encore parler de nantissement dans ces conditions ? A notre avis, s'il y a eu
effectivement constitution d'un gage, ce gage doit jouer
dans tous les cas et ne peut être limité à la seule hypo-

thèse de la faillite de l'acheteur. La formule récemment
introduite dans les contrats ne distingue du reste pas
suivant que l'acheteur est ou non *in bonis*. De toutes
façons « les documents restent entre les mains du ven-
« deur à titre de gage ».

Nous avons vu que la première partie de la clause
«défaut» peut s'analyser en une résolution du contrat avec
dommages-intérêts. Il s'agit donc de savoir si un vendeur, ayant obtenu que les marchandises vendues soient
affectées à titre de gage à la sûreté de la créance du
prix, a le choix entre une action résolutoire ou la réalisation du gage. La stipulation d'une garantie spéciale
a-t-elle pour résultat d'enlever au vendeur les recours
habituels (*exceptio non adimpleti contractus*, action résolutoire...) ou les laisse-t elle au contraire subsister parallèlement ?

La question ne paraît pas encore s'être posée de cette
façon en jurisprudence. Nous croyons, pour notre part,
que le vendeur créancier nanti perd le droit d'intenter
une action résolutoire (1) et doit se contenter de poursuivre la réalisation de son gage. Il devra, bien entendu,
observer alors les formalités de l'article 93 du Code de
commerce. L'arrêt de Cassation du 13 décembre 1926
précité, qui l'en dispense en cas de vente, ne peut s'appliquer dans ces conditions. Dans l'espèce soumise à la
Cour suprême, il ne s'agissait que d'une vente, les juges
de fait n'avaient pas envisagé la constitution simultanée
d'un droit de gage sur l'objet vendu.

---

(1) Accorder au vendeur l'action résolutoire reviendrait en somme
à faire jouer à son profit un pacte compromissoire. La nullité d'ordre public qui le frappe serait bien vaine si l'on pouvait tourner si
facilement la difficulté.

3° *Résumé de la situation du vendeur*. — En résumé, si l'on admet prouvée l'existence du droit de gage du vendeur caf aux conditions de la L. C. T. A., sa situation en cas de faillite de son acheteur sera la suivante :

I. — Avant l'embarquement, droit de rétention, article 577, résolution du contrat sans dommages-intérêts.

II. — Entre le moment de l'embarquement et celui de la spécialisation, droit de revendication, article 576, résolution du contrat sans dommages-intérêts.

III. — Entre le moment de la spécialisation et la remise des documents à l'acheteur, droit de gage, article 548, réalisation du gage et production à la faillite au marc le franc pour la différence entre le prix de vente et le prix obtenu par adjudication.

IV. — Après la remise des documents, mais avant que les marchandises n'aient été remises à l'acheteur ou revendues par lui sur « factures et connaissements », droit de revendication, article 576, résolution de la vente sans dommages-intérêts.

V. — Après l'un de ces événements, production à la faillite au marc le franc, pour le montant tout entier du prix de vente.

Ces deux derniers cas ne se présenteront que si l'acheteur a reçu les documents contre simple acceptation de la traite documentaire : cette situation est assez peu fréquente, les contrats L. C. T. A. prévoyant en général « paiement comptant contre documents ».

APPENDICE

Prix des marchés caf stipulé en monnaies étrangères.

Les contrats caf, même ceux conclus en France entre Français, prévoient fort souvent la fixation du prix en une monnaie étrangère. Faut-il voir là une de ces clauses de protection contre la baisse du franc dénoncées avec vigueur par la jurisprudence comme contraires à l'ordre public ? Convient-il, au contraire, de considérer que cette stipulation du prix en monnaies étrangères est valable dans un tel contrat et que sa prohibition ne pourrait que nuire au commerce d'importation et, par suite, à l'économie nationale tout entière ?

Ces deux tendances opposées se retrouvent dans les décisions de la jurisprudence assez nombreuses depuis quelque temps et que nous allons rapidement examiner (1).

La Cour d'appel de Poitiers, dans un arrêt du 27 mai 1927, annule les marchés « pour stipulation de prix en

(1) Décisions reconnaissant la validité de la stipulation du prix en monnaies étrangères : Com. Marseille, 16 juin 1926, *Revue de droit français*, 1926, p. 101 ; Cour d'Aix, 24 mai 1926, *Revue de droit français*, 1926, p. 102, *Clunet*, 1927, p. 90, *Suppl. Gaz. Pal.*, 1926, p. 260 ; Cour d'Agen, 31 janvier 1927, S. 1927.2.54 (annulé pour des raisons de fait, tout en reconnaissant la validité de la clause sous certaines réserves) ; Cour d'Agen, 14 février 1927, *inédit* ; Cour de Dijon, 27 mai 1927, *inédit*.

Contrà : Cour de Poitiers, 27 mai 1927, *Bulletin des Halles et Marchés* du 31 mai 1927.

monnaie étrangère en violation des lois des 12 août 1870
et 5 août 1914 qui sont d'ordre public ».

Dans ses attendus, la Cour estime que « toute stipula-
« tion qui ne reconnaîtrait pas au billet de banque sa
« valeur libératoire dans les contrats... conclus entre
« Français et exécutoires en France, est nulle en vertu
« des dispositions de l'article 6 du Code civil, que par
« suite en France et entre Français toute clause de paie-
« ment en monnaie étrangère est frappée d'une nullité
« d'ordre public ;

« Qu'il en est notamment ainsi de toute stipulation qui
« permettrait au créancier d'obtenir un paiement sur la
« base de la livre anglaise. »

Les autres décisions dont nous donnons la liste admettent au contraire la validité de la clause fixant le prix en
monnaie étrangère. Les raisons données à l'appui de cette
interprétation sont assez nombreuses et tiennent compte
« du caractère vraiment international que présente la
« vente, quoique conclue entre Français et en France,
« en raison de la provenance de la marchandise qui en
« fait l'objet, la nature de ce marché et le lieu de son exé-
« cution » (1).

Le jugement du Tribunal de Marseille (1), très fortement motivé, mérite d'être cité *in extenso* :

« Attendu, dit-il, que le cours forcé des billets de la
« Banque de France se justifie principalement par un
« triple but : 1° protéger cet établissement national de
« crédit en le dispensant, dès la période des moratoires,
« de son obligation ordinaire de rembourser ses billets
« en or ; 2° créer et maintenir au profit de l'Etat un ins-
« trument de crédit indispensable au fonctionnement des

(1) Com. Marseille, 16 juin 1926, précité.

« services publics ; 3° répartir enfin aussi exactement que
« possible entre les divers nationaux du pays la dépré-
« ciation des valeurs pouvant résulter de ce cours forcé ;

«... qu'établi dans un but d'ordre public et de sécurité
« nationale, il doit être rigoureusement appliqué dans les
« limites des territoires français et aux opérations con-
« cernant des Français ;

« Mais attendu qu'il ne saurait en être de même toutes
« les fois non seulement que le paiement doit s'effectuer
« hors du territoire français, c'est-à-dire hors des lois de
« police et de sécurité nationale, mais encore toutes les
« fois que l'opération au sujet de laquelle intervient le
« paiement intéresse à quelque titre que ce soit des
« étrangers ;

«... Attendu que s'agissant de vente caf portant sur
« des marchandises provenant de l'étranger et normale-
« ment cotées en monnaies étrangères, il doit, pour les
« motifs visés plus haut, être fait exception aux prohibi-
« tions ordinaires résultant du cours forcé ;

« Qu'en effet, d'une part, la vente caf étant, en vertu
« d'une doctrine et d'une jurisprudence constantes, con-
« sidérée comme s'exécutant au port d'embarquement,
« c'est d'après la loi et suivant les usages de ce port que
« doit être normalement déterminée la monnaie expri-
« mant le prix (1) ;

« Qu'obliger, en pareil cas, les importateurs français
« à exprimer leurs prix en monnaie française serait leur
« rendre difficile sinon impossible toute opération inter-
« nationale sur les marchandises de provenance étran-
« gère ou les faire évincer sur le marché national de ces

(1) Remarquons que cet attendu peut prêter à critique. Ce serait
admettre que la loi applicable à un contrat de vente caf est la loi du
pays de provenance.

« mêmes marchandises par les importateurs étrangers ;

« Que, d'ailleurs, le fait par un Français important
« une marchandise étrangère de stipuler à ses acheteurs
« même Français le paiement en la monnaie convenue à
« l'origine de l'opération ne fait que changer la personne
« chargée du paiement, mais n'entraîne aucune sortie
« supplémentaire de monnaie française, les devises étran-
« gères versées par le dernier acheteur ne servant somme
« toute qu'à régler celles qui peuvent être dues au ven-
« deur initial ;

« . . . .

« Que, dès lors, c'est à tort que la nullité de cette vente
« a été soulevée et qu'il convient au contraire d'en décla-
« rer et reconnaître l'entière validité. »

Les mêmes arguments sont repris et développés dans
les arrêts d'Aix (24 mai 1926) ; Agen (31 janvier 1927) ;
Agen (14 février 1927) ; Dijon (27 mai 1927).

Ils insistent en général sur le fait que la prohibition
de ces stipulations aurait pour effet de « paralyser les
importations indispensables à la vie du pays » (Agen,
31 janvier 1927).

Ils s'appuient également sur les dispositions de la loi
du 3 avril 1918 réglementant l'achat de devises étrangères.

« Attendu, lisons-nous dans l'arrêt de Dijon du 27 mai
« 1927, que la loi du 3 avril 1918 modifiée par celle du
« 31 mars 1922 qui constitue une loi de sûreté et d'inté-
« rêt national parce qu'elle concerne les finances de l'Etat,
« et qui à ce titre a le caractère d'une loi d'ordre public,
« fait des billets de banque français une monnaie fidu-
« ciaire obligatoire et équivalant à l'or ; ce qui a pour
« conséquence d'interdire en principe, pour le paiement
« des transactions faites et exécutées en France, toute

« clause dérogatoire à la faculté pour le débiteur de se
« libérer en billets de banque français ;

« Mais qu'une exception a été formellement apportée
« à ce principe par l'article 4, § 3, de la dite loi dans
« l'intérêt supérieur de l'approvisionnement national en
« faveur des marchandises destinées à être importées en
« France, dans les colonies et dans les pays de protec-
« torat ;

« Que la nationalité des contractants et le lieu de paie-
« ment sont à cet égard sans intérêt ;

« Que l'article 3 de la dite loi a d'ailleurs soin de spé-
« cifier que les établissements fonctionnant hors de
« France, de société française, doivent être considérés
« pour l'application de cette loi comme résidant hors de
« France. »

C'est également cet argument que nous trouvons dans
l'arrêt d'Aix du 26 mai 1926 précité (1) :

« Attendu au surplus que le législateur a prévu cette
« situation en édictant la loi du 3 avril 1918 qui règle
« l'achat des devises étrangères, que tout en interdisant
« la constitution hors de France d'un avoir en titres ou
« fonds, il a excepté de la prohibition le règlement des
« denrées et marchandises destinées à être importées
« dans un délai de six mois en France ou dans les colo-
« nies, qu'il suffit, pour la régularité de l'opération, que
« l'intéressé fasse une déclaration écrite indiquant l'objet
« de l'envoi par l'intermédiaire d'une maison de banque
« tenant répertoire de change, que l'article 72 de la loi
« du 22 mars 1924 a de plus exigé que cette déclaration

----

(1) Aix, 24 mai 1926, précité, *Clunet*, 1927, p. 90.

L'exception de nullité avait été soulevée d'office par le Ministère
public.

« fût revêtue de l'avis favorable de la Chambre de com-
« merce ;

« Attendu que R... s'est exactement conformé à cette
« double obligation ;

« Que, dans ces conditions, l'exception de nullité ne
« saurait être accueillie. »

Cette abondance d'arguments variés n'est pas des plus
convaincantes et il faut reconnaître une certaine confusion entre les lois de 1870 et 1914 introduisant le cours
forcé et celle du 3 avril 1918 qui ne vise qu'à prohiber
l'exportation des capitaux.

Mais, sous réserve de ces observations, l'attitude de la
plupart des Cours et tribunaux devant la clause du prix
en monnaie étrangère nous apparaît des plus heureuses.
Sans doute, cette question n'est pas définitivement
résolue, mais il est d'ores et déjà très appréciable de
trouver dans les décisions de la jurisprudence trace de la
préoccupation de ne porter aucun préjudice au commerce
d'importation du pays.

Mais si le commerce d'importations réelles doit être
encouragé, il ne faudrait pas étendre cette bienveillance
à des opérations fictives d'ordre purement spéculatif.
Aussi, ne peut-on qu'approuver la décision de la Cour
d'Agen du 31 janvier 1927 (1) qui, tout en reconnaissant
que les contrats caf portant sur des marchandises effectivement achetées à l'étranger, peuvent être conclus
moyennant un prix stipulé en shillings, n'en annule pas
moins le marché particulier qui lui est soumis.

« Attendu, lisons-nous, qu'il résulte des documents
« de la cause et qu'il n'est pas contesté que le blé de la
« Plata afférent à ce marché litigieux n'a jamais fait

____

(1) Cour d'Agen, 31 janvier 1927, précité.

« l'objet d'un achat à l'étranger ; que la marchandise
« vendue est en réalité inexistante ; que la fausseté de
« l'application donnée par X... en vertu d'un connaisse-
« ment imaginaire sur le blé transporté par le *Massilia*,
« navire arrivé à Bordeaux sans un grain de cette denrée,
« le démontre surabondamment ; que, dans ces condi-
« tions, la nature et l'origine de cette prétendue mar-
« chandise ne saurait valider une opération de carac-
« tère purement spéculatif stipulée en monnaie étran-
« gère, intervenue entre Français et exécutoire en
« France ; que cette opération est entachée d'une nul-
« lité d'ordre public *erga omnes* ;

    « Par ces motifs,

    « Annule pour stipulation de prix en monnaie étran-
« gère en violation de lois d'ordre public, et par suite
« pour défaut de prix... »

CONCLUSION

Nous pouvons maintenant nous rendre compte des
difficultés qui peuvent se présenter à l'occasion des
contrats de la L. C. T. A.

Certaines questions, telles que le transfert de la propriété, ont été étudiées plus à fond en Angleterre. Certaines autres : la spécialisation, la charge des risques
par exemple, ont retenu plus longuement l'attention des
magistrats et des auteurs français.

Mais, d'une façon générale, les interprétations française et anglaise présentent peu de différences essentielles.

En particulier, dans la question très importante de la
régularité des documents, les solutions sont le plus souvent identiques. Il est intéressant de noter que les points
en litige sont fréquemment les mêmes et cette constatation suffit pour souligner les points faibles des contrats.

Car, il faut bien l'avouer, et le contraire du reste
serait fort surprenant, les formules-type ne sont pas
parfaites.

Telles qu'elles sont, elles représentent déjà un remarquable travail de coordination et de simplification, et il
est inutile d'insister plus longuement sur les avantages
considérables que leur emploi généralisé a procurés au
commerce international des céréales. Plus de longues
discussions, de palabres interminables à l'occasion de
chaque marché : une simple référence au contrat-type

et l'affaire est conclue. Les deux parties connaissent d'avance leurs droits et leurs devoirs respectifs.

Nous avons déjà signalé les dangers que peut présenter cette facilité trop grande et le risque de voir des commerçants accepter souvent, à la légère, d'apposer leur signature au bas de clauses dont ils n'ont quelquefois pas pesé toutes les conséquences. Mais un tel reproche manquerait son but s'il s'adressait aux formules-type ; les seuls responsables et du reste les seules victimes de cet état de choses sont les négociants traitant leurs affaires dans la fièvre et sans prendre la précaution la plus élémentaire de lire le document qu'ils consentent à signer.

Par contre, ce que l'on a pu souvent reprocher aux formules elles-mêmes, c'est leur confusion et, parfois, leur obscurcité.

Il est certain qu'on peut relever un manque d'unité dans la composition des formules-type. Certaines clauses font double emploi ; les unes sont trop développées, d'autres au contraire pèchent par excès de concision ; certaines formules sont ambiguës ou même incompréhensibles. Deux contrats voisins contiennent des différences à première vue inexplicables.

Il faut chercher l'explication sinon l'excuse de ces menues imperfections de détail dans la façon même dont ces contrats ont été rédigés et, plus encore, dans la manière dont ils sont modifiés.

Les clauses nouvelles s'ajoutent aux anciennes au fur et à mesure que le besoin s'en fait sentir, le plus souvent après un arbitrage ou un procès qui a révélé les lacunes du contrat primitif sur un point particulier.

Il s'ensuit forcément un peu de décousu dans l'ensemble et la plupart des contrats gagneraient à une révision totale destinée à coordonner tous ces éléments disparates et à refaire de chaque formule une pièce d'un seul tenant sans excroissances ou ajoutes disparates.

La L.C.T.A. semble du reste se rendre compte de cette nécessité et, périodiquement, édite de nouveaux contrats-type en tenant compte des modifications apportées dans l'intervalle et en s'attachant à les incorporer de son mieux au texte primitif.

Cette révision gagnerait à être plus radicale et plus complète.

Ces remarques s'appliquent à tous les contrats de la L.C.T.A., qu'ils soient employés en Angleterre ou sur le Continent.

Si nous envisageons plus spécialement les conditions dans lesquelles les commerçants français en font usage, nous devrons constater que l'emploi courant des formules rédigées en langue anglaise n'est pas fait pour faciliter les relations entre vendeurs et acheteurs. Ces derniers se figurent souvent que derrière cette langue étrangère se cachent d'inévitables traquenards. De là des frictions continuelles, des sources de procès, qu'une compréhension mutuelle suffirait bien souvent à supprimer (1).

---

(1) Souvent, on a reproché aux contrats de la L. C. T. A. d'être rédigés par les vendeurs et d'en favoriser les intérêts aux dépens de ceux des acheteurs.

Nous avons vu qu'il n'en était rien. Les clauses de prorata d'appropriation sauvegardent puissamment les droits des acheteurs. Le contrat « Rye terms » leur offre un ensemble de garanties que ne peut procurer aucune forme de la vente caf classique.

Il est du reste inexact de croire que la L. C. T. A. se compose surtout de vendeurs. A côté de quelques maisons d'importation établies aux pays d'origine [les chargeurs], la plupart des membres sont des meuniers, ou des commerçants européens n'ayant de maison qu'en Europe, c'est-à-dire forcément des acheteurs. Les droits des deux parties en présence se trouvent donc aussi sérieusement défendus.

Aussi bien, il existe des traductions fort bien faites des principaux contrats en vigueur et nous ne voyons pas pourquoi des formules en français ne pourraient pas prendre la place des « proformas » anglais.

La méfiance qui s'attache encore quelquefois en France au seul nom de « contrat de Londres » serait vite, de ce simple fait, dissipée. Ce contrat perdrait le caractère mystérieux et inquiétant qu'il conserve encore aux yeux de quelques-uns pour se révéler tel qu'il est : un instrument de travail utile et, sinon parfait, du moins fort suffisamment adapté aux besoins du commerce.

Les contrats de la L. C. T. A. et la réglementation internationale du contrat caf.

Les larges emprunts faits par les différents projets de réglementation du contrat caf aux dispositions des contrats de la L. C. T. A. suffiraient pour constituer une nouvelle preuve de la valeur pratique de ces formules.

Il nous faut en effet, à la fin de cette étude, signaler les efforts considérables tentés depuis quelques années pour parvenir à mettre sur pied un ensemble de règles constituant la codification internationale du contrat caf.

La Chambre de commerce internationale, d'une part, et l'Association internationale de droit, de l'autre, se sont plus spécialement attelées à cette tâche.

1° *Chambre de commerce internationale* (1). — Dans son congrès constitutif tenu à Paris en juin 1920, la

(1) Chambre de commerce internationale. Circulaire n° 43. Termes commerciaux. Définitions. Paris, 1923 ; Avant-propos, p. 5.

Chambre de commerce internationale adoptait une résolution ainsi conçue :

« La Chambre de commerce internationale,

« Considérant les inconvénients qui résultent pour « toutes les parties en cause des différentes interpréta- « tions données aux termes fob et cif ;

« **Emet le vœu** :

« Que la signification de ces clauses et de toutes celles « ayant trait aux contrats de transport et de vente inter- « nationaux soit codifiée et définie avec précision dans « un recueil international, établi par les soins de la Cham- « bre de commerce internationale qui lui assurera une « large publicité. »

Ce vœu n'est pas resté à l'état platonique et la Chambre de commerce internationale l'a fait suivre en 1923 de la publication de sa circulaire n° 43 qui, sous le titre général de « Termes communaux », réunit les définitions des termes fob et cif (ou caf) entre autres, dans treize pays différents (Belgique, Chili, Danemark, Espagne, Etats-Unis d'Amérique, France, Grande-Bretagne, Italie, Japon, Norvège, Pays-Bas, Suède, Tchécoslovaquie).

Ce recueil, très clair et facile à consulter, constitue un dictionnaire pratique indispensable dans l'examen des contrats caf en droit comparé.

2° *Association internationale de droit (International Law Association)* (1). — De son côté, l'Association

(1) Le dossier constitué par la Commission du contrat caf de la Branche française de l'Association internationale de droit à l'occasion de la Conférence de Vienne (août 1926) a été fort obligeamment mis à notre disposition par Mlle M. Haller, secrétaire de cette

internationale de droit, considérant que le droit comparé ne doit être qu'une étape vers l'internationalisation du droit, s'est efforcée de dégager de l'examen des différents contrats caf français ou étrangers des règles communes et des principes immuables.

Ces règles fort larges et compréhensives, puisqu'elles doivent « convenir à Marseille comme à Nantes, Gênes ou Rotterdam », condensées en un formulaire commode, fixeront « en quelques articles limpides la somme des « obligations et des droits de ceux qui traitent en caf ».

Les différents Comités nationaux (allemand, anglais, danois, français, néerlandais) se sont mis au travail et les résultats de leurs recherches ont été comparés et discutés lors de la conférence tenue à Vienne en août 1926 par l'Association internationale de droit.

C'est le projet français, le plus complet, qui servit de base à la discussion. Il comporte vingt-quatre règles réunies en brochure par l'Association internationale de droit (Branche française) sous le titre de « Projet de règles du contrat caf ».

Le rapport qui l'accompagne, présenté par M. Jean Renard, rapporteur de la Commission du contrat caf de la Branche française — et au nom de cette Commission — donne d'intéressantes précisions sur la méthode de travail suivie dans la rédaction de ces règles (1).

La Commission « s'est mise à l'école même des affai- « res. A côté des vues fragmentaires que donneront de « la vente caf les tribunaux ou les auteurs, elle a essayé

Commission.

Nous la prions de trouver ici l'expression de nos sincères et vifs remerciements.

(1) Projet de règles du contrat caf, p. 11.

« d'en saisir le mécanisme sur le vif. Elle a donc réuni
« le plus grand nombre des contrats en vigueur sur les
« diverses places. Nulle part, en effet, mieux que dans
« leurs clauses ne s'exprime l'usage que font du caf à un
« moment donné tel pays ou telle profession. Grâce à
« cette dissection pratiquée sur un grand nombre de pro-
« formas, la Commission est arrivée, croit-elle, à discer-
« ner l'important du secondaire, la règle à mettre en
« relief du domaine abandonné à la convention des
« parties ».

Ainsi s'explique la ressemblance frappante que l'on
relève entre certaines des clauses élaborées par la Commission et les dispositions des contrats-type. En particulier, les règles 14 et 15 ayant trait aux obligations du
vendeur pourraient être tirées des formules de la
L. C. T. A.

Règle 14. — « Le connaissement régulièrement en-
« dossé, la police d'assurance, la facture d'origine certi-
« fiée et légalisée et, s'il y a lieu, le certificat de poids et
« de qualité seront joints à une traite établie pour le mon-
« tant de la facture et représentant désormais la marchan-
« dise qui voyage.

« Le vendeur les adressera à l'acheteur avec le maxi-
« mum de diligence.

« Dans les cas où ils parviendraient postérieurement à
« l'arrivée du navire, le vendeur fournira sans retard à
« l'acheteur une garantie de banque suffisante pour la
« remise du jeu des documents complets ou des pièces
« manquantes et pour les conséquences éventuelles du
« retard. Les frais occasionnés par le retard dans la pré-
« sentation des documents seront à la charge du ven-
« deur. »

Règle 15. — « Dans tous les cas, le vendeur sera tenu
« de spécialiser la marchandise vendue en faisant con-
« naître à l'acheteur aussitôt qu'il les reçoit les rensei-
« gnements relatifs à la date de l'embarquement des lots,
« au navire porteur, aux marques et classement des lots.

« A l'arrivée de la marchandise, il pourra, en l'absence
« du connaissement, lui substituer un bon de livraison
« garanti par une banque. »

Ces règles abandonnent donc d'une façon définitive
« la règle d'origine marseillaise de la spécialisation
« nécessaire avant l'ouverture des panneaux » (1) et con-
sacrent l'indépendance absolue de la spécialisation et
de la remise des documents.

Sans doute, ces règles ne sont-elles encore qu'à l'état
de projet. La Conférence de Vienne s'est séparée en se
contentant d'émettre le vœu de voir « pousser l'étude de
« la question en ce qui concerne le contrat caf en général,
« mais plus particulièrement dans le but de formuler des
« règles communes susceptibles d'être appliquées au con-
« trat caf et de prier le Comité du contrat caf de poursui-
« vre l'étude de la question en coopération avec la Cham-
« bre de commerce internationale et de faire un rapport
« sur la question à la prochaine conférence de l'Associa-
« tion ».

Mais l'esprit même dans lequel ces études sont entre-
prises est l'indice d'une profonde modification dans la
façon d'envisager les contrats caf et marque le désir bien
net de sortir des sentiers battus pour suivre les progrès
de la pratique.

Le contrat de Londres considéré trop souvent par
les tribunaux comme un ensemble de dérogations au

(1) Projet de **règles** du contrat caf, p. 11.

contrat caf se voit ainsi investi d'une autorité nouvelle .

Nous pouvons, dès à présent, envisager le moment où ses dispositions essentielles constitueront le droit commun du caf.

Formule n° 65.

Règles de bonifications pour mélanges de corps étrangers adoptées par la L. C. T. A. pour le grain vendu sur base de la formule de contrat n° 3, à savoir : Marchandises de provenance de l'Inde Orientale autres que le blé.

La L. C. T. A. a estimé plus simple de réunir en un seul tableau toutes ces bonifications et d'éviter d'en surcharger le contrat n° 3 qui ne règle que les questions d'ordre général et renvoie à ce tableau.

Ce tableau n° 65, à la clause : « Admixture » [mélanges], comprend 10 subdivisions : orge, maïs, pois blancs, pois verts, lentilles, etc...

Les bonifications sont différentes suivant les marchandises : pour l'*orge* par exemple :

Jusqu'à une proportion de 3 0/0 les poussières, graines non farineuses et autres corps étrangers seront bonifiés par le vendeur au prix du contrat ;

Tout ce qui dépasse 3 0/0 sera bonifié au double du prix du contrat ; les graines farineuses dépassant 2 0/0 (autres que blé ou orge) seront estimées à moitié du prix du contrat.

Les règles pour les autres marchandises sont analogues.

Formule n° 66.

Règles pour déterminer le poids naturel du blé de la Plata et seigle de la Plata.

La détermination du poids naturel est très importante puisqu'une grande partie des ventes cif de blé Plata sont traitées sur poids naturel.

Lorsqu'un poids naturel est garanti au débarquement, la prise d'échantillons est obligatoire, que ce soit pour un chargement entier ou une parcelle. Les échantillons seront préle-

vés sur la partie saine des marchandises et de la même façon
que s'il s'agissait d'un arbitrage (Cf. formule 71). Il est pris
2 bushels (1) au moins pour les quantités inférieures à
1.000 tonnes et 4 bushels au moins pour les quantités de
1.000 tonnes et au-dessus.

Les sacs d'échantillons sont cachetés contradictoirement
par les chargeurs et les réceptionnaires ou leurs représentants
et envoyés à Londres, au siège de la L. C. T. A. Ils deviennent la propriété de l'Association.

Au reçu de ces échantillons, le Secrétaire de l'Association
ou tout autre personnage officiel autorisé procède au mesurage et pesage de tous les échantillons. Cette opération est
effectuée 5 fois sur la balance de 20 litres (2).

L'Association délivre un certificat donnant le poids naturel
moyen ; ce certificat est final.

Le poids naturel de la partie saine du chargement ou de
la parcelle est pris pour poids naturel de l'ensemble.

Les frais de constatation de poids naturel sont supportés
par moitié par l'acheteur et le vendeur.

(1) Il s'agit de tonnes anglaises de 2.240 livres anglaises, soit
1.016 kilos environ.

Le bushel est une mesure de volume fort employée dans le commerce de céréales. Un bushel correspond environ à 36 litres 350.

(2) Balance de 20 litres. Un des types de balance employé pour
mesurer d'une façon précise le poids naturel des céréales. Cet
appareil se compose, en gros, d'un récipient contenant exactement
20 litres ; ce récipient une fois rempli on procède à la pesée. On
obtient le poids par 20 litres. Une simple multiplication donne le
poids naturel à l'hectolitre. La grande difficulté est de remplir très
exactement le récipient de 20 litres, et d'obtenir en particulier
que le grain se tasse de façon régulière. On y parvient à l'aide de
différents systèmes également ingénieux dont le principe général
est de faire tomber le grain à mesurer, d'un récipient plus grand
où on le verse d'abord.

Les principaux autres instruments permettant la mesure des
poids naturels sont : 1° la trémie conique : mesure d'un demi-hectolitre ; 2° la balance Sommer et Runge, de 1 litre ou 1/4 de litre.

Pour plus amples détails, consulter l'excellent ouvrage de Van
Hissenhoven déjà cité, *Le commerce international des grains*, en particulier, p. 237 et suiv.

Bonifications :

1° Tout d'abord, toutes les fois que l'on demandera une bonification pour infériorité de qualité, les arbitres devront, pour en déterminer le montant, tenir compte de la bonification qui aura déjà pu être accordée pour manquant de poids naturel garanti ;

2° *Bonifications pour différence de poids naturel :*

a) Poids naturel garanti en livres anglaises (pounds) par bushel :

Jusqu'à différence de 2 lbs ou au-dessous : 1 1/4 0/0 par livre.

Pour une différence de 2 lbs à 4 lbs : 1 1/4 0/0 par livre pour les 2 premières livres, 2 0/0 par livre pour les 3e et 4e livres.

Les fractions de lbs en proportion :

Différence de plus de 4 livres : bonification à déterminer par arbitrage.

b) Poids naturel garanti en kilos par hectolitre :

Jusqu'à différence de 2 kilos 1/2 : bonification 1 0/0 par kilo.

Différence de 2 1/2 à 5 kilos : bonification 1 0/0 par kilo pour les 2 1/2 premiers kilos ; bonification 1,6 0/0 par kilo à partir de 2 1/2 jusqu'à 5 kilos.

Fraction de kilo en proportion :

Au-dessus de 5 kilos : bonification à déterminer par arbitrage.

Formule n° 37.

Echelle des bonifications pour différences du poids naturel garanti du blé autre que le blé de la Plata.

Un point intéressant :

Une tolérance de 1 0/0 sur le *poids naturel garanti à l'embarquement* est accordée pour la perte de poids naturel pendant le voyage (par suite de dessiccation, etc...), excepté pour les embarquements Baltique et Ports Russie Nord.

Les bonifications analogues à celles accordées pour les blés Plata se calculent sur les différences de poids naturel supérieures à la tolérance de 1 0/0.

Lorsque le poids naturel garanti comporte une marge : par

ex. 61-62 lbs (1) (au bushel), il n'y a lieu à bonification que si le poids naturel est inférieur au plus petit des poids naturels (61 lbs) et la tolérance de 1 0/0 se calcule également sur le poids minimum.

Poids naturel garanti au débarquement. — Aucune tolérance n'est admise pour freinte de route.

Les autres règles sont semblables à celles de la formule 66.

Formule n° 68.

Règles pour la détermination de poids naturel du *seigle* au port de déchargement, autre que le seigle de la Plata.

Règle 1. — Constatation du poids naturel.

Si le réceptionnaire demande que le poids naturel soit constaté, cette opération a lieu à bord du navire ; effectuée en commun par chargeur et réceptionnaire ou leurs agents.

On prélève dans la cale 1 hectolitre ou 1 bushel de seigle sain pour 100 unités de 480 livres anglaises, ou l'équivalent en unités de poids étrangères (2).

La pesée a lieu sur le pont même du navire durant le débarquement. La moyenne des pesées de tous les hectolitres ou bushels prélevés est prise comme poids naturel moyen du chargement.

Toutes ces opérations se font à frais communs entre réceptionnaire et chargeur.

Poids naturel garanti à l'embarquement. — Tolérance de 1 0/0 pour freinte de route.

---

(1) 61-62 lbs au bushel correspondent environ à 77 kilos à l'hectolitre.

(2) Ces chiffres peuvent paraître étranges à première vue ; mais ils s'expliquent facilement quand on considère la confusion qui existe entre les unités pratiques anglaises de poids et de capacité. Nous avons vu que le bushel est une mesure de capacité de 36 l. 350 environ. Un bushel de seigle pèse en moyenne 56 lbs.

Le quarter impérial, mesure de capacité, comporte 8 bushels, mais dans le commerce des céréales, on considère un quarter pratique variable qui, pour le seigle, équivaut à 8,57 bushels.

Une simple multiplication donne 480 lbs environ au quarter. On prend donc un bushel par 100 quarters.

Les bonifications sont calculées déduction faite de cette tolérance.

Poids naturel garanti avec une marge (9,10 à 9,15 pouds par chetwert) (1). On prend le poids moyen comme base pour la déduction de 1 0/0 pour tolérance (et non le poids minimum comme pour les blés).

Poids naturel garanti au débarquement. — Aucune tolérance pour freinte de route.

Bonifications :

1° Tableau pour les marchandises déchargées dans le United Kingdom, le Royaume-Uni de Grande-Bretagne et d'Irlande. Les bonifications calculées sur base d'un poids exprimé en lbs par bushel ;

2° Tableau pour les marchandises déchargées sur le Continent Européen par opposition avec le U. K. Calculées sur base d'un poids exprimé en kilos par hectolitre.

Ces tableaux ne s'appliquent pas à la portion d'une cargaison pour laquelle a été accordée une bonification en vertu d'une clause « Rye terms », le grain étant en mauvais conditionnement.

Formule n° 69.

Echelle des bonifications pour différences sur le poids naturel garanti des *avoines* et règles de détermination du poids naturel au port de déchargement.

Constatation du poids naturel. — Le prélèvement se fait à raison d'un hectolitre ou bushel par 100 unités de 320 lbs ou 304 lbs (2).

Les autres règles, analogues à celles de la formule 68 pour le seigle.

Poids naturel garanti à l'embarquement. — Tolérance 1 0/0 pour freinte de route. Bonifications suivant tableau.

Poids naturel garanti au débarquement. — Pas de tolérance pour freinte de route.

(1) Mesures russes de poids et capacité.

(2) Même remarque que pour le seigle. Le bushel d'avoine pèse : 32 lbs pour les avoines Amérique, le quarter pratique d'avoine comprend 10 bushels et pèse donc 320 lbs.

Formule n° 70.

Echelle des bonifications pour manquants sur poids naturel garanti de *l'orge* et règles pour la détermination du poids naturel au port de déchargement.

Constatation du poids naturel. — Prélèvement d'un hectolitre ou bushel par 100 unités de 400 lbs anglaises (1).

Autres règles analogues à la formule 68 pour le seigle.

Poids naturel garanti à l'embarquement. — Tolérance 1 0/0 pour freinte de route.

Bonifications suivant tableau.

Poids naturel garanti au débarquement. — Pas de tolérance pour freinte de route.

Lorsque le poids naturel garanti au contrat dépasse 54/55 lbs par bushel, toute bonification est réglée par arbitrage.

Formule n° 71.

Règles pour la prise d'échantillons au port de débarquement pour le grain autre que celui vendu suivant les formules du contrat de l'Inde Orientale qui comportent une clause : Echantillonnage et analyse.

Le mot « *cacheté* » veut dire cacheté contradictoirement par le vendeur et l'acheteur ou leurs représentants :

1° Sacs employés pour la prise d'échantillons ni glacés ni blanchis.

Taille : Ils doivent contenir au maximum :

2 lbs s'il s'agit de chargements entiers ;

1 lb s'il s'agit de parcelles ;

(1) Même remarque que pour le seigle. Le bushel d'orge pèse 48 lbs. Le quarter pratique d'orge comprend 8 bushels 333 et pèse donc 400 lbs.

Toutes ces différences et ces chiffres étranges s'expliquent par le fait que des marchandises légères (avoines en particulier...) se tassent quand elles sont en grande quantité. Si l'on verse 8 mesures de 1 bushel dans un récipient contenant 1 quarter (c'est-à-dire 8 bushels), le récipient ne sera pas plein pour l'avoine, il faudra encore ajouter 2 bushels. Le quarter pratique aura donc 10 bushels.

3 lbs s'il s'agit de grain endommagé (parcelles ou chargements entiers).

Un échantillon doit représenter 50 tonnes ou 250 quarters
s'il s'agit de chargements entiers ; 100 quarters s'il s'agit de
parcelles.

Chaque sac d'échantillon doit être, pour servir à l'arbitrage,
cacheté et porter le nom du navire, la quantité représentée
par l'échantillon, la date de la prise d'échantillon ;

2° Les sacs d'échantillon sont puisés dans des sacs de
toile à voile, eux-mêmes remplis d'une façon fixée à l'avance
et différente suivant les sacs.

a) *Grain déchargé dans les sacs d'origine.*

Autant que possible, un prélèvement est effectué sur chaque sac percé à l'aide d'une lance d'un modèle approuvé par
la L. C. T. A. que l'on vide dans les sacs de toile à voile dont
le modèle est également approuvé par la L. C. T. A.

b) *Grain déchargé par élévateur.*

Echantillons prélevés dans la cale à intervalles réguliers
convenus d'avance entre acheteur et vendeur en fonction du
nombre de tonnes par heure déchargées par l'élévateur.

c) *Grain arrivant en grenier ou chargé en grenier dans la
cale et non travaillé par l'élévateur.*

Echantillons prélevés autant que possible de chaque sac,
seau et autre récipient.

Les sacs de toile à voile eux-mêmes doivent être cachetés
contradictoirement chaque fois que le travail est interrompu,
pendant les heures de repas par exemple, et placés dans un
endroit convenable du navire, la chambre des cartes par
exemple, ou dans une caisse munie de deux cadenas différents, l'acheteur et le vendeur ayant chacun la clé d'un seul
de ces cadenas.

Les échantillons sont envoyés au siège de la L. C. T. A.
quand le déchargement est terminé si l'arbitrage a été
demandé.

En cas de déchargement du grain à Londres, toutes ces
règles ne s'appliquent pas, la méthode à suivre pour la prise
d'échantillons doit être réglée d'accord par les parties.

Grain endommagé. — Doit être réparti en catégories et

des échantillons prélevés au moment de la pesée, ou au moment du déchargement, si la pesée ne s'effectue pas à la sortie du navire.

Un échantillon cacheté pour chaque catégorie doit être envoyé au siège de la L. C. T. A. dans les 48 heures de la fin du déchargement ou quand la répartition en catégories est terminée.

Formule n° 72.

Clauses d'assurances (1).

Clauses d'assurances convenues entre la London Corn Trade Association et l'Institut des assureurs maritimes de Londres (2).

(1) La plupart des clauses d'assurances maritimes en usage se trouvent réunies et traduites dans un ouvrage publié à Londres par Witherby et C°, éditeurs spécialistes de livres traitant des questions d'assurances et qui a pour titre *Marine Insurance Clauses*, sans nom d'auteur. Consulter aussi *Marine Insurance for the Shipper*, par Josuah Lea, publié par le *Manchester Guardian*. Manchester, 1922 ; *Mémorandum de l'assurance*, par M. K .G. R. Vaizey. Circulaire n° 43 de la Chambre de commerce internationale, p. 60.

(2) *L'Institut des assureurs maritimes de Londres*. — « The Institut of London Underwriters » est l'association des compagnies anglaises d'assurances les plus importantes et les plus anciennes, celles que l'on appelle les « Tariff Companies ». Ces Compagnies se sont groupées pour éviter la concurrence et l'Institut fixe le taux minimum des primes et les conditions d'assurance des différents risques. Son activité se manifeste particulièrement dans la rédaction de clauses-type d'assurance connues sous le nom de « Institute Clauses », c'est-à-dire Clauses de l'Institut... Il existe des clauses pour l'assurance des navires, du fret et des facultés.

Cet Institut convient, d'accord avec certaines associations corporatives, des clauses spéciales d'assurances qui deviennent le droit commun de l'assurance pour cette branche particulière de commerce.

En particulier, d'accord avec la L. C. T. A., l'Institut a rédigé la clause ci-dessus, connue sous le nom de clause F. P. A. du commerce des grains, clause qui reproduit, sauf modification de détail, la clause F. P. A. générale de l'Institut.

Il est difficile de parler de l'assurance en Angleterre sans citer le

F. P. A. Clause. — Clause « Franc d'avaries particuliè-res » (1) 1907, modifiée 1er mars 1912, 1er août 1922.

nom du Lloyd's, qui présente cette particularité que chacun de-membres associés du Lloyd's contracte en son propre nom et sous-crit une part bien déterminée du montant assuré. Un fonds de garantie est néanmoins constitué qui s'élève actuellement à plusieurs millions de livres. Le Lloyd's a aussi une police-type pour l'Assu-rance maritime : la police du Lloyd's. Les clauses en sont peu dif-férentes de celles de l'Institut des Assureurs. L'assurance ne cons-titue qu'une partie de l'activité du Lloyd's et l'on connaît le rôle du « Committee of Lloyd's » et du « Lloyd's Register of Shipping » dans toutes les branches de la navigation maritime.

(1) *Avarie particulière.* — L'avarie particulière se définit à partir de l'avarie générale. La définition qu'en donne le Marine Insurance Act anglais du 21 décembre 1906 est la suivante :

Art. 64. — 1º « Une perte par avarie particulière est une perte par-« tielle de la chose assurée causée par un péril que couvre l'assu-« rance et ne rentrant pas dans la catégorie des pertes par avarie « commune. »

2º « Les frais encourus par l'assuré ou pour son compte pour la « sécurité ou la préservation de la chose assurée et qui ne sont ni « des frais d'avarie commune ni des frais de sauvetage s'appellent « frais particuliers. Les frais particuliers ne sont pas compris dans « l'avarie commune. »

Art. 65. — 1º « Une perte par avarie commune est une perte causée « par un acte d'avarie commune ou qui en est la conséquence « directe. Elle comprend une dépense d'avarie commune aussi bien « qu'un sacrifice d'avarie commune. »

2º « Il y a acte d'avarie commune quand un sacrifice extraordinaire « est fait ou une dépense extraordinaire encourue volontairement « et raisonnablement en un moment de danger dans le but de pré-« server la propriété exposée au danger dans l'aventure commune. »

Comparer cette définition de l'avarie commune à celle donnée au Congrès de l'International Law Association tenu à Stockholm en septembre 1924 et qui est devenue la règle A des règles d'York et d'Anvers 1924. [Les avaries communes : *Règles d'York et d'Anvers 1924*, par James Paul Govare, Paris, 1925.]

« Il y a acte d'avarie commune quand et seulement quand, in-« tentionnellement et raisonnablement, un sacrifice extraordinaire « est fait ou une dépense extraordinaire encourue pour le salut « commun, dans le but de préserver d'un péril les propriétés enga-

« Franc d'avarie particulière à moins que le navire et/ou
« l'embarcation n'ait échoué, coulé, brûlé ou fait collision
« avec un autre navire ou vaisseau, ou à moins que la perte
« ou le dommage subi par la chose assurée ne puisse raison-
« nablement s'attribuer au feu ou au contact (à l'exclusion
« de la collision avec un autre navire ou vaisseau) de l'em-
« barcation et/ou navire avec quelque substance (y compris
« la glace) autre que l'eau ou encore au déchargement de la
« marchandise à un port de relâche.

« Mais seront remboursés les frais de déchargement, de
« magasinage et d'expédition et les frais spéciaux s'il y en a,
« ainsi que toute perte partielle résultant du transbordement ;
« fera également l'objet d'une indemnité toute partie de la
« cargaison condamnée à un port de relâche par suite de
« périls contre lesquels l'assurance est effectuée. Y compris
« les risques d'embarcations, de radeaux et ou allèges em-
« ployés au chargement et au déchargement des navires.
« Chaque embarcation, radeau ou allège sera censé être l'ob-
« jet d'une assurance distincte.

« Les assurés ne seront préjudiciés par aucune convention
« exonérant les gabariers (patrons des allèges) de responsa-
« bilité.

« Il est aussi expressément convenu ici que la présence
« dans les connaissements et/ou la charte-partie de la clause
« de négligence et ou défaut caché ne portera aucun préju-
« dice à la présente assurance (1). La navigabilité des vapeurs

« gées dans une aventure maritime commune. »

Le Code de commerce français, article 400, donne également une définition ou plutôt une énumération des avaries communes et, dans l'article 403, des avaries particulières. Mais ces articles ne s'appliquent qu'à défaut des conventions spéciales entre les parties [aux termes mêmes de l'article 398], conventions qui, dans le commerce international, existent toujours. Cf. sur toutes ces questions des assurances maritimes et des risques de mer le tome III du droit maritime de G. Ripert.

(1) *Clause F.P.A.* — L'examen de cette clause permet de voir qu'en somme la police ne couvre pas les avaries particulières qui pourraient arriver à la marchandise, si le navire n'a pas lui-même subi une avarie grave. Le type de ces avaries non couvertes par

« ou vaisseaux est ici admise pour les rapports entre assu-
« reurs et assurés (1). Avec faculté de naviguer avec ou sans
« pilotes, et de remorquer et assister vaisseaux ou embarca-
« tions dans toutes situations et d'être remorqué.

« L'avarie commune et les frais de sauvetage se régleront
« suivant le règlement — dispache étrangère — effectué à
« l'étranger ou suivant les règles d'York Anvers si cela est
« conforme au contrat d'affrètement (2).

l'assurance serait l'endommagement de la marchandise par de l'eau
de mer qui aurait pu pénétrer dans les cales par un hublot ouvert
ou les avaries que pourrait occasionner un mauvais arrimage.

(1) Le sens de cette formule est le suivant : Les clauses de non
responsabilité qui jouent dans les rapports entre chargeurs et
transporteurs sont *Res inter alios acta* dans les rapports entre
chargeurs et assureurs, ce qui est évident, et de plus les chargeurs
ne sont pas en faute vis-à-vis de l'assurance pour avoir souscrit à
des clauses qui peuvent enlever à l'assurance tout recours contre le
transporteur.

Même idée pour la clause de navigabilité.

L'utilité de l'insertion expresse de ces clauses vient du fait que
dans l'esprit de l'assureur anglais, le bon état de navigabilité du
navire est implicitement garanti par son co-contractant, sauf convention contraire.

Une autre garantie implicitement donnée par l'assuré est que le
voyage sera direct : d'où l'utilité de l'insertion de la clause qui permet les déviations et changements dans le voyage, moyennant
paiement d'une prime supplémentaire.

Ces atténuations s'expliquent par le fait que l'assureur ne peut
exiger plus de l'assuré que celui-ci ne peut lui-même obtenir de
son transporteur, qui impose les clauses de non responsabilité, de
négligence, etc...

(2) *Avarie commune.* — Cf. nº 3. Les frais de sauvetage sont défi-
nis par l'article 65 du Marine Insurance Act 1906 :

1º « Sous réserve de toute disposition expresse contenue dans la
« police, les frais de sauvetage encourus pour empêcher une perte
« par des périls que couvre l'assurance peuvent être recouvrés
« comme perte causée par ces périls » ;

2º « L'expression « frais de sauvetage » désigne les frais auxquels
« a droit un sauveteur en vertu de la loi maritime et indépendam-
« ment de tout contrat. Ces frais ne comprennent pas le coût de
« services de la nature d'un sauvetage rendus par l'assuré lui-même

« Demeurera couvert moyennant une prime à convenir en
« cas de déviation ou de changement de voyage ou de toute
« autre modification du risque par suite de l'exercice de toute
« faculté accordée à l'armateur ou à l'affréteur aux termes du
« contrat d'affrètement, ou si est encouru un risque supplé-
« mentaire d'embarcation ou en cas d'omission ou d'erreur
« dans la description de l'intérêt du navire ou du voyage (1).

« Les marchandises assurées sont couvertes sous réserve
« des conditions de la présente police, à partir du moment
« où elles quitteront le magasin des expéditeurs ou des fabri-
« cants, durant le cours ordinaire de leur transport jusqu'à
« bord du navire, pendant leur transbordement le cas échéant
« et après avoir quitté le navire, pendant leur séjour sur les
« quais et débarcadères ou dans les hangars et durant le
« cours ordinaire de leur transport jusqu'à ce qu'elles soient
« déposées en sûreté dans le magasin des consignataires ou
« dans quelque autre magasin, au lieu de destination nommé
« dans la police.

Clause risque de guerre (2). — « La présente police couvre
« aussi les risques exclus par les clauses :

« ou par ses agents, ou par un tiers quelconque employé moyen-
« nant rémunération par eux dans le but d'écarter un péril couvert
« par l'assurance. De telles dépenses, si elles ont été régulièrement
« encourues, peuvent se recouvrer comme frais particuliers ou
« comme perte par avarie commune suivant les circonstances dans
« lesquelles elles ont été encourues. »
Les règlements d'avarie donnent lieu à des calculs assez compli-
qués qui sont effectués par des spécialistes appelés dispacheurs.

(1) *Clause de déviation.* — Cf. la note 1, p. 373.
(2) Clause ajoutée en 1919.
La rédaction de cette clause est bizarre.
Elle s'explique par le fait que la police couvrait à l'origine certains
risques de guerre. La clause : « F. C. et S. Clause » free capture and
seizure clause, clause « franc de capture et de saisie » annula cette
partie de la police. La clause « risque de guerre » remet les choses
en l'état primitif puisqu'en fait elle revient à barrer la clause F. C.
et S. ; mais en même temps, elle précise certains points laissés de
côté dans la rédaction originale : risques de torpilles... et risques
de grève.

« Franc de capture, saisie-arrêt, contrainte ou détention et
« de leurs conséquences ou de toute tentative visant à ces fins
« (piraterie exceptée), ainsi que de toutes les conséquences
« d'hostilités ou d'opérations belliqueuses, que ce soit avant
« ou après la déclaration de guerre.

« Franc de perte ou de dommage causé par grévistes, ou-
« vriers renvoyés en conséquence d'un lock-out ou personnes
« prenant part à des troubles ouvriers, ou à des émeutes, ou
« commotions civiles.

« Néanmoins, la présente police est, de convention expresse,
« franche de tout recours fondé sur la perte ou la frustration
« du voyage assuré ou de l'expédition assurée, causée par
« arrêts, contraintes ou détentions par ordre des Rois, princes
« ou peuples.

« De convention expresse, la présente police est franche de
« tout recours fondé sur un retard.

« Y compris les risques de mines et/ou torpilles et ou bom-
« bes.

« Les recours résultant de ces clauses ne sont pas soumis à
« la convention de F.P.A. »

Clause du Harter Act et du Canadian Act (1). — « L'assuré

(1) Cette clause pour les contrats Amérique du Nord.

Le Harter Act américain de 1893 et l'Acte canadien de 1910 sont
des textes législatifs dont le but est de régler les rapports entre
chargeurs et transporteurs.

L'insertion dans les connaissements de clauses limitant la responsabilité du transporteur est interdite.

Mais la responsabilité du transporteur est en même temps étroitement limitée par la loi.

La traduction française du texte du Harter Act 1893 se trouve
dans l'*Annuaire de législation étrangère*, 1906, p. 796. M. Ripert
l'étudie dans son *Droit maritime*, t. II, § 1805 et suiv., dont nous
tirons les explications qui suivent :

« La section 3 de l'Harter Act déclare l'armateur non responsable
« des avaries ou pertes résultant des fautes ou erreurs commises
« « in navigation or in the management » pourvu qu'il ait fourni
« la « due diligence » avant le départ.

« La loi américaine fait donc une distinction entre les fautes du
« capitaine et renonce pour certaines de ces fautes à la responsabi-

« demeure couvert contre dommage ou perte résultant de
« fautes ou erreurs dans la navigation ou dans la conduite du
« navire pour lesquelles le vaisseau, son ou ses propriétaires,
« agent ou affréteurs, est ou sont exonérés de responsabilité
« en vertu de la section 3 de l'acte du Congrès des Etats-Unis,
« approuvé le 13 février 1893 et/ou en vertu de la section 6 de
« l'Acte canadien de transport de marchandises par eau de
« 1910 ; mais rien dans la présente clause ne limitera ou affec-

« lité de l'armateur. Elle exige, pour admettre cette irresponsabilité,
« que l'armateur n'ait commis aucune faute personnelle.

« Le principe est donc très net, l'application est délicate. Il faut
« savoir ce que signifient les expressions non traduites, c'est-à dire
« quelles sont ces fautes du capitaine dont l'armateur ne répond
« pas et quelles sont celles de ces fautes personnelles qui ne lui per-
« mettent pas de se prévaloir de l'exonération légale. »

M. Ripert arrive à la conclusion que le « management » comprend
les faits qui contribuent à la bonne navigation du navire sans rentrer dans la direction nautique. Des fautes dans le « management »
seront par exemple une fuite d'eau dans la canalisation, le fonctionnement défectueux des appareils du bord. Toutes les fautes
commises dans le « management » ou la navigation proprement dite
sont des fautes nautiques qui s'opposent aux fautes commerciales
telles que fautes commises dans le chargement et l'arrimage, la
garde, la livraison des marchandises.

L'Harter Act exonère de plein droit l'armateur des fautes nautiques, mais lui interdit de s'exonérer des fautes commerciales.

« L'armateur n'est d'ailleurs exonéré de plein droit de la respon-
« sabilité des fautes nautiques commises par ses préposés que s'il a
« fait diligence pour que le navire soit en état de tenir la mer et
« pour qu'il soit convenablement armé, équipé et approvisionné.

« Il a l'obligation d'établir qu'il a fait la diligence nécessaire. »

Au point de vue des relations entre assureur et chargeur, l'Harter
Act est considéré comme une clause conventionnelle de non responsabilité du transporteur *Res inter alios acta* (cf. note 1, p. 373).

Si le fait qui a occasionné la perte est couvert par les clauses
d'assurance et d'un autre côté peut donner lieu à une poursuite
contre le transporteur, l'assureur ayant payé l'indemnité d'assurance se trouve subrogé dans les droits de l'assuré contre le tiers
responsable.

Ce n'est là qu'un rappel du droit commun.

« tera l'un quelconque des droits que les assureurs maritimes
« pourraient avoir par subrogation, ou autrement, contre les
« propriétaires dudit vaisseau.

« Les recours résultant de cette clause ne sont pas soumis
« à la convention de F.P.A. »

Depuis le 1er décembre 1926, la formule d'assurance contient
également la « Australian Sea Carriage of Goods Act Clause »
introduite à la suite de l'insertion dans les connaissements
d'Australie d'une clause analogue à la Harter Act Clause et à
la clause de l'Acte canadien.

Cette insertion est ordonnée par le « Commonwealth of
Australia Sea Carriage of Goods Act 1924, article 4 », acte
réglant le transport des marchandises par mer du Commonwealth d'Australie.

Formule n° 73.

Table d'équivalence des poids naturels en :

lbs par bushel ;
kilos par hectolitre ;
pouds par chetwerts.

Formule n° 74.

Note de contrat pour emploi limité au continent :

Acheté de.....
Vendu à.....

Tous les termes, conditions et règles contenues dans le
contrat n°.... de la L.C.T.A. (dont les parties reconnaissent
avoir pris connaissance) seront, à moins de modifications ou
variantes, mentionnés ci-dessus comme « conditions spéciales », sont réputés incorporés dans cette note de contrat et en
faire partie.

Traduit de l'anglais (1).

London Corn Trade Association.
N° 41.

Contrat pour grain de la Plata (vapeur ou Motor-boat).
Parcelles pour le Continent Rye terms.
Publié le 1er août 1922, amendé le 1er décembre 1924.

Londres, le. . . . . . 19. . .

Acheté de. . .

Vendu à. . . . . aux conditions et règles imprimées au verso de ce contrat.

Qualité. — Qualité moyenne des embarquements de la saison, à l'époque d'embarquement du poids mentionné ci-dessous.

Poids naturel. — Poids naturel de. . . . . kgs par hectolitre garanti à l'époque et au lieu de. . . . . à constater et à déterminer. . . . . Le grain n'est pas garanti exempt de défauts, le rendant sans valeur marchande, qui ne seraient pas apparents après un examen raisonnable, nonobstant tout règlement ou loi à effets contraires.

Embarquement en bonne condition.

Classification du navire. — Par vapeur et ou vapeurs et ou motor-boat et ou motor-boats de première classe. . . . .d'une classification ne devant pas être inférieure à **90 A 1** ou corporation britannique **B. S..**, ou classification équivalente dans le registre américain, français, italien, norvégien ou autre registre similaire, d'un port ou de ports de la République Argentine et ou de l'Uruguay, suivant connaissement ou connaissements daté (s) ou devant être daté (s). . . . .

Embarquement. — Le connaissement doit être daté lorsque les marchandises seront actuellement à bord.

Quantité. — . . . . . soit. . . . .
2 0/0 plus ou moins.

(1) Traduction faite par un traducteur assermenté près la Cour d'appel de Paris et reproduite sans modification.

Le vendeur a le droit d'embarquer d'autres 3 0/0 plus ou moins de la qualité énoncée au contrat, tout surplus ou manquant au-dessus des susdits 2 0/0 devra être réglé sur la valeur caf à la date du connaissement et sur la quantité de ce dernier la valeur sera fixée par arbitrage à moins d'arrangement à l'amiable.

Prix du contrat. — A calculer 1016 kgs comme l'équivalent de 2240 livres anglaises, au prix de. . . . . .soit. . . . . . . par. . . . . kilos embarqués en vrac et ou en sacs, sacs comme. . . . .

Destination. — Directement ou indirectement sur. . . . . Fret et assurance inclus.

Paiement. — Paiement en France au comptant net sans escompte contre documents maritimes et ou ordre de livraison par chèque de banquier sur Banque de Londres de première classe, les acheteurs étant responsables du paiement de ces chèques.

Polices. — Certificats. — Le vendeur fournira toutes polices et ou certificats d'assurances (pour le montant original et pour la valeur additionnelle s'il y a lieu) sur la parcelle, le tout dûment timbré, et pour au moins 2 0/0 au-dessus du montant facturé, tout montant au-dessus de ces 2 0/0 étant pour le compte du vendeur, en cas de perte totale seulement ; et s'il en est requis et lorsqu'il en sera requis, en raison de réclamations envers les assureurs, le vendeur devra fournir une lettre certifiant qu'il n'existe aucune autre assurance effectuée pour son compte ou pour celui d'autres détenteurs qui l'ont précédé. L'assurance aux conditions du Lloyds, comprenant la clause des risques de guerre (ou clauses équivalentes à celle-ci) de la London Corn Trade Association, ainsi que la clause « franc d'avaries particulières » de la London Corn Trade Association, sera effectuée (au choix du vendeur) avec des assureurs britanniques approuvés et ou des Compagnies et ou des assureurs du Continent approuvés et ou des Compagnies domiciliées et payant les pertes en Europe sur la base de l'or, mais pour la solvabilité desquelles le vendeur n'est toutefois pas responsable. Toute dépense pour couvrir le risque de guerre de la London Corn Trade Association dépassant un 1/2 0/0 sera pour le compte de l'acheteur.

Déchargement. — Le navire déchargera suivant les coutumes du port.

Les clauses de grève dans le déchargement des Chartes-parties de la mer Noire, mer d'Azoff et Danube de 1890 doivent être considérées comme faisant partie de ce contrat (voir au dos).

Tous frais d'allèges réclamés par le navire en se basant sur la clause correspondante des chartes-parties de la mer Noire, mer d'Azoff et Danube 1890, devront être payés par les receveurs au prorata suivant les quantités respectives de leurs connaissements et tous les vendeurs et acheteurs, avec un contrat contenant cette clause, seront considérés comme se trouvant sous engagement réciproque entre eux aux effets ci-dessus, et seront d'accord pour soumettre à l'arbitrage toutes questions relatives à ce prorata, le règlement devant avoir lieu de la manière prévue par ce contrat pour l'arbitrage des différends. Si les documents fournis ne contenaient pas les conditions de déchargement prévues ci-dessus ou contenaient des stipulations contraires, le vendeur serait responsable envers l'acheteur pour tous les frais supplémentaires qui en résulteraient.

Unité. — L'unité de quantité pour ce contrat est de :...

Prorata. — Au cas où la quantité ci-dessus mentionnée formerait partie d'une quantité plus grande de sacs de la même marque ou de qualité similaire, soit en sacs ou en vrac, aucune séparation ou distinction ne seront nécessaires.

Toute quantité détachée, endommagée, balayures, tout surplus ou manquant dans la qualité délivrée seront partagés au prorata parmi les différents receveurs achetant sous le contrat contenant cette clause et celui d'entre eux qui recevra plus ou moins que sa part du prorata devra régler avec l'autre ou les autres au comptant au prix du marché pratiqué le jour de l'arrivée du navire (ce prix doit être fixé par arbitrage s'il ne peut être établi à l'amiable). Les vendeurs et les acheteurs d'une partie d'une quantité supérieure comme dit ci-dessus suivant contrat contenant cette clause seront censés avoir conclu des accords réciproques ensemble à l'effet ci-dessus et avoir accepté de soumettre à l'arbitrage toutes questions et revendications s'élevant entre eux ou à l'égard de l'un d'entre eux au sujet de ce prorata ou de ce règlement conformément aux règles arbitrales énoncées au dos de ce contrat.

Vendeurs et acheteurs devront donner toute aide raisonnable pour déterminer ce prorata.

Tous les vendeurs seront responsables envers leurs acheteurs respectifs pour le règlement du prorata dans un temps raisonnable.

Pesage. — Le grain sera pesé par quantité minimum de 3 sacs à la fois ou de poids égal, mais pas inférieur à 100 kilos par pesée. Si le navire déchargeait la parcelle sur le quai, empêchant ainsi le pesage précité, ce dernier serait effectué ex-quai par même quantité qu'ex-navire.

Vendeur et acheteur auront le droit d'exercer la surveillance en ce qui concerne pesage et livraison.

Manquant. — Tout manquant sur le poids du connaissement doit être payé par le vendeur et tout surplus sur le poids du connaissement doit être payé par l'acheteur au prix du contrat. Le chargement entier doit être pesé.

Rye terms. — Le conditionnement est garanti à l'arrivée (sujet à l'avarie de terre dans la qualité moyenne de la récolte de la saison). On ne pourra reprocher un léger échauffement sec n'endommageant pas le grain, mais le dommage par eau de mer ou autrement sera supporté par l'acheteur avec une bonification pour détérioration (excepté pour l'avarie de terre comme dit ci-dessus) qui sera calculée sur un pourcentage basé sur le prix du contrat et qui sera fixée par arbitrage à Londres, conformément aux règles d'arbitrage au dos de ce contrat. Des échantillons seront pris et cachetés au port de déchargement conjointement par les agents des chargeurs et du porteur du connaissement ou de l'ordre de livraison.

Avaries. — Toutes avaries seront au compte du vendeur. L'acheteur doit fournir au vendeur lors du règlement de la facture finale les documents habituels requis par les dispacheurs pour établir le règlement de l'avarie et remettre au vendeur la police ou les polices reçue (s) de lui en même temps que toutes polices ultérieures, s'il y en a, faites pour couvrir toute augmentation de la valeur cif, et donner une lettre certifiant qu'à sa connaissance il n'y a pas eu d'autres assurances effectuées ; faute de quoi l'acheteur devra payer telle contribution à l'avarie que le vendeur ne serait pas en mesure de récupérer, en conséquence. Si le règlement d'avarie est établi sur le Continent, le manquant ou le surplus doit être établi aussitôt que le rendement est connu ; et le vendeur doit payer à l'acheteur le montant dû au navire, s'il y a lieu, pour avarie générale suivant règlement lorsque l'acheteur lui remettra la police ou les polices d'assurance et les autres documents comme prévu ci-dessus, en même temps que le règlement d'avarie.

Prohibition. — Si l'exécution de ce contrat était rendue impossible par suite de prohibition d'exportation, blocus ou hostilités, le présent contrat sera annulé entièrement ou pour la partie non exécutée.

Courtage. — Le vendeur paiera à . . . . . un courtage de . . . . . pour cent sur le prix caf, contrat résilié ou non.

Le vendeur et l'acheteur conviennent que, en vue de la procédure, soit légale soit arbitrale, ce contrat sera censé avoir été fait en Angleterre et réalisé dans ce pays, nonobstant toute correspondance se référant à l'offre, à l'acceptation, au lieu de paiement ou à telle autre question et les tribunaux anglais ou les arbitres nommés en Angleterre, selon le cas, auront, sauf lorsqu'il faudra rendre exécutoire une sentence arbitrale rendue en conformité de la clause d'arbitrage de ce contrat, juridiction exclusive pour tout différend qui pourrait s'élever à l'occasion de ce contrat. Ces différends seront résolus conformément à la loi anglaise, quel que soit ou que puisse devenir le domicile, la résidence ou le siège commercial des parties au contrat. Toute partie au contrat résidant ou faisant des affaires ailleurs qu'en Angleterre ou en pays de Galles sera considérée en prévision des procédures judiciaires ou arbitrales comme résidant ordinairement ou traitant affaires aux bureaux de la London Corn Trade Association, et si elle réside en Ecosse, elle sera considérée comme ayant prorogé juridiction contre elle-même aux tribunaux anglais et si c'est en Irlande, comme s'étant soumise à la juridiction des tribunaux anglais et comme se considérant liée par leur décision.

Toute signification faite à l'une des parties en laissant copie aux bureaux de la London Corn Trade Association en même temps qu'une copie sera adressée par la poste au domicile de cette partie à l'étranger ou en Ecosse ou en Irlande sera considérée comme signification valable, nonobstant toute règle de loi et d'équité contraire.

Une différence dans la qualité ne confère pas à l'acheteur le droit de réjection à moins qu'il n'y soit autorisé par décision arbitrale ou du Comité d'appel, suivant le cas. Tous différends qui surgiraient de temps à autre de ce contrat, y compris toutes questions de droit apparaissant dans la procédure soit entre les parties, soit entre l'une des parties et le syndic de faillite de l'autre partie, seront soumis à l'arbitrage suivant les règles d'arbitrage ci-contre et cette stipulation pourra avoir force de loi devant n'importe quelle division de la Haute Cour de Justice de sa Majesté en Irlande sur demande de l'une des parties contractantes, dans le but d'exécuter une sentence contre une partie résidant ou traitant affaire en Irlande. Ni l'acheteur, ni le vendeur, ni le syndic de faillite, ni aucune autre personne ne pourra intenter une action contre l'autre au sujet d'un tel différend avant que ce dernier ait été réglé par des arbitres ou par le Comité d'appel, selon le cas, et il est expressément convenu qu'avant d'avoir le droit d'intenter une action contre l'une des parties contractantes au sujet d'une réclamation dérivant de ce contrat, la partie devra auparavant obtenir une sentence arbitrale ou d'appel, suivant le cas. Tous frais ayant trait ou se rattachant à l'exposé et à l'argumentation d'un cas spécial en vue d'obtenir l'opinion de la Cour sur une question de droit qui surgirait au cours d'un différend seront payés par la partie qui invoquerait ce recours, à moins de stipulation contraire dans la sentence arbitrale.

L'arbitrage aura lieu à Londres.

Au cas où le grain était vendu bonne qualité moyenne, un échantillon moyen de la livraison sera prélevé et cacheté conjointement au port de déchargement par les agents du chargeur et les agents des teneurs du connaissement ou du laissé-suivre émis par le chargeur, et expédié à l'Association pour établir le Standard. Les frais d'échantillonnage et d'expédition seront payés moitié par l'acheteur et moitié par le vendeur.

Clause de grève pour chargement à La Plata :

1° Si le chargement de la cargaison, en partie ou en totalité, était empêché à un moment donné, durant les derniers 28 jours de la période garantie pour l'embarquement ou à un moment quelconque durant la période garantie par contrat avec un nombre de jours inférieur à 28, en raison d'émeute, grève ou lock-out au port ou ports de chargement ou chemin de fer alimentant ce ou ces ports, le chargeur, à la conclusion de ces émeutes, grèves ou lock-outs, a droit à une période d'extension de temps, pour charger à tel port ou ports, égale à celle restant utilisable par le contrat avant que ces émeutes, grèves ou lock-outs se soient produits. En cas de non-exécution par suite des motifs indiqués ci-dessus, la date de défaut sera différée de façon similaire ;

2° Le chargeur devra notifier par câble, désignant le port ou ports d'embarquement pas plus tard que 2 jours (dimanche et jours fériés exceptés) après le dernier jour de la période garantie pour le chargement, s'il entend demander une prolongation de temps pour charger ; les ports de chargement après expiration de la prolongation seront limités suivant la notification. Ces avis devront être passés en temps voulu ;

3° Le certificat officiel de la Bolsa de Commercio de Buenos-Aires ou de Rosario, ou du chef de la douane au port ou ports de chargement, contresigné par la Bolsa de Commercio de Buenos-Aires ou de Rosario, certifiant l'existence et la durée des émeutes, grèves ou lock-outs ayant causé le délai, devra être attaché aux documents d'embarquement ;

4° Avis du commencement et de la conclusion des émeutes, grèves ou lock-outs sera câblé par le Centro de céréales à la London Corn Trade Association dans les 5 jours.

Conditions et règles (1) :

1° *Avis d'application*, avec nom du vapeur, date du ou des connaissements et quantité approximative chargée, sera donné par le chargeur du grain appliqué sur ce contrat, directement ou par l'entremise de sa maison ou de son représentant ou agent en Europe, à son acheteur endéans les 14 jours de la date des connaissements et par chaque autre vendeur endéans 14 jours ou en temps voulu s'il a reçu l'avis après cette période, si pour des causes ne dépendant pas de sa volonté l'avis du chargeur se trouvait retardé au delà de 14 jours, l'avis serait donné dans les 24 heures de l'arrivée des documents en Europe et communiqué par chaque autre vendeur à son acheteur en temps voulu après réception. Sur la demande de l'acheteur, le vendeur devra fournir copie des détails contenus dans l'avis d'application reçu par son vendeur et l'acheteur devra, sur demande, donner au vendeur un reçu écrit de l'avis d'application. Un avis d'application valide ne pourra être retiré une fois donné. Une facture provisoire, basée sur le poids des connaissements, sera envoyée de la maison du chargeur ou de son représentant en Europe à son acheteur endéans les 7 jours après l'arrivée des documents en Europe et par les autres vendeurs à leurs acheteurs respectifs en temps voulu après réception. Un avis d'application au courtier ou agent de l'acheteur sera considéré comme un avis d'application sur ce contrat. Toute application ou facture reçue après 5 heures du soir ou après midi et demi le samedi seront considérées comme ayant été reçues le jour ouvrable suivant ; si les documents maritimes n'ont pas été reçus à l'époque d'arrivée du navire au port de déchargement, les frais de mise à terre, s'il en est, seront supportés par le vendeur et bonifiés dans la facture finale, à moins que l'acheteur ait refusé de payer contre documents comme il est prévu dans la clause de paiement de ce contrat.

2° *Clause de chargement*. — Si le grain n'arrivait pas en bonne condition, une bonification serait consentie et basée sur l'époque de l'année où le chargement a eu lieu. Le fait

(1) Verso des formules.

Schwob. L. C. T. A.   25

que la parcelle arriverait en tel état ne sera pas considéré comme preuve suffisante d'un chargement en mauvais état.

3° *Preuve de chargement.* — Le connaissement sera considéré comme preuve de la date du chargement en l'absence de preuve contraire. Tout chargement appliqué en exécution totale ou partielle de ce contrat sera considéré comme un contrat séparé ; toutefois chaque connaissement ne sera pas considéré comme chargement séparé, sauf pour la date à laquelle l'application pourra avoir lieu. Dans le cas où plus d'un embarquement aurait eu lieu, chaque embarquement sera considéré comme faisant partie d'un contrat séparé, mais la marge sur la quantité moyenne vendue ne sera pas affectée.

4° *Jours fériés.* — Dimanche, Vendredi saint, lundi de Pâques, lundi de Pentecôte, le premier lundi d'août, jour de Noël et le jour ouvrable qui suivra, jours fériés légaux des pays respectifs du Continent.

5° *Défaut.* — Le fait que l'une des parties contractantes ferait défaut dans l'exécution de ce contrat donnerait à l'autre le droit de revendre ou de racheter, suivant le cas, ceci après en avoir donné avis par télégramme ou lettre à la partie qui aurait fait défaut et cette dernière devra indemniser l'autre pour toute perte subie dans la revente ou le rachat s'il y en a et ceci immédiatement sur demande. Au cas où l'une des parties aurait suspendu ses paiements, convoqué une assemblée de créanciers, déposé son bilan (s'il s'agit d'une Compagnie), demanderait au tribunal ou aux actionnaires la nomination d'un syndic, convoquerait une assemblée en vue de liquidation volontaire ou autre, elle sera considérée comme ayant fait défaut et l'autre partie, après notification par lettre ou télégramme à la partie défaillante et nonobstant faillite ou liquidation, aura immédiatement le droit de revendre ou de racheter suivant le cas, de recevoir paiement et d'être admise à la faillite, liquidation ou autre, pour toute perte s'il en est, ou devra rendre compte de tout profit, s'il en est, résultant de telle revente ou rachat.

6° *Echantillonnage.* — Les échantillons prélevés à l'époque du déchargement seront les seuls utilisés pour l'arbitrage.

7ᵉ *Réclamation d'arbitrage*. — Toute demande d'arbitrage, sauf pour qualité et ou conditionnement, sera présentée et la partie réclamante devra nommer et instruire son arbitre, pas plus tard que 12 mois après expiration du terme d'embarquement du contrat ou pas plus tard que 6 mois après déchargement final du navire, suivant celle de ces deux périodes qui expirerait la dernière, mais lorsque l'acheteur réclame l'arbitrage pour qualité et ou conditionnement sur échantillons déjà prélevés et cachetés, il devra, au cas où il serait le dernier acheteur, nommer son arbitre, en donner avis à son vendeur endéans les 10 jours après déchargement final ; s'il se trouve être un acheteur intermédiaire, il devra en informer son acheteur en temps utile après réception d'avis. Si la réclamation porte sur le conditionnement, le vendeur (s'il est le chargeur), son représentant, sa maison ou son agent en Europe, devra nommer et instruire son arbitre endéans les 3 jours ouvrables après réception de la nomination de l'acheteur ; s'il se trouve être un vendeur intermédiaire, il devra le faire en temps utile après réception de la nomination de la part de son vendeur ; si l'arbitrage se trouvait retardé par l'une des parties, sans cause raisonnable, les arbitres prendront ce délai en considération lors de la rédaction de leur sentence.

8° *Limite d'arbitrage*. — L'arbitrage sur la qualité ayant été réclamé suivant les termes de ce contrat, les parties réclamantes devront procéder à l'arbitrage endéans les 28 jours du déchargement final dans le cas de vente sur échantillon et lorsque la vente aura été effectuée sur qualité moyenne dans les 28 jours de la publication dans les listes de commerce, que le Standard a été ou ne sera pas adopté ou fait.

Après expiration de ces limites de temps, toutes réclamations pour qualité seront nulles, à moins que le délai, dans l'opinion des arbitres, puisse être considéré comme justifiable.

9° *« Environ »*. — Le mot « environ », lorsqu'il a trait à la qualité, à l'époque et endroit d'embarquement, veut dire : équivalent à un 1/2 0/0 sur le prix du contrat.

10° *Clause de bonification arbitrale*. — Si, dans l'opinion

des arbitres ou du Comité d'appel, la différence entre la livraison et le Standard (après avoir tenu compte du montant,
bonifié pour manquant de poids naturel, s'il y en a) n'attei-
gnait pas un 1/2 0/0 sur le prix du contrat, aucune bonification
pour qualité ne serait accordée ; autrement la bonification
entière pour différence de qualité sera consentie.

11° *Arbitrage*. — Tous différends surgissant de ce contrat
seront, lorsque le cas se présentera de temps à autre, soumis
à l'arbitrage de deux arbitres, chaque partie nommant le
sien et les deux arbitres ayant le droit d'en désigner un troisième. Au cas où l'une des parties aurait nommé un arbitre
et que l'autre aurait refusé de le faire ou endéans 7 jours
(3 jours ouvrables s'il s'agit du conditionnement) après notification de la nomination, omettait de nommer et d'instruire
son arbitre, ou si l'un ou plusieurs des arbitres venait à décé-
der, refusait ses services, était empêché d'agir et la personne
ou les personnes de laquelle ou desquelles sa nomination
dépendait omettait de nommer et instruire un remplaçant
3 jours après la notification du décès, refus d'agir ou empê-
chement, ou au cas où les arbitres ou deux d'entre eux ne
rendraient pas une sentence dans les 28 jours (7 jours s'il
s'agit du conditionnement) après nomination du dernier arbitre : alors, sur la demande d'une des parties réclamantes et
pourvu que le demandeur verse au secrétaire de l'Association
la somme de £ 3.3.0, les questions en litige seront déférées
à 2 arbitres nommés par le Comité exécutif de la London
Corn Trade Association, ces deux arbitres ayant pouvoir
d'en désigner un troisième ; au cas où les arbitres nommés
comme il vient d'être dit ne rendraient aucune sentence
endéans 60 jours de leur nomination (7 jours s'il s'agit du
conditionnement) ou ne nommeraient pas un tiers arbitre ou
au cas où un des arbitres nommés par les réclamants refuserait d'agir, ou, pendant 3 jours après notification, l'un d'eux
omettait de concourir à la nomination d'un 3e arbitre, alors
(dans ce dernier cas, pourvu que la partie demandant la nomination verse au secrétaire de la London Corn Trade Association la somme de £ 3.3.0) ledit Comité exécutif nommera un
3e arbitre, et, en cas de décès, refus d'agir ou impossibilité

d'agir des arbitres nommés par le Comité exécutif, le Comité substituerait un arbitre à la place de celui qui serait décédé, refuserait ou serait empêché d'agir.

Les arbitres désignés seront, dans chaque cas, au moment de leur nomination, des chefs de maison en tant que négociants, meuniers, agents, courtiers, directeurs de Compagnie occupés dans le commerce des grains et seront également membres ou associés d'une maison ou directeurs d'une Compagnie étant membres également du London Corn Trade Exchange, du Baltic ou de la London Corn Trade Association et résidant dans le Royaume-Uni.

Aucune sentence ne sera discutée ou invalidée pour la raison qu'un des arbitres n'était pas qualifié comme ci-dessus, à moins que cette objection n'ait été présentée avant que la sentence ne soit rendue.

Chaque sentence sera rendue par écrit sur forme officielle fournie par l'Association, dont le coût sera fixé par cette dernière et la sentence écrite sur une forme officielle par n'importe lequel des deux arbitres (sujette au droit d'appel comme mentionné ci-après) sera décisive et liante pour les parties tant en ce qui concerne le cas du différend que pour tous frais accidentels s'y rattachant.

Les arbitres pourront, à tout moment, si, dans leur opinion, les circonstances le justifient, rendre une sentence partielle, réservant pour une autre sentence, ou sentences, toutes questions ultérieures y ayant trait.

Appel. — Au cas où l'une des parties ne serait pas satisfaite de la sentence, elle a le droit de faire appel au Comité d'appel élu à cet effet en conformité des règles et règlements de la London Corn Trade Association en vigueur à la date du contrat, pourvu toutefois que les conditions suivantes soient observées :

a) La sentence arbitrale, objet de l'appel, aura été retirée ;

b) La notification d'appel sera délivrée au secrétaire de l'Association endéans les 7 jours suivant la date de la sentence ou, si la sentence a été délivrée par des arbitres nommés par le Comité exécutif, comme prévu ci-dessus endéans les 7 jours, suivant la date de la notification faite par le secrétaire de l'Association, que cette sentence a été rendue. Si la partie désirant interjeter appel ne réside pas dans le Royaume-Uni de Grande-Bretagne et d'Irlande, la période dans laquelle cette notification devra être faite sera prolongée de 7 jours au delà des délais ci-dessus ;

c) Avec la notification d'appel les paiements suivants devront être effectués entre les mains du secrétaire de l'Association :

1° £ 26.5.0. pour membres de l'Association ;

2° £ 31.10.6. pour personnes n'étant pas membres de l'Association.

Si l'appel est relatif à des questions autres que la qualité quoique pouvant aussi inclure celles de qualité, l'appelant paiera également à l'Association tels honoraires et frais additionnels relativement à l'appel et à la sentence que le Comité élu pourra fixer à son gré dans sa sentence.

Le Comité d'appel confirmera la sentence qui aura fait l'objet d'appel et les frais d'appel suivront la sentence à moins que quatre membres du Comité en décident autrement. La sentence du Comité, qu'elle confirme ou modifie la sentence originale, sera signée par le président du Comité, dont la signature comme président sera décisive, et sera dans les cas en dernier ressort.

Aucun appel ne sera admis à moins que la sentence ne soit, par écrit, sur forme officielle, non plus que sur sentence pour conditionnement lorsque le grain sera vendu sous les termes « Rye terms ».

Toute personne intéressée dans le différend sera incompétente pour agir comme arbitre, ou pour l'appel, ou voter sur la nomination d'arbitres par le Comité exécutif, ou à l'élection par le Comité d'appel, mais à moins qu'une objection n'ait été présentée au début ou antérieurement à l'entente du cas ou de l'appel, suivant le cas, aucune sentence d'arbitre ni du Comité d'appel ne sera discutée ni invalidée pour cette raison.

Notification suivant ces règlements sera délivrée par écrit et envoyée par poste ou laissée à l'endroit où la personne, maison ou compagnie à laquelle elle sera adressée tient son commerce (en raison des dispositions de ce contrat) ou est considérée comme faisant commerce, et sera considérée comme ayant été reçue dans les 24 heures après l'envoi ou la remise.

Règlements. — Quand le règlement d'une facture finale est fait avant la date fixée pour ce paiement, l'intérêt sur le montant dû doit être déduit au taux auquel les documents ont été retirés, mais s'il est fait après cette date, l'intérêt doit être ajouté au taux de 5 0/0 par an et au taux de la Banque s'il est supérieur à 5 0/0.

N. B. — Les clauses d'allègement et de grève dans les chartes-parties de la mer Noire, la mer d'Azoff et le Danube de 1890 sont les suivantes :

Si le vapeur avait ordre de décharger dans un lieu où il y aurait insuffisance d'eau pour lui permettre de rentrer à la première marée sans l'aide d'allèges et toujours à flot, les jours de planches compteraient à partir de 48 heures après l'arrivée à un mouillage sûr pour navires similaires à destination de tel lieu, et tous frais d'allèges encourus pour atteindre ce lieu de déchargement seront aux frais et risques du receveur de la cargaison, nonobstant toute coutume contraire du port ou du lieu, mais le temps occupé pour aller de ce mouillage au port de déchargement ne sera pas compté.

Si la cargaison ne peut être déchargée en raison de grève ou lock-out d'une catégorie quelconque d'ouvriers essentiels pour le déchargement de la cargaison, les jours pour le déchargement ne compteront pas durant la continuation de ces grèves ou lock-out. Une grève seulement parmi les gens employés par le receveur n'exonérera pas ce dernier des surestaries dont il pourrait être responsable d'après la charte-partie, si au moyen d'efforts pratiques il avait pu assurer les services par d'autres personnes et, en cas de retard en raison des causes sus-mentionnées, aucune réclamation pour indemnité ne pourra être faite par les receveurs de la cargaison, les armateurs du navire, ou tout autre intéressé dans la charte-partie.

« Clause de glace ». — Si le port de destination est inaccessible par suite des glaces, les frais d'allèges et ou les autres frais supplémentaires seront à la charge de l'acheteur.

Fac-similé d'avis d'application avec accusé de réception.

Société d'Importation.

M. Durand.
(Acheteur)
Bordeaux.

Contrat n° ..., du . . . . . 192 . — Embarquement :

Nous vous prions de bien vouloir noter sous les réserves d'usage et sauf erreur télégraphique que, suivant câble reçu ce jour,

notre maison de . . . . .
a embarqué par vapeur . . . . . connaissement daté du . .
192 . . à destination de. . . . environ ; . . . . . tonnes,
de. . . . . en exécution $\frac{\text{partielle}}{\text{totale}}$ du contrat sus-mentionné.

Veuillez nous retourner, par tout premier courrier, l'accusé de réception ci-dessous dûment signé en nous indiquant votre domicile bancable.

Agréez . . . . .

(S) Société d'Importation.

Contrat n° ..., du . . . . . 192 . — Embarquement :

Nous vous accusons réception du . . . . 19 . .
nous informant, sous les réserves d'usage et sauf erreur télégraphique, que votre maison de . . . . . a embarqué par vapeur . . . . . . connaissement daté du . . . . . . ,
environ . . . . . tonnes de . . . . . en exécution $\frac{\text{partielle}}{\text{totale}}$ du contrat sus-mentionné.

Notre domicile bancable est . . . . .

Agréez . . . . .

(S) Acheteur.

Fac-similé de Delivery-Order.

Société d'Importation.

Paris, le . . . . . 192 . .

M. (Acheteur.)

DELIVERY-ORDER

s/s . . . . . . *de* . . . . . *pour* . . . . .

Veuillez contre le présent délivrer :

à M . . . (acheteur) ou à . . . . . ordre
ou au porteur

la quantité . . . . . kilos / de bushels, soit . . . . . .

en . . . . . sacs . . . . .

pour solde d'un connaissement n° . . . . . .
à valoir sur

à . . . . . kilos / bushels en . . . . . . sacs, daté de . . . .

du . . . . . 192 . .

Fret payé d'avance. / payable à destination.

(S) Société d'Importation.

Le présent « Delivery-Order » devra être régulièrement endossé par chaque cessionnaire.

Tout excédent ou manquant, tous ramassis ou avaries sur la quantité délivrée, à répartir au prorata entre les divers réceptionnaires.

Fac-similé de facture provisoire.

Facture provisoire n° 535.   Paris, le 2 mai 1927.

Contrat n° 364 du 11 mars 1927.

Monsieur Durand, à *Bordeaux*   DOIT :
à la Société d'Importation.
pour vente des marchandises suivantes,
  En exécution totale du contrat ci-dessus,
  Expédié suivant connaissement de Buenos-Aires daté du
12 avril 1927,
    par s/s « *Ile de France* ».
vrac : *Blé Plata Barusso 79 kilos* ;
200.000 kilos à 228/6 par 1.000 kilos

	caf Bordeaux £ 2.285	
	£ 2.285	
Fret payable par vous à l'arrivée du s/s . . .	£ 270	
Paiement comptant net contre documents à votre caisse à Bordeaux	£ 2.015	£ 2.015

Documents :

  1 D/O à 200.000 kilos en vrac ex B/L n° 3.667 à 1.825.000
kilos ;
  1 Certificat d'assurance.

Assurance . . . . . . £ 2.285

Fret payable à l'arrivée
  du s/s . . . . £ 270
                        £ 2.015
  + 2 0/0 . . . . . . £   40.6/-

Assuré pour votre compte
  pour la somme de : £ 2.055.6/-

Fac-similé de facture finale.

Facture définitive n° 648.   Paris, le 10 juin 1927.

Monsieur Durand, *Bordeaux*   AVOIR :
   à Société d'Importation
pour vente et livraison des marchandises suivantes livrées à
Bordeaux en exécution de notre vente du 11 avril 1927.
   ex s/s « *Ile de France* ».

200.000 kilos	Blé Plata Barusso 79 kilos vrac.	
200.000 kilos	facturés.	
199.000 »	délivrés.	
1.000 »	manquant à 228/6	
	par 1.000 kilos	£ 11.8/6

Fret déduit en facture provisoire   1.7.

Différence à votre crédit S. E. ou
   O. valeur en compte . . . . .   £ 10.1/6

BIBLIOGRAPHIE

Droit français.

Abram. — *Des achats et des ventes*, article *R. I. D. M.*, t. 23, p. 134 et suiv., reproduit dans le traité de Bédarride, livre I, titre 7. Paris, 1909.

Aubrun. — 1° *La vente, coût, fret, assurance*. Bulletin n° 61 de l'Association française du droit maritime, 1921 ; 2° Note sous D. P. 1921.2.97.

Bonnecase. — 1° *Traité de droit commercial maritime*, édition 1922 ; 2° *Les transformations incessantes des divers types de vente et la sécurité des opérations sur marchandises. R. V. T.*, n° 1, janvier 1925.

Colin et Capitant. — *Cours élémentaire de droit civil français*, 3e édit., 1920, 1921, 1922.

Crémieu. — *L'individualisation de la marchandise dans la vente caf. Annales de droit commercial*, 1922, p. 168 et suiv.

Delayen, Homburg, Chotiau. — *Des marchés commerciaux*. Paris, 1927.

Gaubert. — *Les ventes maritimes*. Thèse d'Aix, 1912.

Godret. — *Le contrat de vente coût, assurance et fret. Vente caf.* Thèse Paris, 1925.

Lyon-Caen et Renault. — *Traité de droit commercial*.

Marais (G.). — 1° *Du crédit documentaire*. Paris, 1922 ; 2° *De la nature juridique du delivery-order. R. I. D. M.*, t. 34, p. 78.

Percerou. — 1° *Des effets de la faillite sur les contrats synallagmatiques antérieurs. Annales de droit commercial*, 1909, p. 401 ; 2° *Consultation*, parue dans la *Revue pratique de législation et de jurisprudence du Tribunal de commerce de la Seine*, 1926, n° 1, p. 5.

Pillet. — *Traité pratique de droit international privé*. Paris, 1923-1924.

Renard. — 1° *La vente caf en droit français*, extrait des tomes 9 (p. 69 et suiv.) et 10 (p. 1 et suiv.) de la *Revue de droit maritime comparé*. Paris, 1926 ; 2° *Rapport, présenté à la Branche française de l'Association internationale de droit au nom de la commission du contrat caf de cette branche.* Projet de règles du contrat caf. Paris, 1925.

Ripert. — *Droit maritime*, 2ᵉ édit. Paris, 1922-1923.

Terrel et **Lejeune**. — *Traité des opérations commerciales de Banque*, 5ᵉ édit. Paris, 1926.

Thaller et **Percerou**. — *Traité élémentaire de droit commercial*, 6ᵉ édit. Paris, 1922.

Valéry. — *Manuel de droit international privé*, 1914.

Van Hissenhoven. — *Le Commerce international des grains*. Bruxelles et Paris, 1923.

Winkelmolen. — *Les principes de la vente cif*. Bruxelles, 1926.

Droit anglais et américain.

Arnould. — *On the law of Marine Insurance and Average*, 10ᵉ édit. Londres, 1921.

Bisschop. — *Le connaissement reçu pour embarquement en droit anglais*. R. I. D. M., t. 33, p. 283 ; R. D. M. C. (Dor), t. 3, p. 12.

Chalmers. — *The sale of Goods Act*, 1893, 6ᵉ édit. Londres, 1905.

Chitty. — *On contracts*, 14ᵉ édit. Londres, 1904.

Fauchille, Basdevant et **Léopold**. — *Guerre de 1914. Jurisprudence britannique en matière de prises maritimes*, t. I. Paris, 1922 ; t. II, 1927.

Gibb. — *Sale of Goods on cif and fob terms. A guide to the decisions*. Londres, 1924.

Gide. — Les articles 7 et 19 de l'Arbitration Act 1889 et leur application pratique. *Clunet*, 1926, p. 874.

Goitein. — *The law as to cif contracts*, 2ᵉ édit. Londres, 1926.

Jenks. — *A Digest of English Civil Law*, 2ᵉ édit. Londres, 1921. Traduction française par Baumann et Goulé, 1923.

Kennedy. — *Contracts of sale cif (cost, insurance, freight)*. Londres, 1924.

Kuhn et **Petitpierre**. — *Principes de droit anglo-américain (Droit privé et procédure)*. Paris, 1924.

Lea. — *Marine Insurance for the shippers*. Manchester, 1922.

Lévy-Ullmann. — *L'inexécution des contrats pour cause d'impossibilité dans le droit anglais. Annales de droit commercial*, 1921, p. 179, et 1922, p. 41.

Mackay. — *La revendication des meubles en droit anglais par comparaison avec le système français*. Paris, 1924.

Mac Nair. — *Stephen's commentaries of the Law of England*. Vol. nᵒ 3. *Obligations and civil procedure*, 17ᵉ édit. Londres, 1922.

Scrutton. — *The contract of affreightment as expressed in Charter Parties and Bills of Lading*, 10ᵉ édit. Londres, 1921.

Sweet. — *Dictionary of English Law*. Londres, 1882.
Waite. — *The law of Sales*. Chicago, 1921.
Williston. — *The law governing sales of goods at Common Law and under the Uniform Sales Act*. New-York, 1909.
Witherby. — *Marine Insurance Clauses. Clauses d'assurances maritimes* (anglais et français). Londres, 1922.

— Memorandum of Association and Articles of Association of the London Corn Trade Association. Londres, édition de 1925.
— Chambre de commerce internationale. Termes commerciaux. Définitions. Circulaire n° 43. Paris, 1923.
— Projet de règles du contrat caf. Association internationale de droit, branche française. Paris, 1925.

Abréviations.

D. P.	*Dalloz périodique*.
D. H.	*Dalloz hebdomadaire*.
S.	*Sirey*.
Gaz. Pal.	*Gazette du Palais*.
Cl.	*Journal de droit international*, publié par Edouard Clunet et André Prudhomme.
R. I. D. M.	*Revue internationale de droit maritime*, publiée par Autran.
R. D. M. C. (Dor)	*Revue de droit maritime comparé*, publiée par Léopold Dor.
Dor (Sup.)	*Le droit maritime français*, supplément de la *Revue de droit maritime comparé*.
R. V. T.	*Revue des Ventes et Transports*, publiée par Bonnecase et de Monzie.
J. M.	*Journal de jurisprudence commerciale et maritime*. Recueil des décisions notables rendues par le Tribunal de commerce de Marseille et la Cour d'Aix en matière de commerce et de contrats maritimes, publié par Georges David.
Rec. Havre	*Revue de la jurisprudence commerciale et maritime du Havre*

TABLE DES MATIÈRES